图书馆少儿阅读服务与推广研究

郭涵 著

吉林文史出版社

图书在版编目（CIP）数据

图书馆少儿阅读服务与推广研究 / 郭涵著 . —— 长春：吉林文史出版社 , 2024.1

ISBN 978-7-5752-0018-9

Ⅰ . ①图… Ⅱ . ①郭… Ⅲ . ①儿童图书馆 – 图书馆服务 – 研究 Ⅳ . ① G259.257

中国国家版本馆 CIP 数据核字 (2023) 第 237607 号

图书馆少儿阅读服务与推广研究
TUSHUGUAN SHAO'ER YUEDU FUWU YU TUIGUANG YANJIU

著　　者：郭　涵
责任编辑：姜沐雨
出版发行：吉林文史出版社
电　　话：0431-81629359
地　　址：长春市福祉大路 5788 号
邮　　编：130117
网　　址：www.jlws.com.cn
印　　刷：河北万卷印刷有限公司
开　　本：710mm×1000mm　1/16
印　　张：18.5
字　　数：260 千字
版　　次：2024 年 1 月第 1 版
印　　次：2024 年 1 月第 1 次印刷
书　　号：ISBN 978-7-5752-0018-9
定　　价：98.00 元

前言

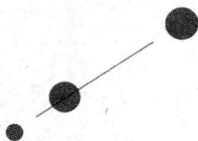

　　阅读是人类获取知识的重要渠道，人的一生就是一个不断学习的过程，终身教育也是社会文明进步的体现。终身教育的培养始于人生的早期，对读者进行培养的年龄越低，收益效果越好。这也是近年来少儿阅读越来越受到政府、社会及家庭重视的主要原因。

　　少儿阅读推广是帮助少儿接触阅读、培养少儿阅读习惯、提高阅读和表达能力、引导少儿获取健康有益的知识的活动，现在已经成为当代阅读推广的主要任务。少儿阅读推广主要依赖于家长、学校和社会的共同努力。公共图书馆作为社会的公益性服务机构，具有良好的环境、丰富的文献资源和专业的阅读指导，是培养终身教育、推广少儿阅读的肥沃土壤。然而，公共图书馆在少儿阅读推广服务职能的发挥与方式方法的应用方面还有许多不足之处，无法达到少儿阅读推广的预期效果。为解决上述问题，本书对公共图书馆的少儿阅读推广服务相关理论进行了深入挖掘，并结合实践探索了少儿读者服务、阅读推广、活动组织的可行方法，以期更好地服务于广大少儿读者，推动中国素质教育的发展与全民阅读的深入普及。

　　本书共八章。第一章为绪论，介绍了少儿读者的特点与阅读心理概述、少儿阅读服务与推广研究的理论基础、国内研究文献综述；第二章为图书馆少儿读者服务研究，介绍了图书馆少儿读者服务工作简介、图书馆少儿读者服务现状分析、图书馆少儿读者服务质量提升策略、图书馆少儿读写服务研究；第三章为图书馆少儿读者活动研究，介绍了图书馆少儿读者活动策划、图书馆少儿读者活动的组织与开展；第四章为图书馆少儿阅读推广概述，介绍了图书馆少儿阅读推广的对象、目的与意义，图书馆少儿阅读推广的必要性与可行性，图书馆少儿阅读推广的基本形式与特点；第五章为图书馆少儿阅读推广服务优化，介绍了图书馆少儿阅读推广现状分析、图书馆少儿阅读推广服务优化的基本策略与注意事项、中国图书馆少儿阅读推广服务案例；第六章为图书馆少儿阅读推广服务模式创新研究，介绍了图书馆少儿绘本阅读推广、图书馆少儿阅读的家庭参与模式、馆校合作模式下的图书馆少儿阅读推广、图书馆少儿分级阅读推广；第七章为特殊儿童阅读服务，介绍了特殊儿童简介、图书馆特殊儿童阅读服务的意义与现状分析、图书馆特殊儿童阅读服务优化策略；第八章为数字技术与新媒体平台在图书馆少儿阅读服务与推广中的应用，介绍了数字移动时代图书馆少儿阅读与推广概述、增强现实（AR）/虚拟现实（VR）技术简介与应用、微博/微信平台的应用。

　　编写过程中限于作者水平，书中难免存在纰漏及不妥之处，敬请读者批评指正。

郭涵
2023 年 3 月

目 录

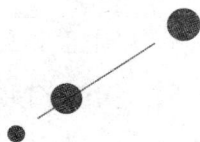

第一章　少儿阅读服务论述 / 1

　　第一节　少儿读者的特点与阅读心理概述 / 2

　　第二节　少儿阅读服务与推广研究的理论基础 / 12

　　第三节　国内研究文献综述 / 21

第二章　图书馆少儿读者服务研究 / 27

　　第一节　图书馆少儿读者服务工作简介 / 28

　　第二节　图书馆少儿读者服务现状分析 / 36

　　第三节　图书馆少儿读者服务质量提升策略 / 39

　　第四节　图书馆少儿读写服务研究 / 48

第三章　图书馆少儿读者活动研究 / 83

　　第一节　图书馆少儿读者活动策划 / 84

　　第二节　图书馆少儿读者活动的组织与开展 / 96

第四章　图书馆少儿阅读推广概述 / 103

　　第一节　图书馆少儿阅读推广的对象、目的与意义 / 104

第二节 图书馆少儿阅读推广的必要性与可行性 / 108

第三节 图书馆少儿阅读推广的基本形式与特点 / 117

第五章 图书馆少儿阅读推广服务优化 / 125

第一节 图书馆少儿阅读推广现状分析 / 126

第二节 图书馆少儿阅读推广服务优化的基本策略与
注意事项 / 134

第三节 中国图书馆少儿阅读推广服务案例 / 159

第六章 图书馆少儿阅读推广服务模式创新研究 / 179

第一节 图书馆少儿绘本阅读推广 / 180

第二节 图书馆少儿阅读的家庭参与模式 / 210

第三节 馆校合作模式下的图书馆少儿阅读推广 / 221

第四节 图书馆少儿分级阅读推广 / 231

第七章 特殊儿童阅读服务 / 243

第一节 特殊儿童简介 / 244

第二节 图书馆特殊儿童阅读服务的意义与现状分析 / 247

第三节 图书馆特殊儿童阅读服务优化策略 / 252

第八章 数字技术与新媒体平台在图书馆少儿阅读服务与
推广中的应用 / 267

第一节 数字移动时代图书馆少儿阅读与推广概述 / 268

第二节 AR/VR 技术简介与应用 / 273

第三节 微博、微信平台的应用 / 281

参考文献 / 287

第一章
少儿阅读服务论述

第一节 少儿读者的特点与阅读心理概述

少儿读者是指 3 岁至 18 岁年龄区的儿童和少年，他们处在学龄阶段，按其学龄和知识特征，可划分为学龄前期、学龄初期和学龄中期三个时期。随着生活条件的提高和素质教育的普及，家长越来越重视少年儿童的智力开发和教育，图书馆日益成为最受少年儿童读者欢迎的读书求知场所。但是，过去我们习惯将少儿读者与成人读者同等对待，忽视两个群体的差别，不注意研究少年儿童的阅读心理变化，因而在图书馆服务工作中对少儿读者重视程度不够。在全社会提倡素质教育的大环境下，图书馆应适应社会的发展步伐和网络时代的诸多新特点，深入研究少儿读者的阅读心理，从而更加有效地开展少儿读者的阅读服务与推广活动。

一、少年儿童的心理发展规律

（一）感知觉的发展

感觉和知觉是人类认识过程的最低级阶段，视觉、嗅觉、听觉等感觉和语言、第二信号系统等知觉共同组成少年儿童的感知觉，帮助少年儿童认识外部的世界。成人应该在各种活动中，有意识、有目的性的培养少年儿童的感知觉发展，形成系统的变化性的认识事物的能力。

（二）注意力的发展

随着年龄的增长，少年儿童的注意力会从无意注意发展为有意注意。这一时期，有意注意还未完全形成，因此少年儿童会积极主动关注感兴趣的事物，对其他事物难以集中注意力。成人应有意识地培养少年儿童的专注力，缓解少年儿童注意过程中的情绪色彩，扩大少年儿童注意的范围，发展注意力的集中性与稳定性。

（三）记忆的发展

记忆是少年儿童积累经验和丰富知识的基本手段。随着身心的发展，最开始的无意意识、机械意识发展为有意意识、意义意识。学龄阶段是少年儿童记忆能力发展的高峰，应有意识地培养少年儿童在这一阶段的记忆能力。

（四）思维的发展

思维发展有助于少年儿童以独特的、具有创造性的方式处理环境中的信息。少年儿童在成长的过程中，具象思维逐渐过渡为抽象逻辑思维，运用类比的方法，少年儿童会把复杂的问题转化成自己所熟悉的事物，然后寻找解决办法。

（五）言语的发展

少年儿童的语言发展是从简单的发音到单词、句子，最后形成完整的语言系统。语言是少年儿童阅读与表达的最为重要的途径。学龄前少年儿童应该在成人的指导下，在良好的环境中锻炼语言能力，为之后的读写能力、交流、社交能力等打下扎实的基础。

（六）情绪的发展

情绪的发展与认知能力是紧密联系的。随着年龄的增长，认知能力的发展，少年儿童逐渐可以分享情绪，理解和建立人际关系变得更加容易。正确引导少年儿童的情绪，可以帮助少年儿童与他人和谐相处，提高社会交往能力，激发少年儿童探索社会、探索世界的欲望。

（七）个性的发展

个性是一个人比较稳定和经常的心理特征。它包括自我意识、道德品质等。学龄前期的少年儿童道德意识还比较模糊，需要成人的指引和教导。学龄期少年儿童个性发展的场所转变为学校，自我意识和自我评价意识增强，可以用道德原则和信念约束自己的行为。

（八）社会关系的发展

少年儿童的发展是在社会环境中发生的，家庭关系、师生关系和同伴关系等社会关系是少年儿童在社会环境中不可缺少的。家庭是构成社会的系统，少年儿童身心发展的关键时期都是在家庭环境下发展的，因此家长的教育指导与家庭成员之间的关系都对少年儿童发展有着巨大的影响；教师在学校环境中系统、科学的培养和发展少年儿童的各方面品质，激发学习能力，是少年儿童迈入社会的重要指引者；少年儿童在活动与学习中建立同伴关系，有助于少年儿童促进智力发展、掌握社交技巧、建立社会身份。

二、少年儿童的普遍特点

（一）处在"四半"时期，心理尚未成熟

六岁儿童开始进入小学接受正规教育，他们接触社会的领域扩大了，从依赖双亲尤其是母亲，逐步走向学习独立。到了少年时代，他们要求独立的愿望越来越普遍，多数少年都想挣脱双亲的约束而要求独立，但由于他们尚未成熟，且受自身能力的限制，因此，他们仍不得不大量依赖家庭和学校。因而这一时期的少年儿童仍处在半独立、半依赖、半成熟、半幼稚的时期。

（二）受外界环境影响较大，可塑性强

由于少年儿童处在尚未成熟阶段，依赖感强，故他们的思想、言行及个性品质等容易受到外界环境的影响。就少儿读者阅读心理而言，除了受家庭、学校、相关群体、居住环境的制约和影响外，还主要受到以下几种因素的制约和影响：一是受时代影响。时代的变化可以引起读者特别是小

读者心理倾向的改变。例如，20世纪六七十年代，少儿读物品种只有数百种，大都是中国的《半夜鸡叫》《邱少云》《西游记》等。八九十年代，随着改革开放的不断推进，少儿读物不但品种数量激增，内容也越来越丰富，出现了《狐狸打猎人》《神笔马良》《小狗的房子》《舒克和贝塔》《皮皮鲁和鲁西西》等优秀作品。到了当代，少儿读者的阅读倾向随着出版物的急剧增加和网络阅读浪潮的兴起而呈现出千姿百态的特点。少年儿童初涉人生，与周围世界有着千丝万缕直接的和间接的联系，自觉不自觉地接受并反馈四面八方纷至沓来的各种知识，耳闻目睹一切，形成一个五光十色广泛多样的精神储备，无形中打上了时代的烙印，在此基础上形成的阅读素质和阅读心理倾向就必然具有时代的特征。二是受区域经济发展不平衡的影响。在经济发达地区，各类图书馆的建设较为齐备，少儿读者的阅读需求相对经济欠发达地区更为容易满足。三是受对外文化交流的影响。纵观人类历史，每个民族的文化都不是孤立发展的，而是在与其他民族的相互影响和相互依存中前进；每个民族的文化都会为外来优秀艺术所感染熏陶，不知不觉中将其美学趣味植入自己的审美意识中，渗透在阅读心理倾向内。因为文化的变迁，必然形成新的阅读观念。特别是当今这个国际交流日渐深入频繁的年代，大量的外国科学技术、外国文学艺术、教育、审美观念被介绍到中国来，如童话、外国少年文学、少儿读物，以其装帧精美、绘画与造型艺术形象、构思新颖、语言幽默活泼，引起当代少儿的极大兴趣。如《安徒生童话》《格林童话》《哈利·波特》《小王子》《丛林故事》等国外经典儿童读物在图书馆外借率较高就是其原因。四是受一定空间和时期内社会读书时尚的影响。少儿时期正是心理发展、变化、形成阶段，其反映在阅读上时尚心理较为突出。如《意林少年版》《少年科学画报》等杂志已成为少儿读者中广受青睐的课外读物。

（三）日常行为受情绪左右，表现出明显的情绪色彩

少年儿童的情绪极不稳定，波动很大，经常受周围环境的影响而发生变化。他们容易产生模仿心理和好奇心理，易感染、好冲动、爱幻想，因此实际行为经常被情绪所左右，表现出明显的情绪色彩。但随着年龄的增长，其情绪也随之而变，会逐渐控制自己的情绪。

（四）独立感和自我意识日渐发展，且表现得越来越明显

自进入学校后，儿童开始形成独立感和自我意识，这是因为学习读书、写字计算以及与同伴、同学嬉戏，要凭借自己的能力，而不能依赖父母；同时，由于社会衡量他们的发展是由学习好坏来定优劣，使儿童开始尝试必须依靠自己和逐渐形成或修改他们的自我观念。另外，他们能更好地根据一定的道德标准来评价和调节自己的行为。进入少年期，身体长得很快，力气增加，他们感到自己已经长大成人，产生"成人感"，意识到自己是学校、家庭和社会的成员，有能力有主见，他们不愿受父母、教师及其他权威人物的限制，对于社会所赞许的行为及规范，也往往持有相反和否定的态度。少年独立和自我意识的日渐强化，使他们对某些事情又特别敏感，自我意识也最容易受环境的影响而改变。因此在出版物的阅读选择上表现为由家长指定转变为自己选择。

（五）角色行为方面具有双重适应性

进入童年期后，儿童开始扮演新的角色。此时，社会对他们的要求也有所不同。学前期的幼稚或不适当的行为能够为双亲及他人谅解或容忍，认为其年龄幼小，不懂事；但进了学校后，儿童的角色行为必须符合双亲、老师及社会新的期望，而且还要适合其生理年龄，并扮演其适合性别的角色。到了少年阶段，由于青春发育所带来的生理和心理的变化，使少年的行为表现出新的特征。少年儿童的角色行为特征也会表现在他们阅读活动中。只有掌握了这些特点，我们才能更好地针对少年儿童读者的阅读心理和阅读行为，做好少儿读物的推荐及导读工作。

三、少儿阅读心理

（一）喜新厌旧心理

少年儿童对富有新意的读物尤其感兴趣。喜新的特点是：作品选题、立意新，图书造型、装帧、宣传都要有新意，要有时代感。厌恶人云亦云，公式化、老一套。同事要求少儿读物科学性、实用性、趣味性、知识性要有新发展。如把新的印刷技术、音像等新的科学成果与少儿读物有机地结合起来，更能充分调动少儿的看、触、听感觉器官，以刺激他们不断引起新兴趣。如英国"会说话会放音乐的书"，美国的"动画书"，日本的"立体书"都能使少儿"一见钟情"。国内出版界在此方面也已开始了许多新的尝试，如配送随书光碟、香味图书等等。

（二）喜活厌"死"心理

由于少儿的不随意占主导地位，若让其阅读本无兴趣的图书，则阅读时间不能持续长久。因此，少儿喜爱形式活泼、图文并茂、故事有趣、语言优美、能激发活跃思维的读物，厌恶呆板老成、改头换面、东拼西凑、死气沉沉无"刺激"的作品。

（三）喜奇厌平心理

好奇之心人皆有之，少儿总是对奇特怪异的东西格外关注。少儿之所以爱读童话，就因为童话有"奇"可探。在其好奇心理的作用下，对学校和家长禁止其阅读的图书，反而兴趣浓厚，百般寻觅。少儿好奇心理产生的原因为其处在从幼儿的"为什么"时代发展到少儿的"是什么"的探索心理阶段。所以，鲜为人知、情节曲折、新奇的中长篇小说、科普读物、奇闻怪事，都是选择的对象。且一旦到手，便废寝忘食，达到如醉如痴的程度。

（四）喜近厌远心理

心理学研究表明，接近性是决定读者喜欢某一事物的重要因素。因此，读者喜爱与自身特点近、关系密切的读物，少儿读者也不例外。例如，《中学生博览》《中学生》《小读者》《萌芽》《儿童文学》等刊物深受广大中学生的喜爱，就是因为书中涉及的知识和问题与他们接近，易产生"共鸣"。这种近，首先是情近，娓娓地安慰，深入妙出；其次是"识近"，授知识，解其惑，指方向；再次是文近，平易近人，通俗易懂。对于不切实际、脱离自己现实生活的作品与读物，他们很难产生兴趣。

四、当代少儿阅读特点的新变化

当今时代，科学技术的进步，知识量的大量增加，不断革新的现代化教育手段以及网络技术的快速发展，使少年儿童的生活环境、知识环境、教育环境发生了巨大的变化。少年儿童的阅读特点与以往相比也发生了以下新变化：

（一）阅读兴趣：由盲目性向有选择性转化

过去一些少儿阅读兴趣的产生，一般受好奇心理支配比较明显，不考虑阅读的效果，也不服务于自己的行为目的，不注意根据自己的学业有目的地选择读物。所以趣味性较强的连环画书、小说、故事是他们的选择对象。而现在社会、学校、家长为使少儿的知识跟上社会的发展，不断加强阅读指导，家长本身的知识水平也在不断提高，他们不仅重视少儿阅读而且参与选择适合少儿的读物，加之少儿自身的阅读素质也与社会同步发展以及少儿读物大量出版，所以当今少儿阅读读物的选择性越来越强，对图书馆服务质量的优劣也有选择。

（二）阅读需要：由伸缩性向必要性转化

图书就一般人来说还不是生活的必需品，所以伸缩性很大。过去一些家长往往认为少儿课外阅读可有可无，而现在的家长望子成龙心切，不少家长、少年已不满足在幼儿园、学校所学的知识，开始加强第二课堂的学习——阅读有关少儿读物，丰富少儿知识。因此，少儿读物逐步成为少儿适应社会文明生活的必需品。图书馆也凭借着优良的阅读环境、丰富的文献资源成为少儿阅读活动的最佳场所，成为少年儿童的第二课堂。

（三）阅读范围：由过去的"单浅窄"向多层次系列化转化

过去少儿看书大多到图书馆借阅，到书店主要购买作文选、复习资料、小说等图书。随着知识经济社会的逐步到来，少儿阅读范围也相应由单纯向广泛、由低级向高级发展。不仅要求读物有趣味性，还要求知识性、可视性、系列性，有购藏阅读的价值。

（四）阅读载体：由单一性向多样化转化

过去少儿读者的阅读载体主要是纸质图书。随着科学技术的发展，网络、手机、平板电脑、点读机等各类新型阅读载体层出不穷。阅读载体的增加使得少儿阅读的时间、空间发生了巨大变化。多样化的阅读载体使阅读行为随时随地可以进行。

五、少儿阅读心理的影响因素分析

（一）假期

假期带给了少年儿童自由支配阅读时间。目前独生子女较多，父母对子女的教育颇为重视，望子成龙、望女成凤的父母往往从胎儿就开始启蒙教育，在孩子两三岁时就立刻将其送入幼儿园接受正规教育，上小学时进入正规学校学习更是不可缺少，学习是孩子们的主业，但学习负担过重，作业量过大，令他们对学习产生恐惧心理，他们的闲暇时间实在是太少了，只有在假期，他们才可以有比较多的自由支配时间，他们渴望假期：据一次"上一个休息日"少年儿童的闲暇生活调查结果显示：在节假日时间内，与平时的闲暇活动时间相比较，少年儿童能够从事自己喜欢的活动的时间虽然非常有限，但还是有所增加。增加幅度最大的依然是平时活动时间最多的三项：一是"做家庭作业"，城市的少年儿童每天平均比平时增加 35.56 分钟，农村的少年儿童每天平均增加 18.89 分钟；二是"看电视、电影、录像"，城市的少年儿童每天平均比平时增加 24.15 分钟，农村的少年儿童每天平均增加 10.56 分钟；三是"与小伙伴玩耍"，城市的少年儿童每天平均比平时增加 20.21 分钟，农村的少年儿童每天平均增加 10.9 分钟。调查中发现有 85.2% 的少年儿童"读课外书刊、报纸"，城市少年儿童平均阅读 45.03 分钟，农村少年儿童平均阅读 31.92 分钟，也比平时有所增加因此、在寒假、暑假、节假日期间，孩子们才能够相对减轻一下沉重的学业负担，去从事一下自己喜欢的活动，也才有时间或在父母的带领下或自己来到图书馆享受阅读带来的乐趣。

（二）季节

少年儿童身体不够强壮，抵抗力还比较弱，天气的变化、季节的更替严重影响着他们的身体健康和出行计划。春季，百花盛开、万物生长、气候适宜、最适合少年儿童从事户外活动，他们经常会与家人或小伙伴一起去观赏大自然的绮丽风光，去放风筝感受春风拂面的舒适；夏天，昼长夜短，酷暑难耐、汗流浃背、昏昏欲睡，小朋友特别容易中暑和虚脱，不宜在炎热的中午在室外玩耍时间过长，也不宜从事剧烈活动，比较适合待在较为凉爽的房间；秋季，秋高气爽、到处是一派丰收的景象，非常适合到郊外看看硕果累累的农作物，小朋友可与农民伯伯一起感受丰收带来的喜悦心情；冬季，昼短夜长，寒风凛冽，大雪纷飞，万物凋零，到处是一派肃杀凄惨的景象，人们穿着厚重的衣物，手脚冰冷，小朋友喜欢热被窝和温暖的房间，小读者在图书馆里阅读学习，长时间地静坐，必须有一个适宜的温度。因此，小读者在没有空调条件的图书馆里看书，往往在春季和秋季来得比较多，而夏季和冬季却来的相对少一些。如果图书馆里能装上空调，有温度适宜、四季如春的读书环境，那么任何季节都阻挡不了小朋友的读书热情。

（三）光线

光线对少年儿童的阅读也有影响。近年来，中国各种新闻媒体从各方面多次报道：中国少年儿童的视力急剧下降。中小学生近视绝大多数是因晚上在过强或过弱的灯光下看书时间过长，致使眼睛长期处于疲劳状态造成的，而真正的遗传性近视只占全部近视的 55% 左右。

眼睛是人们了解世界的一扇窗户，眼睛对每一个人来说都是最重要的感觉器官。孩子们正处在生长阶段，他们的眼睛也处在生长阶段，无论是学校还是图书馆都有义务加倍保护他们的眼睛。少儿图书馆尤其要讲究灯光给孩子们视力带来的影响，灯光过明或过暗会造成小读者视神经疲劳，情绪受到影响，加重小读者的心理负担，会严重影响到少儿的视力健康；光线适宜，小读者会心情愉快、心理平和地进行阅读，能取得较好的阅读效果、因此，少儿图书馆要让阅览室的窗户开得大一些，尽量做到朝向向阳，白天可采到自然光线，当天气不好或天色已晚时，可采用白炽灯 40度，或荧光灯 80 度的灯管，让小读者在光线适宜的阅读环境里看书学习。

（四）色彩

少年儿童对色彩的反应最为敏感：不同的颜色人的感觉会不同，红色会让人想到燃烧的火焰和鲜红的国旗，蓝色会让人想到蔚蓝的大海和碧蓝的天空，黑色会让人想到漆黑的夜晚和黑亮的碳，白色会让人想到白色的云朵和雪白的棉花，绿色会让人想到茂盛的草地和青翠的绿叶。红色、橙色、粉色等暖色系列让人感到温暖和热烈，蓝色、绿色、黑色等冷色系列让人感到沉静和优雅：图书馆的色彩关系到孩子们的心情，色彩太亮不利于专心致志地看书，色彩太暗则容易让小读者产生压抑、恐惧心理：阅览室里一定要光线明快、色调一致，营造出一种安静幽雅的读书氛围。很多少儿图书馆根据少儿对色彩的不同感受对图书用贴色标的方法来区分不同的类，少儿可以根据颜色来取书放书，效果很好。

（五）图书馆馆员

图书馆馆员的态度和素质直接关系到孩子们对图书馆的热爱程度。一个和蔼可亲，关怀备至的馆员会让孩子们产生信任和敬佩感，一个高声大嗓、语言粗俗的馆员会让孩子们产生厌恶和惧怕。少儿读者的阅读特点决定了他们与其他读者不同，他们不一定完全遵守图书馆的规定，有时会表现出不讲道理，这时馆员要学会了解少儿心理，要学会耐心细致的工作方法，让小读者既能明白制度规定又能认识到自己的错误；孩子们自己的阅读自觉性较差，不会阅读，馆员要对他们进行阅读辅导，帮助他们学会掌握科学的阅读方法，让他们对阅读产生浓厚的兴趣；孩子们在阅读时往往不注意自己照顾自己，遇到困难不知道怎么办，这时又需要馆员承担像家长一样的角色，关注他们的一言一行，让他们感到在图书馆看书就像在家里一样；孩子们的兴趣是五花八门的，阅读只是他们的兴趣之一，为了丰富他们的文化生活，馆员还必须想尽办法举办一些诸如读书活动、征文活动、知识竞赛、各种培训班等来吸引他们，真正为他们提供一个健康的成长环境。

第二节　少儿阅读服务与推广研究的理论基础

公共图书馆少儿阅读推广是一个跨学科、跨领域的复杂活动，阅读服务与推广的主客体、推广过程都决定了需要与其相关的各类理论指导，这些理论主要包括阅读学相关理论、儿童教育相关理论、营销理论、战略管理理论等。

一、阅读学相关理论

（一）图式理论

图式理论（Scheme Theory）是近年来被引入阅读领域的新理论之一，

这是一种认知心理学家用以解释阅读心理过程的理论。这一理论最早起源于康德 1781 年的观点，他认为一个人在接受新信息、新概念、新思想时，只有把它们同他脑海里固有的知识联系起来才能产生意义。而首次正式提出"图式"理论的是英国心理学家巴特莱特，他在《记忆：一个实验的与社会的心理学研究》一书中，采用了比较接近日常生活的图画和故事，用"描述的方法""重复再现的方法""象形文字的方法""系列再现的方法"等来考查记忆的全过程。在一次演示实验中，短时呈现给人们一幅画，发现人们对图画内容的报告大相径庭，人们的报告似乎主要依赖于个人背景及其反应偏好，而不是图画内容本身。进而，他以短暂时间重复呈现图画给被试者，发现他们常常执着于先前的理解，仍不是根据实际知觉的图画内容。巴特莱特由此提出图式理论，认为知觉和记忆都是由人们心理图式引导且据此解释事件的构建过程。

在各种阅读理论的探索中，图式理论从认知心理学、语用学、信息处理和人工智能等方面为阅读教学提供了一个崭新的视角，它所倡导的阅读观受到越来越多的重视。薛荣认为，阅读并不是作者将知识传给读者的过程，而是刺激读者根据自己的经验建构知识的过程，阅读必然建立在读者原有的知识之上。

Ausubel 指出当读者已有的背景知识（图式）与阅读的语篇信息不匹配时，就需要有人对其进行适当引导，讲解相关背景知识，使读者的图式结构与阅读内容一致，阅读材料的内容才能被真正读懂。李超平认为，图式理论的意义在于揭示了阅读过程中阅读者与文本之间的互动性，即阅读不是读者被动接受信息的过程，当阅读者的图式知识不足以理解文本内容时，阅读引导的作用就不可或缺。

公共图书馆在开展儿童阅读推广时，应学会运用图式理论，一方面要为儿童提供其原有知识基础可以理解的阅读材料或活动形式，另一方面也要对儿童无法正确理解的内容要给予及时的帮助和引导。

（二）分级阅读理论

分级阅读，就是按照儿童不同年龄段的智力和心理发育程度为儿童提供科学的阅读计划，为不同孩子提供不同的读物，提供科学性和有针对性的阅读图书。分级阅读在国外已经比较成熟，常见分级方式包括字母表体系、年级体系和数字体系三种。其中，字母表体系如：A–Z 分级法（Guided Reading Level），即将图书按 A–Z 进行分级，共 26 级，从 A 到 Z 难度递增，一级称为一个 GRL。年级体系如 Grade Equivalent Level（GEL），根据年级、年龄判断应有的阅读水平；数字体系如蓝思（Lexile）、Developmental Reading Assessment（DRA，阅读发展评价体系）、Accelerated Reader Level（AR，阅读促进计划）、Reading Recovery（RR，阅读校正体系）、Reading Counts Level（RC，阅读数量分级体系）、Degrees of Reading Power（DRP，阅读能力等级计划）等。分级阅读理念在国外得到普遍认可，很多中小学校建立本校学生的分级阅读数据库，并设置课程对学生进行阅读指导。

21 世纪以来，分级阅读逐渐进入中国出版界和部分专家、学者的视野，如中华女子学院教育学院的科研探索，华东师范大学学前教育分社历时多年开展的分级阅读研究已作为教育部课题获得报批，另外二十一世纪出版社、少年儿童出版社等多个出版机构都纷纷推出了自己的"桥梁书""阶梯阅读"产品。广东省委宣传部出资启动了全国首个儿童青少年分级阅读研究中心——南方分级阅读研究中心，已在分级阅读产品出版、制定自己的分级阅读标准方面取得了一些区域性成果。2009 年 7 月及 2010 年 8 月举办的两届"中国儿童分级阅读研讨会"，进一步推动了中国儿童分级阅读的理论研究和实践工作。

丁勇在《公共图书馆少儿分级阅读研究》一文中提出了针对不同年龄段的阅读指导原则：针对学龄前儿童，图书馆应该给他们选择幼儿智力开发画报、生活常识教养画报、幼儿趣味画报等读物；针对 6～9 岁的小学低年级儿童，需要以系列讲座和活动来激发其阅读热情，提高阅读能力；对于小学高年级儿童，图书馆可以推荐优秀的作文选、哲理性童话、少儿版经典名著等，并与学校、社会团体合作，开展少儿阅读指导；针对13～16岁的中学儿童，图书馆可以推荐传记、文学类读物、名著等，满足其对个人发展及自我意识的追求，树立正确的人生观、价值观；针对17岁以后的青少年，图书馆可以推荐具有哲学思想的精品书籍，帮助他们正确客观地思索人生，形成乐观向上的人生态度。

任晴认为，公共图书馆开展儿童分级阅读，应在图书馆与出版社之间建立良好的信息发布与接收平台；培养家长的儿童分级阅读意识，聘请儿童分级阅读方面的专家传授分级阅读方面的知识，并印制儿童分级阅读指南免费分发给家长学习；培养具有儿童分级阅读测试资质的合格馆员根据儿童阅读习惯布置儿童阅读区域排架。

二、儿童教育相关理论

（一）心理发展关键期理论

关键期，指个体发展过程中环境影响能起最大作用的时期。人类心理发展关键期理论是指：人类的某种行为和技能、知识的掌握，在某个特定的时期发展最快，最容易受环境影响。如果在这个时期施以正确的教育，可以收到事半功倍的效果；而一旦错过这一时期，就需要花费很多倍的努力才能弥补，甚至可能永远无法弥补。

关键期的研究在教育实践方面引起强烈反响。首先，它促进了对儿童早期教育的重视。近期的研究证明，儿童幼年具有巨大潜力，而儿童发展的关键期又多在幼年期，因而实施早期教育可以充分发挥幼儿学习潜力，促进儿童心理发展，有利于早出人才。其次，促使父母、教师注意选择最佳时机对儿童进行教育，使知识技能容易为儿童掌握，智力及性格容易形成。所以，与儿童发展的关键期相对应，提出了教育工作的最佳期。

蒙台梭利通过婴幼儿的观察与研究，发现儿童的阅读敏感期是4.5～5.5岁，孩子的书写与阅读能力虽然较迟，但如果孩子在语言、感官肢体等动作敏感期内，得到了充足的学习，其书写、阅读能力便会自然产生。因此，图书馆为 6 岁之前的幼儿打造阅读环境、提供阅读资源、培养其阅读兴趣和阅读习惯是非常重要的。

（二）认知发展理论

认知发展理论（Cognitive-developmental Theory 或 Theory of Cognitive Development）是瑞士著名发展心理学家 Piaget 提出的，被公认为是 20 世纪发展心理学上最权威的理论。

认知发展理论主要包括：知识的获得是儿童主动探索和操纵环境的结果，学习是儿童进行发明与发现的过程进程，教育的真正目的并非增加儿童的知识，而是设置充满智慧刺激的环境，让儿童自行探索，主动学到知识；认知发展是呈阶段性的，处于不同认知发展阶段的儿童的认识和解释事物的方式与成人是有别的，一味按照成人的想法，只会给儿童带来压力和挫折，让他们感到学习是一件痛苦而不是有趣的事，扼杀了儿童学习的欲望与好奇心；社会交往对儿童认知发展具有重要作用，儿童可以通过一起学习、相互讨论激发思考。

夏代英以该认知发展理论为出发点，研究了如何选择适宜的早期阅读材料促进学前儿童的发展，提出早期阅读材料的选择要做考虑下几点：一是要有利于发展儿童的主体性和主动性；二是要引发活动，促进儿童与周围环境积极互动；三是要参考儿童的发展阶段又要符合儿童的具体情况；四是要有利于儿童的整体发展。公共图书馆在儿童阅读服务及阅读推广中，应向儿童提供能够引起他们的兴趣、具有挑战性的材料，并且应注意儿童读者个体发展的差异，在阅读指导中因材施教。在阅读推广活动中，应多采取小组讨论、合作学习的形式为儿童创造自主探索的机会，避免向儿童灌输知识。

（三）最近发展区理论

"最近发展区"概念是苏联著名心理学家维果茨基（Lev Vygotsky）在

1931–1932 年将总的发生学规律应用于儿童的学习与发展问题时提出来的。维果茨基将"最近发展区"定义为："实际的发展水平与潜在的发展水平之间的差距。前者由儿童独立解决问题的能力而定，后者则是指在成人的指导下或是与能力较强的同伴合作时，儿童能够解决问题的能力。"维果茨基明确指出了教学与发展之间的关系，教学促进发展，良好的教学走在发展前面并引导之，彰显了教师的主导地位，同时明确了同伴影响与合作学习对儿童心理发展的重要意义。

许云舟结合最近发展区理论，对青少年生涯阅读个案指导提出发展性原则、针对性原则、实践性原则、激发性原则，并建议：在阅读指导中，采用问卷、访谈、观察、调查等多种途径和方法，分析不同个案现在阅读水平、能力和将要进行的阅读活动所需要具备的知识和能力等方面存在的问题，分析其阅读兴趣、特长、习惯、环境等因素，通过客观的数据和主观的判断来找准和确认各层次、各类型青少年阅读的"最近发展区"；在制订和实施指导计划时，指导者可在其新旧知识的衔接处、在思维的转折处等"最近发展区"创设阅读思维悬念，引起其内心的认知矛盾，激发他们的求知欲，从而把学生思维引入"最近发展区"；围绕当前的阅读主题，适时地搭建脚手架，并及时地对脚手架进行调整，创设青少年新的阅读思维"最近发展区"，将其不断引入新的阅读情境，促进阅读思维向更高层次发展，形成新的"最近发展区"。

最近发展区理论为公共图书馆开展儿童阅读指导，鼓励儿童家长、老师在儿童阅读时给予适当指导提供了理论依据。

三、营销理论

儿童阅读推广，在国内也被称为"阅读营销"，事实上，推广也是营销的重要组成部分。本研究借鉴营销理论，可以更好地解释公共图书馆儿童阅读推广的现象，并以此为依据构建阅读推广模式。

营销的概念被普遍采用的是美国营销协会给出的定义：营销是研究引导商品和服务从生产者到达消费者和使用者所进行的一切组织活动。图书馆领域引入营销的概念可以追溯到 1977 年加拿大女王大学（Queen's University）企业管理教授劳伦斯提出图书馆员应利用营销的技巧创造图书馆发展的新机会。1983 年，美国图书馆协会给出了图书馆营销的定义：图书馆和信息服务的提供者针对服务的实际用户和潜在用户而进行的一系列有目的的活动，其范围涉及提供的产品、服务成本、服务方式和服务推广的技巧。

赵文升等在《市场营销理念下图书馆以读者需求为导向的阅读服务研究》一书中将市场营销与图书馆的阅读服务要素进行了对比（见表 1-1），并认为，如果市场营销理念在图书馆研究中运用的充分与得当，不仅可以更好地宣传和推介图书馆，还可以促使图书馆深入挖掘用户的新需求，以此为标尺衡量和提升自身服务能力，不断提高用户满意度。

表 1-1　市场营销和阅读服务要素对比

市场营销	阅读服务
市场需求	读者需求
企业	图书馆
消费者	读者
产品	文献资源
营销渠道	服务模式
营销管控	服务质量

陈焕之通过引入市场营销的 4Ps 理论，对图书馆阅读营销及对策进行了研究，提出必须成立图书馆营销部或项目小组，保证阅读营销活动的可持续发展；在产品策略方面要提高文献资源采访质量，制定阅读服务的标准；在渠道策略方面要采取措施提高座位使用率，并通过网络拓展服务空间；在促销策略上，要建立阅读积分激励机制，并且广泛宣传，开展关系营销，培养读者的忠诚度。

市场营销分为：服务营销、网络营销、绿色营销、关系营销、整合营销。鉴于公共图书馆较强的服务属性，研究拟借鉴其中的服务营销组合理论进行相关问题的分析和探讨。服务营销组合理论主要包括 7 个要素，即：

产品（product）、价格（price）、地点或渠道（place）、促销（promotion）、人员（people）、有形展示（physical evidence）和过程（process），见表1-2。

表1-2　服务营销组合

产品	价格	渠道	促销	人员	有形展示	过程
服务范围 服务质量 服务水平 附属产品 包装 品牌 服务承诺 售后服务	灵活性 折扣／折让 佣金 付款条件 期限 差别定价 认知价值 质量／定价	渠道类型 中间商 店面位置 运输 仓储 分销渠道	促销组合 销售人员 促销活动 广告 宣传 媒介类型 公共关系 数量	人力配备：招聘、培训、激励／投入。 人际行为：团队、授权、态度。 顾客：顾客教育、顾客行为、参与程度。	服务场所：招牌、装潢、色彩、陈设、噪声水平、设施／设备。 有形物品：员工制服、名片、报告、对账单。	流程 政策 步骤 机械化 顾客参与 员工授权 顾客控制 标准／定制

该营销组合模式中，全面囊括了营销活动各个环节的基本要素，公共图书馆属于公共文化服务部门，公共图书馆的阅读推广主要是为其阅读服务和阅读资源进行营销。因此，本研究可以借鉴该理论，如，"产品"要素可以对应于公共图书馆的文献资源等；"价格"要素可以对应公共图书馆的经费保障以及儿童读者使用图书馆阅读服务所需要的成本；"渠道"要素可以对应公共图书馆在图书馆内、在社区、学校／幼儿园以及通过流动图书车、分馆等地点和方式开展服务；"促销"则对应图书馆开展的一系列活动、媒体宣传等；"人员"对应着图书馆招募志愿者、对员工及志愿者和阅读推广种子人进行培训，加强儿童及家长参与文献资源的选择、活动的互动及反馈等；"有形展示"则对应图书馆的环境建设、标识系统设计、各项服务设施的完善等；"过程"要素则对应图书馆的馆藏政策制定、服务政策和规范制定、活动过程的跟踪及评估等。

四、战略理论

战略思想在古代军事斗争中就已出现，并广泛应用于人类社会的政治、经济和治理国家的活动中。Neumann 和 Morgenstern1947 年最早将战略引入商业管理领域，Chandler 在 1962 年第一次将战略明确地定义为"确定企业基本长期目标、选择行动途径和实现这些目标进行资源分配"。

图书馆战略因其非营利组织与知识服务组织的特性引起了学者的研究兴趣，Vancil 将图书馆战略定义为图书馆主观的概念化描述，主要包含三个方面：一是组织的长期发展目标，二是严格符合现有组织规模的策略体系，三是能够促进组织远景目标实现的近期计划体系。英国的 Matthews 在《图书馆管理者的战略规划与管理》一书中指出，图书馆战略首先是一个指导未来行动或者是借鉴具体问题走向的计划，它既是一种长时间的行为模式、一种组织定位，也是一种超越竞争对手的策略，同时强调图书馆战略最重要的内容是战略方向的确定而不是具体战略行动。

图书馆战略规划的概念是管理学领域"战略规划"与图书馆管理特定领域结合的产物。战略规划是制定组织的长期目标并将其付诸实施，它是一个正式的过程和仪式。美国图书馆学者 Bryson 认为，图书馆战略规划为图书馆与外部发展环境提供联系，它的核心思想是图书馆行动随着外界变化而发生偏转，强调战略规划并不等同于长期计划。

柯平教授等认为，图书馆战略规划应包含图书馆战略保障、图书馆职能战略、图书馆战略定位等三个关键因素，这三个因素互相影响，是一个科学规范的战略规划都应该具备的。赵益民认为，公共图书馆制定战略规划，对图书馆的发展可以发挥以下几方面的作用：一是可以帮助图书馆识别长期发展中的关键事务、障碍、问题及机遇，并通过战略活动予以响应；二是能够识别并设计整个图书馆的发展目标，进而为实现整个战略而设置行动步骤，通过制定可行性的目标，协调为实现目标而开展的各种行动；三是图书馆能够利用规划技术实现资源的有效分配与利用，并确保组织的使命、愿景与具体业务密切结合，提高工作效率。

国外公共图书馆非常重视战略规划，已将战略规划视为图书馆发展的重要的指导工具，而中国大多数图书馆战略意识不够，规划水平较低，仍停留在工作计划阶段，或仅在上级主管部门的规划中略微提及，缺乏独立的制定规程与推广策略。将战略理论引入儿童阅读推广，可以树立中国儿童阅读推广的战略观，将儿童阅读推广纳入公共图书馆发展规划中，并制定与实施儿童阅读推广的专项规划。

第三节　国内研究文献综述

一、阅读推广研究现状

关于阅读推广研究的内容主题，郑丽君认为主要集中在阅读推广的策略研究、主体研究、媒介研究、对象研究、对国外阅读推广的借鉴研究等五个方面；郑章飞对近年来国内关于图书馆阅读推广的研究进行了系统梳理后认为，图书馆阅读推广的意义、对策、图书馆阅读推广与和谐社会的构建、网络时代图书馆阅读经验推广的途径以及图书馆阅读推广的具体案例。

关于阅读推广研究存在的问题，王波认为，国内图书馆阅读推广研究的不足主要有五个方面：一是对联合国教科文组织、各国国家层面、图书馆层面的阅读法案、阅读计划、阅读运动等推广活动大多只是蜻蜓点水地介绍，没有进行普遍调研，没有进行案例分析式的深度报道，更没有总结其经验教训，二是只关注阅读推广的政策法案和活动现象，没有对阅读推广活动的合理性和科学性进行学术论证，三是阅读推广活动要讲实效，四是阅读推广活动应该成为图书馆的常规活动，必须探索长效机制、可持续发展机制"。郑丽君则认为存在研究群体分散、研究初具规模但深度不够，研究对象单一且分布不均，阅读推广的媒介主要以介绍和引进为主、创新性不足等问题。

二、阅读推广模式研究

刘玮玮提出推进全民阅读的服务模式，即：国家图书馆与中国图书馆学会带头制定《国家阅读推广纲要》，成立国家阅读中心，举办"国家阅读年"并推行多项针对不同服务对象的阅读项目；各地方图书馆在国家图书馆与中国图书馆学会的指导下，具体实施"国家阅读年"的各项活动及阅读项目的各项举措，发达地区图书馆借鉴国际先进经验并带动欠发达地区图书馆，城市图书馆根据当地实际情况开展各种阅读服务活动并协助乡村图书馆推进全民阅读。

谢蓉提出数字时代图书馆阅读推广的三种模式，即基于博客、微博、博客、维基、社交网络和豆瓣、优酷等 Web2.0 应用的"社会化媒体推广模式"，通过智能手机、Kindle、IPAD、MP3/MP4、PSP 等移动终端设备访问图书馆资源、进行阅读和业务查询的"移动图书馆推广模式"，可提供电子阅读器外界服务的"电子阅读器借阅模式"。

崔波、岳修志提出建立由阅读推广委员会统筹安排阅读推广活动、各类图书馆实施阅读指导工作、学者加强读者阅读研究的阅读推广三层机制。王玉波认为，中国阅读推广活动可以开发全国性或者地区性的主题阅读活动，其中全国性的活动由文化部（现为文化和旅游部）牵头，委托中国图书馆学会阅读推广委员会制定推广计划，并组织各地各级图书馆、出版商和书商参与，以阅读推广活动为中心，各类机构积极参与。

朱淑华指出儿童阅读推广是社会系统工程，分为纵横和总合三个系统，并且各个子系统共同构成儿童阅读推广系统的有机整体，互相影响。作者认为只有各系统、各环节通力协作，才能有效开展儿童阅读推广活动。公共图书馆作为阅读推广系统的重要组成部分，应摆脱行业局限，充分了解其他系统的作用，积极与各界寻求合作，发挥应有的作用。

三、儿童阅读现状研究

为了在现实基础之上了解问题并进行对策的研究，多位研究者开展了儿童阅读现状的调查研究，对儿童阅读需求、阅读权利等以问卷、访谈等方式进行调查统计，探讨解决儿童阅读问题的新思路。杨鸫、王树伟通过问卷向 2 ～ 10 岁的儿童家长进行调查，发现平板电脑在中国家庭中的普及程度还不高，对于儿童使用平板电脑阅读，家长们一方面表示平板电脑互动性强，方便携带，另一方面又担心影响孩子视力以及影响亲子共读形成的那种亲子关系；阅读时间方面，几乎 80% 的儿童阅读数字出版物的时间比纸质出版物要少；阅读方式上 4 岁以下的儿童以听家长读和与家长一起读的方式为主，而 6 岁以上的儿童，自主阅读的方式则占多数；大部分孩子对于纸质读物和数字读物没有强烈的偏好，内容是否有吸引力才是关键所在。

朱峻薇等对浙江省 9 岁以上的未成年人阅读情况进行了抽样调查，抽样结果表明绝大多数参与者都喜欢阅读，在阅读过程中，图书馆的作用并不显著；未成年读者最喜欢的阅读场所还是在家阅读，而图书馆的阅读环境则缺乏吸引力；阅读书籍的最重要途径是书店购买，图书馆在提供阅读作品方面还应有所作为；图书馆员对未成年人阅读行为的帮助和影响有限。刘方方、杨桃对重庆市少年儿童课外阅读现状调查后发现，少年儿童热爱阅读，但阅读结构不合理，他们最喜爱动漫、童话、科幻、侦探题材的图书，文学和科普类图书的喜爱率偏低；书店购买和同学互借是少年儿童课外读物获取最主要的途径，而对图书馆资源的利用则严重不足；少年儿童的课外阅读时间没有得到充分保障，阅读量严重不足；课外阅读受同学朋友影响最多，老师和图书馆员对少年儿童的阅读指导严重不足。

针对关于农村儿童和欠发达地区儿童阅读情况，杨婷经过调研发现，农村小学生并不缺乏对于课外阅读的兴趣，但因课外书主要来源于父母购买，受经济条件限制难以满足阅读需求。刘秀敏对武汉东西湖区儿童课外阅读现状进行了调查，发现儿童课外阅读资源缺乏，学习图书室藏书内容陈旧，破损严重，学校缺少购书经费；而农村集镇上基本找不到书店，加之平时作业多、家庭经济困难以及应试教育对课外阅读的不重视等因素，最终造成农村儿童课外阅读率不理想的局面。谢梅英、张惠芳对宁夏农村未成年人阅读状况、文献获取途径和参加读书活动情况进行了调查，调查发现 35% 的学生认为找不到感兴趣的图书，26% 的学生没有钱购买图书，17% 的学生认为缺少读书氛围；未成年人获取文献信息的主要渠道是找亲友借阅，载体主要以纸质文献信息为主，对于网络文献信息很少涉猎。辽宁庄河地区各乡镇图书室近几年都没有向农村中小学生提供图书借阅服务；农家书屋多为农业科技图书、成人小说、地区报纸，农家书屋儿童读物藏书较少，难以满足广大农村少儿的阅读需求；家庭经济状况不佳，无法负担购买课外书，且农村留守儿童多，假日要承担田地劳作，无法保证读书时间；农村整体缺乏读书氛围，甚至聚众玩牌、封建迷信风气也给少儿阅读带来不良影响。

四、儿童阅读推广案例研究

经过近十年来的不断探索，中国图书馆在儿童阅读推广方面形成了各具特色的推广模式，积累了很多可供交流和互相学习的成功经验。严海帆、郑杨佳介绍了温州市图书馆的"儿童知识银行"阅读综合推广模式，该模式通过儿童参加图书馆开展的各类阅读活动赚取"知识币"的方式激励儿童进行持续大量的阅读，逐步培养其阅读兴趣并提高阅读能力。陈蓉从优化阅读环境、提供贴心服务、倡导健康网络阅读、开展阅读推广活动、合作拓宽服务领域等七个方面介绍了浦江县图书馆进行未成年人阅读推广的具体做法。刘晓景以重庆图书馆为例介绍了为不同年龄段儿童开展"周末故事会"、读书会、分级服务等儿童分级阅读推广的经验。何娟介绍了厦门市少儿阅读推广的途径，包括环境建设、针对不同年龄段的阅读指导，开展阅读宣传等。陈董英介绍了海宁市图书馆通过与幼儿园、中小学、社区、家庭配合进行儿童阅读推广的经验。陈思如介绍了宜昌市图书馆开辟"快乐小屋"进行的一系列儿童阅读推广活动；王蓉介绍了广州图书馆进行绘本阅读推广的实践，如绘本故事分享、绘本故事表演、亲子阅读、家长培训、绘本制作等富有新意的举措。

五、儿童阅读推广客体研究

黄梦萦提出儿童数字化阅读推广的几点策略：一是建设适合少年儿童的图书馆网站，二是加强馆藏资源建设，推荐优秀网络资源，三是建立安全健康的绿色网络空间，四是加强素质教育，消除数字化阅读障碍，五是开通微博、博客和读者论坛等，展开形式多样的互动阅读。刘红、刘力文认为，进行电子书的阅读推广，应培养引进具备图书馆专业知识、计算机和网络技术的复合型人才，寻求与电子书阅读器生产厂商、电子书出版商以及法律界、教育界、心理学界等的合作，对农村儿童通过培训、讲座等普及信息技术，同时要开展数字阅读活动培养少儿的数字阅读兴趣和习惯。张电军介绍了深圳少年儿童图书馆通过自主研发的"易读站"进行少儿数字资源阅读推广的经验。

此外，阅读推广中的新技术应用也受到一定关注。孟丽娟认为，新媒体阅读具有内容丰富、信息获取便捷、信息呈现方式直观的优点，阅读过程具有开放性、共享性和互动性的特点，但是，新媒体阅读给青少年的阅读带来了浅阅读、杂阅读、盲从和娱乐性的负面影响。林频对上海市少年儿童使用新媒体情况进行了研究，发现新媒体对儿童生活和学习方式影响巨大，在使用新媒体过程中，儿童面临着"信息量太大，很难找到自己想要的信息"、"控制不住上网时间，影响学习或休息"、"使用上有困难而没有人帮助"等问题，因此老师和家长应对儿童正确使用新媒体阅读给予科学的引导和帮助。贺月华认为，公共图书馆利用手机客户端向儿童读者提供阅读服务时，用户界面设计色调要活泼，阅读内容除了少儿喜欢的文字及音视频故事外，还可以放置适合家长教育指导的图书和音视频，并且通过客户端向儿童读者提供相关即时信息及同城少儿活动等。

第二章　图书馆少儿读者服务研究

第一节　图书馆少儿读者服务工作简介

一、图书馆少儿读者服务的概念与内容

（一）图书馆少儿读者服务的概念

图书馆少儿读者服务是指通过整合馆内多种资源以及有少儿读者服务馆员提供专业服务，且为满足少年儿童的知识、信息及相关文化活动需求所做的工作。其中图书馆少儿读者服务资源涵盖硬件资源、馆藏资源、经费资源、人力资源等。

（二）图书馆少儿读者服务的内容

1.服务基础条件

馆藏资源是图书馆少儿读者服务开展的重要基础资源，包括适合少儿阅读、使用的文献类和非文献类资源，文献资源主要是印刷型文献和非印刷型文献，非文献资源则包含玩具、游戏器具、手工材料、教具等馆舍建筑，包含各类设施设备，是图书馆少儿读者服务开展的前提。在建筑空间布局上除了需要占有一定的空间面积，其细节设计也需要体现以儿童为本的服务理念。独立的活动和阅览空间是否宽敞明亮，室内布置是否安全又充满童趣，功能区域的划分是否明确、标识是否易识等，都要充分考虑到儿童的需求。

2.服务具体内容

图书馆提供的少儿读者服务除基础的借阅服务、咨询服务外，流动服务、导读服务、个性化服务、网络与新媒体服务以及阅读推广活动的开展同样十分重要。流动服务是为了更好地帮助少儿获得图书资源、享受少儿

读者服务，在了解中国少儿出行和分布特征后，利用流动站、流动大巴等方式把资源与服务送到身处各地幼儿园、学校或社区的小读者手中的一种服务。

导读服务是儿童馆员提供的专为少儿设计的培训指导服务，意为提升少儿利用馆藏资源的频率且加深他们对资源的理解程度，进而促进儿童的全面发展。个性化服务是依据少儿所处的不同年龄阶段所具备的身心特征，和少儿自身的兴趣与需求而开展的服务。这一服务已考虑到儿童发展的客观规律与需求。网络与新媒体服务是利用互联网与大数据等信息技术实现的多端线上服务。这拓展了图书馆少儿读者服务的时间和空间范围，特别是在新冠疫情时代，通过信息技术远程获取资源和服务，极大地便利了家长和儿童的生活。

阅读推广活动的目的是推广少儿阅读，其形式多种多样，具备娱乐性与教育性。一般来说，目标群体为少儿的阅读推广活动更加强调娱乐性，活泼有趣的阅读推广活动更能吸引少儿的参与，不会对少儿造成较大的知识接受负担。

3. 服务模式

图书馆的少儿读者服务模式可分为馆内服务模式和社会合作模式。馆内服务模式即所有的服务内容都设置在图书馆自身范围内。图书馆会有专门的少儿馆藏资源和贴心的馆舍空间设计。

社会合作模式则说明图书馆延伸了少儿读者服务覆盖范围，包括提供流动服务，与中小学幼儿园合作共建图书馆等。图书馆既会进行馆际合作共享，也会与社会上的各类机构、企业进行合作，如图书馆与博物馆、科技馆、学校等其他社会机构之间的资源互通，合作举办活动等，以此满足儿童的不同的兴趣爱好和个性化需求。此外，图书馆还与公益基金会等慈善组织进行合作，得到资金、资源等方面的帮助，以此更好地开展少儿读者服务。

4. 专业服务人员

专业的服务人员（儿童馆员）是图书馆少儿读者服务开展的关键人

物。儿童馆员的自身素质水平和其与读者的数量比影响着图书馆少儿读者服务的质量。以专业知识为基础，重视个人素养的提高，具备一定的沟通能力和端正的工作态度，是专业的图书馆服务人员应该具备的条件，这些因素体现出儿童馆员的综合能力，极大地影响着图书馆少儿读者服务的开展情况。由于少年儿童的认知行为还处于养成阶段，任何模范行为都对少儿有着不容忽视的影响，在图书馆内，儿童馆员的一举一动对少儿的影响就显得尤其重要。此外，儿童馆员需要充分了解少年儿童的心理，帮助他们找到想要的书刊、玩具或主动提供给他们，当少儿在阅读、玩耍等过程中遇到问题时，儿童馆员需及时帮助处理或者引导他们自己解决，成为孩子们的伙伴、家人和老师。并且在服务过时需要保持耐心、积极的和他们互动，还应与家长保持良好的关系，帮助引导家长陪伴和教育小孩。

5.服务影响

图书馆提供一系列的少儿读者服务的最终目的就是希望对少儿的成长带来一定的积极影响，这是评价少儿读者服务质量的关键因素之一。少儿读者服务的影响主要体现在三个方面：对阅读兴趣的影响、对阅读习惯的影响和对学习能力的影响。图书馆通过开展基础借阅服务和少儿个性化服务，举办形式多样、内容生动活泼的阅读推广活动有利于激发少儿的阅读兴趣，且引导少儿养成良好的阅读习惯，帮助少儿培养学习能力，促进少儿自身科学全面发展，对促进中国少儿教育事业和公共文化服务事业有着积极的现实意义。

二、图书馆少儿读者服务工作的特征

（一）娱乐性

近年来，儿童读者有日趋增多的现象。主要原因是图书馆服务功能增多、服务条件改善，家长与社会对幼儿教育更加重视。为适应这种变化，许多图书馆专门设置了"低幼儿童阅览室""亲子阅览室""玩具天地"等低幼儿童服务区，为学龄前儿童提供符合其年龄和心理特点的图书、画刊乃至儿童玩具，让幼儿从小感知图书馆，亲近图书馆，喜欢图书馆。丹麦图书馆的一位馆长曾形象地说："先吸引孩子到书海中来，再教他们怎么游泳。"只有让幼儿从小就喜欢上图书馆和图书，才能为日后培养良好的阅读习惯打好基础。

幼儿的思维是具体形象的，对事物的认识是从亲身体验开始的。"玩"是幼儿亲近图书馆和学习新知识的原动力。图书馆要推广阅读，首先要从培养儿童亲近图书馆开始，在这一过程中，娱乐性是不可缺少的。

（二）趣味性

图书馆少儿读者服务工作一定要符合儿童的心理和生理特征，对其服务要体现出趣味性。

1.服务内容要有趣味性

图书馆工作人员要具有亲和力，多与小读者沟通、交流，还要同孩子交朋友，让他们多提问题，培养其想象力与思维能力，让他们对阅读感兴趣，这才是正确的引导方法。在阅读辅导时，要考虑儿童的接受程度和综合学习能力，了解儿童的兴趣、爱好及个体上存在的差异，因人而异采取不同方法。营造浓厚的学习氛围，创造轻松愉悦的阅读环境，让学习成为一种兴趣，是图书馆少儿读者服务工作要达到的预期效果。

2.服务方式要有趣味性

注意对小读者的阅读正确地加以引导，服务态度要人性化，服务方式要多样化。图书馆要有主动服务意识，邀请幼儿园、小学、中学教师带学生来参观，向他们介绍图书馆的功能、作用，让少年儿童了解图书馆。定期推出新书推荐专栏，举办适合少年儿童特点的读书活动，让所有的孩子共同参与进来。总之，图书馆的少儿读者服务工作要充满童真童趣，富有创意，从而引导小读者爱上读书。

（三）引导性

图书馆少儿读者服务的对象是未成年人，他们正处于长知识、长身体的阶段，求知欲强，接受新知识、新事物快，但人生观、世界观尚未形成，极易受不良因素的影响。因此，图书馆工作人员要对小读者开展引导服务。具体方法如下：

1.个性引导服务

根据不同年龄段未成年读者阅读中存在的不同个性问题，分别推荐读物来指导阅读，让他们通过与图书馆员交流，与书中优秀人物对话，达到自我教育、自我解惑的目的。

2.共性引导服务

针对未成年读者群普遍性问题开展阅读指导服务。例如针对未成年读者群的"网络成瘾症"，开展网络教育服务。

3.兴趣引导服务

学习的动力来自兴趣，兴趣引导服务的具体方法是：组成不同的阅读兴趣小组，针对兴趣组的阅读要求，自由讨论、发言，谈心得、感想。通过阅读引导，少年儿童会逐渐对某类知识产生浓厚兴趣，甚至成为一生的追求目标。

4.习惯引导服务

未成年人的阅读习惯大多在童年期养成，图书馆要把培养良好的阅读习惯放在少儿读者服务工作的首位，引导小读者爱书、找书、自觉读书，把读书当成一种习惯。

（四）教育性

图书馆作为社会教育场所和少年儿童学习的第二课堂，在读者服务工作中要充分体现它的社会教育功能。图书馆的教育性主要体现在以下两个方面：

1.图书馆相关知识教育

图书馆开展读者服务工作，需要小读者和家长的配合与支持。如果人们对图书馆的工作性质、服务对象、功能、环境、规章制度及相关的馆藏都不了解，那么读者服务工作就很难开展。对于初次接触图书馆的小读者，工作人员要担负起"导航员"的职责，指导小读者在图书的海洋中获取自己所需要的知识和信息。还可以采用培训、辅导等形式对他们进行信息检索知识教育，把开启信息资源的钥匙交给他们。

在网络环境下，要加强小读者的网络识别意识，掌握网络信息的鉴别、收集和整理方法，提高他们获取信息、检索信息、处理信息的能力。要利用图书馆网站进行宣传，让孩子们了解图书馆，学会使用图书馆。

2.以书育人

图书馆可以与学校、社区共同举办读书活动，由被动服务转向主动服务，发挥未成年人思想道德品质教育主阵地的作用。

（五）公益性

《公共图书馆宣言》明确提出，公共图书馆应该在人人享有平等利用的基础上，不分年龄、种族、性别、宗教、信仰、国籍、语言和社会地位，向所有人提供服务。公平获取信息是每个公民应该享受的权利，平等获得文献和阅读权利是公共图书馆服务的基本要义。图书馆少儿读者服务的公益性体现在全社会的少年儿童都可以免费利用图书馆资源，并享受它的优质服务。

为了吸引更多的少儿读者到图书馆来，图书馆应积极在社区开辟新的服务阵地，如设分馆或流通点，采取"一证多用""通借通还"的服务方式，把图书馆搬到儿童的家门口。图书馆还可采取"知识援助"方式帮助社会上弱势群体的子女，如为农民工子女学校、聋哑开智学校、孤儿院及偏远和贫困山区的中小学校送书、赠书，充分体现"以人为本"的服务精神。还可把弱势群体中的"特殊少儿"请到图书馆，参加有益身心健康的读书活动，让他们切实感受到社会关爱。图书馆应经常开展公益性少年儿童读书活动，如报告会、演讲会、儿童作家讲座、亲子阅读、读书夏令营等，更好地发挥社会效益。

三、图书馆少儿读者服务工作的原则

（一）服务至上的原则

提供优质服务是图书馆生存和发展的根本，没有服务，图书馆就失去了生存的条件。服务至上就是要树立正确的服务观念，开展科学的服务活动，提供优质的服务内容、服务手段和服务环境，这样才能赢得孩子们的认同，进而得到广大家长、教师的认同，逐步提高图书馆的社会地位。在现代社会与家庭中，孩子是非常重要的。如果图书馆对一个少年儿童读者服务不好，那么，它失去的不仅仅是一个小读者，同时也失去了孩子的父母、老师，甚至更多的潜在读者。因此，图书馆要生存发展，只有坚持服务至上，在服务上做文章，才能有所进取。

（二）效率原则

效率原则是现代社会的普遍追求，图书馆也不应例外。我们不能再仅仅把眼光盯在读者到馆量、图书借还阅等指标上，而更应该大张旗鼓地宣传服务工作的效率原则，不断提高社会需求的满足率和服务准确率。我们应该将图书馆开展多少服务项目、工作人员承担多少工作、为读者解决多少实际问题纳入图书馆和工作人员的考评之中，这样才能推动图书馆充分开发、利用信息资源，提高快捷准确的信息服务，提高信息资源的利用率。

（三）个性化服务原则

孩子们的阅读需求与家长、教师和其他儿童工作者的阅读需求是千差万别的，就少儿个体而言，由于家庭环境、教育程度、性格、经历等因素的不同，也导致他们对服务要求的不一致。有的孩子喜爱文学，有的孩子喜爱科技；有的家长正处于哺育阶段，需要了解哺育知识，有的家长正在为孩子青春期烦恼，需要了解有关孩子青春期的资料。因此，图书馆工作人员应该为每位少儿读者建立一份阅读档案，根据读者的不同时间段的不同文献需求提供有针对性的个性化服务。

（四）简易原则

少儿的生理心理特点决定了他们的专注性与恒久性还比较差，如果孩子查找一本书的过程非常繁杂，那么他们往往会选择放弃。这个经验告诉图书馆工作人员，我们为孩子提供文献服务时，在文献的准备、文献的获取等方面要充分考虑孩子的忍耐力。有的图书馆网站少儿版块在结构设计上没有充分考虑孩子的耐性，提供了大量的中间层，文献内容常常在七、八层级以后，这就给少儿读者造成障碍。有时，我们在多媒体阅览室对孩子进行上网辅导时，就时常发现他们往往进入四级目录后还没有发现文献内容，就不再进入了。另外，还有一些图书馆，为了统计读者到馆量（通过门禁刷卡记数），要求读者必须持阅览证（或借书证）进入阅览室，临时到馆的也需要办一个临时证件。许多读者认为此举太为烦琐，因而使该馆失去了许多潜在读者。因此，我们在为少儿读者提供服务之时，必须遵从简易原则。

（五）现代服务手段与传统服务手段相结合的原则

图书馆现代化建设是在传统图书馆的基础上发展起来的，现代服务手段不可能完全取代传统服务手段。硬性地将它们割裂开来或一味追求现代手段而摒弃传统手段都是不可取的。现代手段和传统手段各有所长，只有把两者有机地结合起来，才能使图书馆的服务手段真正趋向完善。例如，在图书借还之中，由于是计算机操作，没有了传统的借书卡以及借书卡上的借还日期，这就造成许多孩子忘记了还书时间而带来不必要的超期罚款现象。为了避免这种现象的发生，工作人员用计算机完成借书手续后，可以再给他们提供一个书签，上面标明借还时间。这样，一方面提供小书签让孩子们感觉到图书馆服务的温暖；另一方面也为孩子们了解借还日期提供了方便。

第二节　图书馆少儿读者服务现状分析

一、少儿读者服务起步较晚

我国公共图书馆少儿读者服务起步较晚，发展迟缓，入馆门槛较高。虽然现在中国大部分省级公共图书馆都开设了少年儿童阅览室，但真正意义上的少年儿童图书馆读者服务工作相对于发达国家而言，算是开展得比较晚的。20 世纪 70 年代，北京、天津、上海等直辖市率先建立了独立建制的少年儿童图书馆，而全国其他地市基本上都没有少年儿童图书馆，那个时候各省市公共图书馆内也很少有少儿阅览室。到 80 年代后期，响应党中央、国务院提出的号召，少年儿童图书馆才得到大力发展，各地的少年儿童图书馆如雨后春笋般成倍增长，各地市公共图书馆也开始纷纷设立少年儿童阅览室。然而，新成立的少年儿童图书馆和公共图书馆少年儿童阅览室发展缓慢，其除了在少数发达省份的读者服务工作可圈可点，在另外的大部分地方都形同虚设，门可罗雀。

据有关调查显示，目前仍有部分省市公共图书馆对少年儿童办理借阅证上有太多条条框框的限制，更别说一些边远山区和县级公共图书馆了。这些有形的、无形的规章制度阻碍了少年儿童接近图书馆，公共图书馆应免费均等地向所有社会公众开放。

二、少儿图书馆和少儿阅览室数量相对较少

据国家图书馆馆长熊远明介绍，2010 年以来，全国各级公共图书馆少儿阅览室和独立建制少儿馆的数量显著增加。截至 2020 年年底，中国独立建制少儿馆有 146 家，建成分馆 1319 家。

虽然成绩可喜，但是相对于庞大的少儿读者群体来说，中国公共图书馆总体数量仍然偏少，地区分布和发展不均衡，部分图书馆宣传不到位，

专用空间未合理分区，少儿读者服务仍无法满足需求。目前，开设有少年儿童阅览室的公共图书馆主要分布在各省会城市和经济较为发达的城市，很多欠发达地区的公共图书馆规模较小、位置偏僻，再加上交通不便、宣传不力，鲜有人问津，图书馆所提供的少儿读者服务更是质量堪忧。

即便是部分省级公共图书馆，其开设的少年儿童阅览室也仅有一间，没有合理地划分适合少年儿童活动的专用空间——少儿专区，不同年龄的孩子挤在一个狭窄的空间，交流不便，弊端种种，难以形成优质的读书氛围，阻碍了公共图书馆深层次服务的开展。

三、软硬件建设滞后

公共图书馆是公益性组织，没有创收，而国家对公共图书馆所投入的经费又不足，有限的经费根本顾及不到少年儿童阅览室的发展，配套的硬件和软件建设相当滞后。据调查，只有少儿图书馆每年有一定的专项购书经费，其他公共图书馆由于购书经费拮据，在采购适合少年儿童阅读的图书时往往显得捉襟见肘，不仅复本量不够，而且种类也很单一，很多公共图书馆的少儿读物与整个馆藏相比微乎其微。

目前，只是一些少年儿童图书馆和部分发达城市公共图书馆设有独立馆舍、少年儿童阅览室和开辟有独立的少儿专区，并安排一定的图书馆员为少年儿童读者提供服务，绝大多数基层公共图书馆的少年儿童阅览室都没有规划出专门的区域来，更别说安排专门的工作人员来为少儿读者提供服务了。那些落后地区公共图书馆的软硬件建设跟不上形势的要求，儿童读物数量非常少，更新也慢，甚至破旧不堪，根本无法满足少年儿童的阅读需求。

现如今，计算机技术和网络通信技术突飞猛进且日益普及，很多少年儿童从小就已经接触到计算机网络和手机，也非常热衷于从网上浏览和获取信息。但是，目前各公共图书馆少儿服务还是以纸质文献服务为主，少儿数字化文献比较匮乏，大部分公共图书馆还没有开通网络和多媒体服务，有近一半的省级公共图书馆的网站上没有开辟专门的少儿服务栏目，更鲜见公共图书馆开设少年儿童电子阅览室。公共图书馆有义务教育少年儿童正确地利用网络进行学习，使他们从小养成正确的使用网络和计算机的习惯，避免以后患上"网络综合征"。

四、工作人员的素质有待提高

公共图书馆中工作人员观念落伍、服务手段粗放，特别是缺乏专业的、针对少年儿童的工作人员。一方面，大多数公共图书馆的少年儿童读者服务工作因循过去的坐等少儿读者上门的被动服务模式，只提供传统的借还图书服务，服务方式方法单一，欠缺深层次服务。另一方面，大多数家长只重视学校教育，把孩子更多的业余时间放在做作业、家教和温习功课上面，没有认识到阅读课外读物对丰富孩子的知识量和提高其综合素质的重要作用，这直接导致少年儿童图书馆事业发展缓慢。

随着时代的变迁，再加上现代信息技术的飞速发展和普遍使用，少年儿童读者的阅读兴趣、方式和习惯也发生了巨大变化，然而多数公共图书馆少儿阅览室的工作人员由于知识老化，再加上没有受过系统的少儿教育专职培训，往往对少年儿童的阅读心理和需求不能及时掌握，工作起来吃力不讨好，更别谈创新服务模式和服务内容了。

五、年龄限制

中国很多公共图书馆对服务儿童的年龄有所限制。不同的图书馆具体的管理政策也不一样，很大一部分公共图书馆不对 0 ～ 3 岁的婴幼儿提供服务。公共图书馆对服务对象的年龄的规定有很多种：第一种是对服务对象的年龄未做详细规定，超过一半的公共图书馆未对服务对象做详细规定，如沈阳市图书馆、长春图书馆等；第二种是为 3 岁以上的儿童服务，如山东省少儿图书馆为 3 ～ 16 岁的儿童服务；第三种是服务 6 岁以上的儿童，如内蒙古图书馆的服务对象是 6 ～ 15 岁的儿童，宁夏图书馆的服务对象是 7 ～ 14 岁的儿童，兰州市图书馆的服务对象是 6 ～ 14 岁的儿童。同时，对借书的数量也进行了限制，每人每次借书量为 2 ～ 4 册，很少开展网上借书、预约借书以及邮寄书籍等服务，借还书需要亲自到馆办理。

第三节　图书馆少儿读者服务质量提升策略

一、选择适合不同年龄分期的文献资源

（一）文献资源类型

婴儿期的儿童由于感知觉处于初步发展阶段，主要以视觉和听觉为主要感知事物的手段。因此文献资源的选择主要以色彩鲜艳，形状简单为主要特点，以心智启蒙为主要目。幼儿期的儿童大脑机能与感知觉发展都得到提高，对事物的类别、色彩等都有了一定的分辨能力。因此文献资源可以选择一些学龄前的简单读物、绘本等等。以激发兴趣、开发心智为目的。婴幼儿时期的儿童听觉与视觉较为敏感，因此"听"与"跟读"类的纸质与电子资源为首选。学龄期儿童以培养学习能力为目的，文献资源在选择上可以更加倾向于学科的专门知识，课外读物的类型也更加广泛，此外由于学龄期儿童自我意识的提高与道德判断的能力增强，关于社会生活方面的文献资源也是学龄期儿童的选择。少年时期的儿童个性特征日益突出，学习能力增强，学科分类也更加细致。这一时期的少年儿童不仅需要大量学科专业的文献资源，关于心理健康、科学知识、兴趣艺术等方面的文献资源也是这一时期的儿童所不可或缺的。

此外，对于成人读者和特殊儿童读者，文献资源类型应为以儿童教育、成长发展等儿童相关问题的资源，达到辅助、解答成人读者需求的目的。对于特殊儿童读者而言，应准备适合特殊读者学习知识，开发兴趣的特殊文献资源。

（二）文献资源材质

根据婴儿时期儿童读者的试听觉敏锐、把阅读当游戏的特点。文献资源的材质可以选择装订结实、清洁无毒、色彩鲜艳的塑料、木质、棉布等材质的小型书、玩具书等。如闪卡、大图的硬纸书、积木书、音乐书以及带有触感与图画的绘本等，以及儿歌、触屏电子书等多媒体资源。幼儿期的儿童读者即将迈入学龄期，但依然是以寓教于乐为主要目的，因此文献资源的类型除了不易损坏之外，也可添加一些纸质书籍，以及多媒体试听资源。学龄期与少年期的儿童生理和心理发展逐渐成熟，需要获取更多学科与课外文化知识，因此在纸质文献资源的基础上，还可以增加知识量更加丰富数字和网络资源。

（三）文献资源内容

婴儿期儿童处于感知觉锻炼时期，文献资源的内容应以辨别色彩与形状、认识事物以及学习语言文字与发音等内容为主。幼儿期的儿童应以故事书、童话书等简单文字的故事性内容为主，增加词汇量与学习意识，达到学习与记忆的目的，增加趣味性与参与感。学龄期与少年期的儿童的文献资源内容以专业学科知识为主，科技、娱乐与艺术方面的知识内容为辅，同时增添有关健康教育、心理咨询类有关成长方面的内容。加强课外阅读，拓宽视野。

二、合理布置不同年龄分期儿童的区域空间

婴幼儿时期的儿童的学习阅读过程以游戏活动为主，需要成年人的辅助与看护。因此需要较大的活动空间。其次婴幼儿时期是语言的发展时期，需要跟读、练习发音等等，因此需要与其他年龄阶段的读者相隔离，以免相互影响。学龄期与少年期的儿童已经可以自主学习，语言能力已经完善，需要一个独立且安静的学习与阅读环境。因此，对图书馆少儿阅览室进行阅读与功能分区是十分必要的。

（一）空间合理划分

按照儿童年龄与心理发展的不同特征细致划分馆室是十分必要的。不同年龄时期的儿童可以在符合自己个性特征的活动空间里学习和娱乐，既满足了儿童的心理需求又便于馆员进行统一管理。所谓合理的区域划分，就是根据不同年龄阶段的儿童所表现出的心理、智力、感官等个体的差异性为依据进行空间区域划分。此外还应划分出亲子阅览室、母婴室等的功能区域。

学龄前期的儿童较为好动，很难安静地进行阅读。而学龄期的儿童已经开始校园生活，学习更加积极主动，更适宜为其营造安静舒适的学习氛围。为了区分开少儿读者的阅读区域，使之互不打扰。因此图书馆的少儿阅读区域空间布置也可以按照噪声程度进行区域划分。一楼的区域可以布置成噪声较大的阅读区，给 7 岁以下年龄较小的儿童读者使用。一方面，7 岁以下的儿童年龄较小，低矮的楼层更易保障儿童活动时的安全，也方便父母家长的陪护和紧急情况发生时的安全疏通。另一方面，把噪声较大的区域与安静阅读的区域隔开，使其互不打扰。低龄的儿童读者一般自控能力较差，这一时期的阅读主要以游戏和娱乐为主，因此，可以在一楼的开阔区域开设游戏活动区域、亲子阅读区域等。此外，由于低龄儿童需要家长的陪护，因此还需要设置配套的母婴室，方便家长的陪护。二楼可以设置为"安静"区域，主要为 7–18 岁少儿读者服务。7 岁开始儿童进入学龄期，正规系统地进行学习，可以独立自主进行阅读。因此还可以在二楼设置试听室和报刊室等。

（二）色彩与装饰个性化

空间的色彩和装饰是一种隐性语言。不同的色彩和装饰可以给走进图书馆的少儿读者不同的心理感受和情感，个性化设计效果能够影响儿童的阅读行为，激发儿童的兴趣和想象力。图书馆的个性化设计主要体现在室内的地面、书架、陈设上的色彩运用，门窗、墙壁的装饰效果以及阅读空间的光照程度等等。

儿童从 3～4 个月开始对色彩的感知能力就逐渐发展起来，例如红色这种鲜艳的颜色尤其能吸引儿童的注意力。4-5 岁的时候开始能够分辨同种色系的差别。学龄前期的儿童大都比较喜爱柔和的暖色系，不同性格的儿童喜好的颜色也不尽相同，例如喜欢红色的儿童性格刚烈，感情丰富，喜欢蓝色的儿童性格沉稳等等。7-12 岁处于学龄期的儿童，红色和绿色是这一时期的儿童比较喜爱的颜色，红色带来充沛的精力，而绿色可以缓解疲劳、放松身心，提高建筑空间的大众性和舒适性。但是少年期的儿童情绪易产生波动，容易受外界影响，因此图书馆的少儿阅览室在色彩运用上，不宜大面积使用色彩强烈的红色、橙色或是较为阴暗的黑色、灰色等。具体见表 2-1。

图书馆的馆内装饰起到美化环境和营造氛围的作用。一方面，有利于帮助儿童树立美意识和创造意识。另一方面为儿童营造舒适的阅读氛围，培养儿童的阅读习惯。

表 2-1　四大功能阅览室的设计

阅览室分类	儿童性格特征	色彩心理学中的色相表现	实际应用
0-3 岁婴幼儿阅览室	发展任务是语言交际，初步理解周围事物。积极的成果是自我意识出现。	可以分辨彩色和非彩色。红色容易吸引注意力，暖色带有温暖、安全的感觉。	色彩鲜艳环境刺激大脑，暖色环境使婴幼儿感到舒适有安全感。
3-7 岁学龄前期儿童阅览室	发展任务是获得主动感和克服内疚感，体验目的的实现。	黄色象征光明、活力，具有安定情绪的作用。粉色散发着温暖，使人感到温情。	黄色和粉色能使该年龄段的孩子有温暖安全的感觉，更好地获得主动感知，去探索世界。

阅览室分类	儿童性格特征	色彩心理学中的色相表现	实际应用
7–12岁学龄期儿童阅览室	发展任务是获得勤奋感，克服自卑感。基金的成果是创造性和获得技能。	浅绿容易使人想到春天、森林、公园、草原等，是一种令人放松，解除疲劳的颜色。	使用绿色，让儿童犹如置身于春天中，充满欢乐与动感。其次，绿色有助于儿童视力发育。
12–18岁少年期少儿阅览室	发展任务是建立同一感，体验忠诚的实现。积极的成果是自我感觉的能力。	浅蓝，令人想到晴朗的天空，象征着未知宇宙探索的求知欲，有助于培养安静的性格。它代表着冷静知性，自控力强。	青少年身处于浅蓝的环境中，可培养沉稳的性格，防止青春期的躁动。

（三）辅助设施合理化

图书馆少儿阅览室的辅助设施包括馆内桌椅、书架、文具、玩具等。不同年龄阶段的儿童阅览室应配置适合其心理需求和学习活动的辅助设施。

学龄前期的儿童阅览室的颜色应以浅淡的暖色调为主，光线应是柔和的。书架不宜太高，书籍摆放间隙尽可能大一些，可以选取一些较柔软的沙发或地毯等，避免儿童受伤，增加舒适感，加之明亮颜色的装饰点缀。学龄期的儿童阅览室以明亮的浅色为主，可以选取高大的书架和整齐的桌椅，营造安静有序的阅读氛围，用绿色等清新的颜色作为装饰点缀，减少学习阅读时的疲劳感。其次，绿色植物也能起到对室内的装饰和营造氛围的作用。图书馆室内植物的摆放应因地制宜，与其他设施和家具相协调，不宜喧宾夺主。学龄前期的儿童主要以游戏活动为主，可以选择叶片较小，颜色较浅的植物，以黄、绿、白颜色为主，增加活泼感。学龄期的少儿阅览室需要营造安静的阅读氛围同时还要兼具青春活力，可以选择叶片较大的植物，也以浅色为主。此外，颜色较深的植物和花卉等不宜过多摆放，同时室内装饰的绿植还要与家具造型、整体环境相适应。具体见表 2-2。

表 2-2　阅览室的装饰品和家具的设计摆放

分区阅览室	儿童心理学中的活动形式	装饰品和家具的设计与摆放
0-3 岁婴幼儿阅览室	认识活动。在这种活动，认识和了解周围事物的性质。逐渐灵巧掌握复杂的动作，言语和实践活动进一步发展，渴望独立完成动作活动。	使用较为鲜艳、温暖的颜色的装饰品，吸引注意力。儿童年龄较小，可以以带领儿童的成人的需求为主，空间应开阔，家具摆放不应太紧凑、有棱角。
3-7 岁学龄前期儿童阅览室	游戏活动。在这种活动中，儿童形成象征性的技能和想象，判断对方行为的含义。此阶段儿童好奇心强，好动，易发生危险。	低矮的带圆角的卡通书桌、书架和椅子，摆放间隔宽松，留出较多的游戏活动空间。设立一些独立的亲子卡座或沙发，阅览室可以布置成森林、城堡等不同的主体区域。标识可用图案代替文字。
7-12 岁学龄期儿童阅览室	学习活动。通过各种活动，儿童培养起对客观现实和道德现象的理性态度。	桌椅摆放整齐，可以摆放或悬挂名人名言，营造良好的阅读和学习氛围、环境，帮助集中注意力。
12-18 岁少年期少儿阅览室	通过学习、文体与社会实践活动，培养组织与交际能力，树立自我认知意识与道德原则。	展示儿童的书法、绘画等兴趣作品与照片等，增加自我认同感。

此外，标识等辅助设施也是图书馆服务形式之一。标识根据形状、颜色等区别，可用来区分功能区域，指示方向的作用，这也是儿童读者学习和利用图书馆的途径之一。不同场景、不同区域、形态各异的标识可以带给儿童丰富的视觉体验，营造舒适愉悦的阅读氛围，引导儿童感知和参与空间，开发想象力与创造力。

三、加强服务对象及馆员队伍建设

（一）坚持"以人为本"的服务理念

教育家蔡元培认为："儿童图书馆是儿童能力培养和智力开发的重要阵地，充分利用这种活动形式培养学龄前儿童的阅读习惯和发展已知、开发未知的学习能力，是十分必要的。"从中不难看出，树立以人为本的工作理念对优化图书馆管理发展极为有利。主要体现在图书馆应提升服务少儿文化建设的工作思想，体现社会价值，真正促进更多少年儿童实现健康良好的成长，并有效的应用图书馆资源。

图书馆应充分尊重知识获取的开放自由性，树立平等服务管理的工作理念。应面向广大读者设置出更契合读者服务管理的操作规范与具体措施。图书馆开展读者服务阶段中，应将读者至于首要位置，把握服务至上的核心宗旨，令图书馆各项工作均以读者为中心开展。应全面理解与尊重读者，以他们的角度考虑。应积极地进行换位思考，保护读者核心利益，明确到服务读者工作的光荣性、内在价值。看到读者快乐、自己就快乐，将人性化管理服务真真视作图书馆人员的规范行为与工作准则。

（二）培养职业精神

公共图书馆为扩充发展空间，需要更优质的工作团队，员工树立职业精神可确保更好地胜任本职工作。图书馆工作人员的岗位职业精神表现为：勇于进取，形成正确的事业观。学者们认为，少儿图书馆及少儿阅览室的核心工作应是"服务少年儿童、推进阅读"，良好地呈现出少儿图书馆服务管理的工作特点。

少儿图书馆及少儿阅览室在中国的建设发展开始较晚，一直到21世纪方步入快速建设发展阶段。图书馆建设发展需要优质的工作队伍。在对工作人员开展专业技能教育的基础上，还应重视对其职业道德以及工作精神的激励培养。再者，应与不同图书馆应定期组织研讨交流会、讲座培训会，令图书馆工作人员在开展少儿读者服务阶段中，体现耐心、充满关爱，呈现出勇于靠近读者的童心。应令图书馆工作人员全面关注图书馆服务事业的健康发展，形成优质服务意识，进而推进图书馆管理建设的稳定、健康与持续发展。

（三）树立终身学习观念

由于中国没有履行针对图书馆工作人员的资格管理考试制度，进而导致少儿图书馆员工多为非专业毕业或从事同少儿学科无关的研究，令其在现实工作中欠缺稳固的基础知识。往往应对处理问题的过程中，只有自学或是参与培训方能完成。

目前，图书馆工作人员较之以往虽然拥有较高学历，掌握了丰富的文化知识，然而从事图书馆专业以及信息管理研究的人员却较少。呈现出没能构建系统性的知识架构，管理服务能力片面单一的问题。为此，图书馆应继续丰富服务管理，更新实践手段。工作人员应掌握丰富的图书馆专业基础知识，并提升外文应用以及计算机处理综合技术水平。应面向少儿读者提供更为专业的咨询管理服务。工作人员应提升终身学习工作理念，持续的完善自我，积极更新专业知识系统，升华专业素养。

（四）强化专业技能培训

《公共图书馆宣言》中明确："图书馆的工作人员是用户与文献资料之间的联系者。为了保证图书馆的服务质量，必须对图书馆的工作人员进行专业技能培训和继续教育培训"。《纲要》强调："加强儿童社会工作队伍建设，要强化对儿童工作人员工作能力的培训，积极发挥其为儿童提供服务、维护儿童权益等方面的作用"。因而，强化图书馆工作人员培训教育，不仅可提升其业务能力水平，还可令广大少年儿童在优质系统的服务中实现更快的成长。

随着图书馆服务管理的不断升华，馆员学历层次全面提升，较多工作人员并没有接受过专业知识理论的培训，新近工作人员较多为图书情报专业毕业，然而该类工作人员却不具有少儿读者服务工作的实践经验。为此，针对掌握专业知识有限的老员工以及新进员工，可组织图书馆专业知识培训，引导员工积极走进进修班进行学习。针对具有专业知识新员工，可专门为其组织业务讲座，帮助员工丰富实践经验。另外，图书馆应基于业务实际需求，引荐图书馆工作人员深入学校以及科研单位做好人才教育培养。例如开展少儿教育、心理学、文学专业训练与沟通技巧培训，令工作人员业务素质与实践能力全面提升，进而为大众提供更为便利、快捷、周到、细致的优秀服务。

图书馆开展读者培训管理为一类持久性的重要任务，为读者快速的应用到需要信息资源的良好途径。图书馆组织教育培训方式多为举办讲座以及展览，成立特定读书日，就服务对象现实需要进行技能训练以及针对成年人开展教育活动仍旧需要进一步丰富。

四、加强多方机构合作

图书馆是少年儿童社会教育服务机构之一，并不是孤单独立的，承担少年儿童健康发展任务的还有学校、医疗等机构，只用公同协作，才创造良好的社会成长环境。图书馆应加强与其他图书馆、幼儿园、学校、教辅机构、心理医疗机构、慈善机构等社会机构的合作。首先，图书馆的只能为辐射范围之内的少儿读者服务。服务范围有限，馆藏资源也有一定限制，因此需要与其他图书馆合作，扩大服务范围，节约经费，提高图书馆综合服务水平。其次，加强与教育、医疗机构的合作。与学校进行合作，为少儿提供适合的专业学科书籍。与心理医疗部门合作，开展讲座与交流会，为家长和孩子提供心理和医疗上的咨询服务，创办咨询师，邀请专业人员定期坐诊，方便读者用户进馆咨询，提供专业的帮助与建议。

五、注意安全宣传与维护

低龄儿童身心发展还不健全，但是处于认识和学习阶段的儿童，对未知领域怀有好奇心，以及用触摸和实践的方式去认识和了解事物的行为，这些都增加了儿童发生危险的可能性。家长以及成人并不能时刻在儿童身边，因此开展低龄儿童安全教育活动是十分必要的。

低龄儿童尤其是学龄前儿童，普遍拥有强烈的好奇心与求知欲，但是往往缺乏生活经验，无法预知危险的发生。因此在做好馆内设备、设施有益于保护儿童安全的前提下，家长和馆员还要对儿童进行初步的安全指导、教育，提高儿童自我保护与规避危险的安全意识。

通过开展形式多样的主题活动，帮助儿童学习自我保护知识。例如，设计举办"小动物为什么受伤了？"的游戏。儿童通过观看图片、视频等，猜测分析小动物受伤的原因，并讨论如何才能避免受伤。通过游戏、类比，联想到自身的安全保护行为。其次可以以亲子游戏的方式，让家长和儿童在游戏中学习安全以及消防等知识条令，帮助家长提高安全意识，帮助儿童提高自我保护意识，以及共同维护图书馆日常安全环境的意识。此外，还可以举办安全主题讲座，请心理专家、幼儿教师、警务人员等针对不同年龄阶段的儿童活动特点和常会发生的危险状况等进行分析与指导，让家长和儿童提高安全意识，为家长答疑解惑，增加安全常识，提前做到安全预警。

第四节　图书馆少儿读写服务研究

一、公共图书馆少儿读写服务概述

（一）公共图书馆少儿读写素养培育

素养是联合国 2030 年议程的核心，读写素养是素养的重要组成部分。《欧盟终身学习核心素养建议框架 2018》（Council Recommendation of 22 May 2018 on Key Competences for Lifelong Learning）将读写素养作为第一项素养，联合国教科文组织也将读写素养作为核心素养的重要内容。在联合国教科文组织 1994 年版的《公共图书馆宣言》（IFLA-UNESCO Public Library Manifesto 1994）中，"素养（literacy）"被提及 4 次，其本意为读写能力。随着信息时代的发展，素养（literacy）也包括了信息素养、数字素养等，但素养的本质和核心仍然是指对文字、数字的读写能力，或者二者兼而有之。2022 年版《公共图书馆宣言》将培养阅读和写作技能、促进媒介与信息素养、数字素养技能的发展作为公共图书馆的使命。国际读写素养协会认为读写素养是使用跨学科的、任何环境中的视觉、声音和数字材料，来识别、理解、解释、创建、计算和沟通的能力。良好的读写素养可以使儿童更容易学习并获得其他技能，因此少儿读写素养提升是时代赋予的课题。公共图书馆具有社会教育的职责，承担着培育少儿读写素养的使命，需要全面参与到素养和阅读国家战略中，助力全民素养提升。

　　公共图书馆承担并履行读写素养培育的职能，在国内外都有着良好的政策支持。《国际图联 0-18 岁儿童图书馆服务指南（修订版）》（IF-LA Guidelines for Library Services to Children aged 0-18）指出，儿童图书馆支持少儿读写、学习和阅读是实现使命的关键，要"帮助儿童发展数字媒介信息素养技能"。国际图联发布的《IFLA 工具包：构建素养和阅读国家战略》（IFLA Toolkit for Developing National Literacy and Reading Strategies）为各国从图书馆的角度规划素养和阅读国家战略提供背景知识、政策建议、实例资源等工具包材料，鼓励图书馆协助构建和改进素养和阅读国家战略。《中华人民共和国公共图书馆法》规定公共图书馆"开展面向少年儿童的阅读指导和社会教育活动，并为学校开展有关课外活动提供支持"。2021 年，中央网络安全和信息化委员会印发《提升全民数字素养与技能行动纲要》，标志着全民素养从以文字读写能力为主迈入文字和数字读写能力并重的阶段。公共图书馆在良好的政策保障和支持下，应就如何开展读写服务促进阅读、提升素养进行深入的研究和实践。基于此，本部分在读写素养的涵义下针对公共图书馆不同少儿群体的读写服务进行研究，并分析少儿读写服务创新案例，以期为公共图书馆培育少儿读写素养提供参考。

（二）图书馆儿童读写服务的相关研究

国内关注图书馆读写服务的研究不多，主要集中在读写服务相关标准、早期读写服务的国外经验、读写困难儿童服务等方面。

服务标准方面，丁亚茹对《读写素养专业人才标准（2017）》进行解读并对比新旧版内容，提出对中国图书馆的培养数字读写素养、关注特殊教育对象、加强多方读写合作等启示。

国外早期读写服务实践方面，武娇调研了48家美国公共图书馆的早期读写服务实践，祝玲以美国"每个孩子都准备好在你的图书馆阅读"项目（Every Children Ready to Read @ your library，以下简称ECRR）为例，探讨家庭共同参与儿童早期读写发展的路径。

有关读写困难儿童服务的研究仍是热点，招建平等研究了广州图书馆针对读写困难儿童的服务，建议图书馆加强与特殊教育机构合作，提高服务专业性。苏福等分析IFLA面向读写困难儿童的空间设计与服务最佳实践，提出创新空间建设模式、强化专业服务能力等建议。中国有关公共图书馆读写服务的研究还不够深入，特别是在服务拓展和创新方面的研究比较缺乏，值得进一步探讨。

二、图书馆面向"读写困难症"儿童的读写服务

（一）"读写困难症"的概念与表现

1. "读写困难症"的概念

读写困难症，是对阅读和书写能力不良儿童的神经医学判定名词，是一种较常见的表现为阅读、书写等能力缺陷的神经综合征，是儿童学习障碍的主要类型，也是学生成绩欠佳的主要原因。简单来说，"读写困难症"是指智力正常或超常但在阅读和书写能力落后于同龄人的一种现象。"读写困难症"儿童在读写方面的困难容易被人忽略，甚至被老师和家长误认为是笨孩子、坏孩子，从而给他们造成严重的心理障碍，妨碍了对他们阅读兴趣的培养，甚至阻碍了儿童各方面能力的全面发展。他们需要图书馆

提供特殊服务，帮助他们克服读写困难，协助他们迈过图书馆的隐形阅读门槛。

2. "读写困难症"的表现

（1）识字方面

认字与记字困难重重，刚学过的字就忘记；错别字连篇，写字经常多一画或少一笔；经常搞混形近的字，如把"视"与"祝"弄混；经常搞混音近的字；学习拼音困难，经常把 Q 看成 O；经常颠倒字的偏旁部首。

（2）阅读方面

朗读时增字或减字；朗读时不按字阅读，而是随意按照自己的想法阅读；听写成绩很差；阅读速度慢；逐字阅读或以手指协助；说作文可以，但写作文过于简单，内容枯燥；书面表达自己的意思非常困难，抄写速度慢。

（3）行为方面

行为反应表现得不集中或无组织，对于所看到或听到的刺激，仅能掌握一小部分；掌握事物的顺序很困难，如数学公式、乘法口诀等；几乎做每件事都表现得反应过度；在辨析距离、方向时显得有困难；在理解时间概念时显得有困难；在整理自己的书本、纸张、玩具时显得有困难，写字时很难掌握空间距离；手脚笨拙，走路时脚步不稳，经常跌倒、被绊倒或撞倒家具；同一时间对所有的声音、人、事同时作反应，不懂得在同一时间对某一件事作反应；很快就从一个活动或想法跳到另一活动或想法；完成读写作业非常容易疲劳。

（4）朗读方面

常常省略句子中的某一个字或某几个字；任意在句中加字插字；任意将句中的字以其他字替换；将词组的前后字任意颠倒；阅读不流畅，在不适当的地方停顿；声音尖锐，喘气声很大等等。

（5）回忆方面

首先回忆基本事实困难，无法回答文章中有关时间、地点等基本事实的问题；而且序列回忆困难，无法按故事情节的先后顺序来复述故事；同时还有主题回忆困难，无法说出所阅读内容的主题。

（6）理解技能方面

逐字理解有困难，无法正确说出阅读内容中的有些细节和一些特定信息；理解性理解技能不足，不能从阅读材料中得出结论，无法比较观点之间的差异、无法把新的观点与学习过的观点综合起来；评论性理解技能不足，无法将阅读材料与自己的生活结合起来、无法分析作者的意向和信念、无法将阅读材料互相比较。

（7）策略运用方面

难以划出重点、无法认识阅读材料的性质、无法划分段落等。

（8）写字和默写方面

默写常常不及格，写错字或交白卷；写字的时候经常出现错误，例如漏写笔画，字体结构不匀称，常写出界等；写字要比一般的学生花费更多的时间；进行生字抄写时经常会漏写字或字的次序写错；同样的生字在同一篇作文中经常会有多种的写法。

（9）写作方面

有很多词语能说但是写不出来；相对于表达能力，书写较差；作文运用标点符号时经常漏写或使用错误；对于句子的重组练习比较困难；作文时思维组织紊乱；作文造句只能勉强达意，文法上有错误；经常在写作文的时候会有漏写的或者次序混乱的现象。

（二）图书馆开展面向"读写困难症"儿童服务的难点

目前，中国公共图书馆开展面向"读写困难症"儿童的服务，存在着专业辅导资源（教材）缺乏、专业服务人员缺乏，以及社会认知度缺乏等几大难点。

1.缺乏专业辅导资源（教材）

国内为"读写困难症"儿童提供辅助服务的公共图书馆为数不多，这项辅助服务在不少地方的公共图书馆馆员、中小学师生和家长看来也很陌生。到目前为止，一些发达国家都相继建立了一套完善的发现、识别和辅导"读写困难症"儿童的教学体系，当地的政府、教育机构也向社会公众免费提供了大量的专业辅导资源。中国公共图书馆"读写困难症"群体服务若要顺利开展，需要有完善、权威、公益并具实效性的专业辅导资源的支持。为达到这个目的，需要教育机构、专业辅导机构等组织共同推动图书馆特殊儿童服务。

2. 缺乏专业服务人员

由于每个"读写困难症"儿童的症状各不相同，情况较为复杂，需要辅导人员一对二，甚至一对一的长期跟踪服务。按照目前的情况来看，一个图书馆馆员每天要为 200 ～ 400 个普通读者服务，不可能再有充分的时间和精力为"读写困难症"儿童提供有针对性的服务。单纯依靠某个图书馆部门内的几个馆员较难构建大型的"读写困难症"儿童服务项目，专业服务人员的缺乏，严重制约了"读写困难症"儿童服务的开展和推广。

3. 缺乏社会认知度

社会普遍对"读写困难症"的认知度不高，关注度不够。在中国的现行教育体系"唯分数论"的大背景下，学校难以开展"差异化"教育，不少教师、家长一味认为学习成绩偏低是孩子不够努力造成的。当公共图书馆希望通过与学校合作开展"读写困难症"儿童服务时，得到更多的是不理解甚至排斥。许多学校认为此类服务对班级整体成绩的提高意义不大，因此也缺少合作的积极性。

（三）图书馆开展"读写困难症"儿童服务的对策

1. 建立广泛的多方合作关系

建立广泛的多方合作关系，以合作促进推广，以推广促进合作，有助于公共图书馆打造横向展开、纵向深入的立体服务模式，形成横纵交错的全方位读写困难症群体服务网络。

（1）扩展横向合作关系

公共图书馆需要重视读写困难症者的家人、老师、朋友、同事等社会关系，将这些社会情感关系引入到图书馆服务中来。向特殊服务对象的家人和朋友普及读写困难症知识，组织他们学习基本辅助读写技巧，保证读写困难症者完成足够的阅读量，同时提高阅读效率，并最终逐步达到必需的知识积累程度。针对读写困难症儿童，公共图书馆应当从心理健康建设的角度出发，联络特殊儿童的家长和老师，形成图书馆、家庭、学校三位一体的服务模式，帮助儿童正视自身问题，建立克服读写困难的信心，鼓励家长和老师发掘读写困难症儿童的其他天赋或特长。

（2）建立纵向合作关系

加强与政府管理部门的联系，如教育部门、文化部门等，加强服务政策的制定与执行力度，并积极推动相关政策和法规的出台。加强与图书馆行业组织的联系，如中国图书馆学会、残疾人联合会、国外阅读障碍症协会、DAISY 国际联盟等，推动行业指南的尽早制定与发布。加强与社会机构的联系，如社会工作服务中心，像广州增城乐众社工中心、广州阳光社工中心、深圳卫宁社工中心等均具有专业的读写困难症群体服务资质，都是可以大力合作的机构；提供读写困难症群体服务的社会企业，如北京乐朗乐读学习潜能开发中心；研究读写困难症的高校或科研机构，如北京师范大学心理学院，专业矫治读写困难症的医疗机构等，都能为公共图书馆服务的推行起到良好的促进作用。加强与其他图书馆的合作，借鉴高校图书馆的理论研究成果来指导服务实践的推广，与其他有意展开读写困难症群体服务的公共图书馆合作，建立特殊资源共享机制，总结各自服务实践中的优缺点并予以及时修正，使服务资源得到充分开发与利用。

2.开展多样的服务宣传推广

对于读写困难症相关常识的无知导致了全社会关注度的缺乏，要让公共图书馆读写困难症群体服务得到大众的认可和支持，必须开展线上线下同步进行的多样化宣传与推广。

（1）实体空间的宣传与推广

公共图书馆的实体馆内宣传是最为简单、也最为有效的宣传方式。宣传单的印发、宣传折页的制作、宣传手册的发放、宣传海报的展示等都是非常鲜明简要的宣传活动，图书馆可以将这些宣传品制作成适合读写困难症用户阅读的色彩、字体等，并摆放在图书馆的显眼位置，不但有助于读写困难症者观看，同时还可以吸引普通读者的注意；通过图书馆内电视墙进行读写困难症宣传片的滚动播放，同样会带来广泛的宣传效果。除此之外，参考国外图书馆的推广方式，还可以定期举办读写困难症宣传周活动，在宣传周上邀请患有读写困难症的公众人物讲座，组织读写困难症知识图片展览，播放如《地球上的星星》等与读写困难症相关的电影，开展集体阅读活动等。

（2）网络平台的宣传与推广

网络平台是推广读写困难症群体服务信息的又一良好工具。公共图书馆可选择在本馆网站上发布读写困难症服务的相关讯息，也不妨学习英国公共图书馆，与当地的政府联络，通过政府官方网站发布服务资讯。公共图书馆可以将本馆网站设计成无障碍浏览模式，如使用柔和色彩，制作清晰明了的导航，网页字体可自行调节大小等；并在网站上直接提供适合读写困难症读者阅读的推荐书目，可下载的多种格式的多媒体资料，能够辅助阅读的软件或工具等，以此保障读写困难症用户随时随地无障碍地利用图书馆线上服务。同时，图书馆还可以倡导本地的公共服务网络采用无障碍浏览的设计方式，使全社会逐步关注并重视读写困难症群体的存在。利用大众传媒推广平台推广读写困难症服务，也是一种有效的宣传渠道，图书馆可以联络具有一定影响力的电视媒体，通过采访报道、电视台播出的方式向电视观众普及读写困难症知识；或者与电视台联合制作公益广告、公益宣传片等。自媒体的急速发展也为线上服务提供良好的机会，公共图书馆可以借助微博、微信等自媒体平台，向普通公众推广读写困难症群体服务。

3. 配置合理的馆藏资源布局

合理配置适合读写困难症人群使用的主题资料并合理地将相关馆藏资源进行有效布局，是公共图书馆推行读写困难症群体友好服务的资源基础。

（1）合理配置相关资源

科学配置馆藏资源，有利于帮助读写困难症群体顺利获取需要的信息。公共图书馆可以从纸质资源、数字资源两个方面进行馆藏资源的合理配置，包括采购与主题资源自建，以满足读写困难症用户的特殊需求。

纸质资源方面，采购印刷清晰的文献资料能够保证阅读效率，同时图书馆也可采购或者自行制作大字体印刷书籍、彩色印刷资料等，注意调整对比度、字体、字间距和行间距等印刷效果，避免连续性文章、图文混合等页面内容繁杂的情况，适应读写困难症人士对光线以及色彩的敏感度，降低阅读难度，提高阅读效率。数字资源方面，公共图书馆可以购买适合读写困难症用户阅读的电子书、有声读物、DAISY 格式书籍等，这些电子读物能够全面调动特殊读者的多方面感官，使信息通过多种渠道传递给读写困难症者，帮助其理解并加深记忆；此外，图书馆行业组织可以考虑加入 DAISY 联盟，引进 DAISY 技术，与国际标准音频读物接轨，在中国公共图书馆界掀起读写困难症资源革命，更大范围内的服务这一特殊群体；当然，建设具有本馆特色，甚至本地特色的多媒体资源数据库，将地方特色与特殊资源相结合，通过有效地组织、整理，形成有序化的主题资源库，也是帮助读写困难症用户获取信息的便利途径；最后，图书馆还需大量提供各种诸如磁带、DVD、CD 等音频或视频资源，向读写困难症用户推广多元化、优质的服务，支持并鼓励其终身学习。

（2）合理布局资源空间

合理布局馆藏资源，有利于为读写困难症群体打造无障碍的信息获取环境。公共图书馆在印发通知、传单和公告时，应当考虑到读写困难症群体的需求，尝试采用特殊印刷方式；在馆藏资源的摆放方面，单独馆藏和综合馆藏各有利弊，图书馆要根据本馆用户的实际需求选择布局方案，依据用户的反馈适时调整馆藏的布局方式；在设置阅读专区的部分，需要明确指示读写困难症用户资源的放置区域，并采用封面向外、题名凸显等摆放方式吸引读写困难症读者的注意。

4.加强有效的特殊服务内容

根据读写困难症群体的区域性特点、年龄阶段、需求重点来创新服务内容，再结合公共图书馆自身的服务能力，制定具有自身特色的服务项目和服务计划，是持续推广公共图书馆读写困难症群体服务实践的长久之计。从明确服务需求、制定服务计划、创新服务方法三个步骤，层层递进，提供一整套优质的、具有包容性的读写困难症群体服务内容。

（1）调查并明确特殊服务需求

广泛调查读写困难症群体的情况，明确特殊服务需求，保证提供适合的、能够促进并改善读写困难症用户现状的服务。调查问卷法是最为常用的调查方法，如广州图书馆针对少儿部到馆读者所做的读写困难症问卷调查就是一个很好的例子；此外，访谈法、座谈会等也可以结合使用，与读写困难症用户代表及其家人进行沟通和交流，了解读者在利用图书馆过程中存在的障碍，希望获得的主要信息及服务，对公共图书馆建设等方面的改进措施等。定期进行不同范围的调查，保持持续的跟踪记录，以此作为服务规划制定与内容更新的依据。

（2）制定并执行服务战略规划

国际图书馆界的实践经验表明，制定战略规划是公共图书馆包容性服务的长期持续的重要组成部分。首先，制定针对读写困难症用户服务的长期计划与近期计划，涉及相关的馆藏资源、服务专员、辅助技术、人文环境等，进行优先发展规划，指明服务发展方向；其次，调动各部门运用有效资源具体执行服务计划，开展读写困难症群体服务行动，让读写困难者切实享受图书馆包容性服务；最后，收集反馈信息，及时总结经验，克服困难与不足，持续更新与修正服务计划。

根据中国试点图书馆的服务推行结果，不难看出，目前在中国公共图书馆开展读写困难症群体服务，能够切实推行的服务，仅仅包括常识的宣传与普及、推荐特殊阅读书目、开展小范围的读写困难症知识讲座等宏观活动，而改变流通借阅规则、实现文本格式转换、提供心理健康咨询、推送个性化定制信息等细节深入的微观服务内容暂时还无法全面铺开。当然，在中国公共图书馆的实践尝试中最值得提倡与保留的一项服务内容，是举办图书馆小型读写训练班活动，辅助一小部分读写困难症儿童完成阅读能力的培养与矫治。公共图书馆通过小型读写训练班课程活动，利用寓教于乐的多感官训练方法，帮助一些筛选认定过的读写困难症儿童实现短期的集中阅读训练，以此达到提升读写能力的目的。这种活动方式，可操作性强且效果明显，值得大多数公共图书馆参考与学习，而制作具有本馆特色的精品辅导课程，打造读写困难症群体服务自有品牌，更有利于为大陆图书馆界开展读写困难症群体服务的方式方法提供经验与借鉴。

5.提供友好的辅助服务环境

无论是无障碍的物理空间环境，还是辅助技术设备的配置，都能够帮助公共图书馆为读写困难症用户提供一个以人为本的、友好的辅助学习环境。

（1）创建友好物理环境

从人文关怀的角度出发，创造无障碍的阅读、学习与休息空间与环境，有利于图书馆提供读写困难症群体友好服务。公共图书馆需要设置醒目的指示标识，使用彩色、简易的指示牌，并配以象形图案等表达方式，方便读写困难症读者进行查找；推出"便携式的读写困难症用户地图"，以颜色编码等形式清晰指示图书馆的藏书布局、辅助阅读设备区域等内容；设置专门的阅读区域，既要与大众阅读区分离，又不能显得过分突兀，安装符合人体力学机构的桌椅，配备辅助阅读设备，提供舒适、不被打扰的阅读和学习环境。

（2）配置辅助技术设备

辅助学习的技术设备既包括辅助学习工具，也包括辅助技术软件及设备。公共图书馆应积极应用或采购支持读写困难症群体阅读、学习、研究的软件和硬件设施，打造无障碍学习环境。简单的辅助阅读工具，如彩色视频放大镜、放大阅读器、防眩光台灯、彩色覆盖器、屏幕遮光工具等适合于普遍购置，这些工具能够改变资料原本的配色方案或图形及文本大小，提升阅读效果；在技术软件方面，适合读写困难症用户的软件主要有思维导图类、读屏类、语音识别类、转换格式类、放大类软件，每类软件侧重点不同，但通常以综合的听、说、读、写等基本辅导功能为基础，这些软件能够全方位调动读写困难症读者的感觉通道，刺激用户的感官，达到提升阅读效果的作用。公共图书馆可根据发展水平与成本投入的差异，引进国际主流的读写困难症辅助学习软件，例如英国、加拿大、日本图书馆常用的 Kurzweil 3000、Dragon Naturally Speaking、Digital Accessible Information System 等软件都是很好的选择，再经过图书馆技术人员的汉化处理，使之成为适合中文读写困难症用户使用的辅助软件。

6.打造专业的精英服务团队

馆员的服务意识与服务能力，直接关系到公共图书馆读写困难症群体服务的水平。打造精英服务团队，发挥图书馆员的主观能动作用，是公共图书馆顺利开展积极平等、专业优良的读写困难症群体服务的依托。

（1）培养馆员主动服务意识

公众的忽视与不理解，造成了读写困难症者谨慎自卑、缺乏自信的心理状态，图书馆员应当深刻理解这种心态，尊重读写困难症读者，用良好的服务态度主动提供帮助，增强保密意识，杜绝歧视、态度异样等行为。公共图书馆应当组织读写困难症相关的讲座或展览活动，为馆员和普通公众创造进一步了解读写困难症知识的机会，同时使馆员全面了解这类群体的基本症状以及他们在生活学习中存在的困难，以此增强主动服务意识，及时提供有效的支持。

（2）提高馆员专业服务技能

图书馆内最好组建一支专门服务读写困难症群体的队伍，以具有专业读写困难症服务资质的馆员为主导，配合经验丰富的特殊群体服务馆员，再加入图书馆志愿者，组成精英服务团队，为读写困难症用户提供参考咨询、学习支持、技术辅导等服务，同时帮助图书馆制定读写困难症群体服务计划，设计服务内容，推广合作方案等。此外，图书馆需要定期组织服务人员进行读写困难症群体专业服务的培训，或者通过继续教育课程学习读写困难症群体服务技能。邀请国内外相关研究领域的专家或学者举办讲座，在馆内外形成积极服务读写困难症群体的氛围；参加专门培训机构、其他图书馆、社会组织的培训课程，获得专业服务资格，提升服务队伍整体的专业素养与服务能力。

（四）图书馆面向"读写困难症"儿童的辅导训练

1.静心训练

静心训练是其他训练的基础，是每次进行其他训练前都要进行的基础训练。具体过程为：老师先让参与训练的"读写困难症"儿童选择最舒服的姿态坐下，然后放一段轻音乐（音乐里有动物、风、水等各种声音），让儿童闭上双眼静心听并记下各种声音，3分钟后，让他们回想听到了几种声音并说出都是什么声音。

2.视知觉训练

视知觉训练主要包括方向感训练、运动感训练、辨别感训练和技能训练。

（1）方向感训练

方向感训练分静态和动态两种类型。静态训练：老师给出一组带有箭头的图形（三角、四角、多边形和旋转线圈等），让"读写困难症"儿童不动头，只动眼，眼睛顺着箭头的方向每个图形看30秒，看完一个接着看下一个，全部看完后闭上眼睛休息1分钟，并记录眼睛循环的总次数。动态训练：主要指快闪数字、汉字训练法，即用1～2秒快闪四位数以上数字或三个以上汉字，让孩子注视快闪的内容，在看到白色影子消失后反着写出来，以练习左右方位。

（2）运动感训练（视觉追踪能力训练）

少儿图书馆主要采用"舒尔特表"和注视球体运动两种训练方法。舒尔特表可以锻炼视神经末梢，图书馆给"读写困难症"儿童提供的舒尔特表以软件的方式打开，设有4～100个表格数，4个格子的最简单，100个格子的最难。以25个格子为例，软件展示的1～25的顺序是打乱的，在最开始训练时，要求"读写困难症"儿童看着投影屏幕用手指在空中按顺序从 1 指到 25，10 次课后，会让儿童到电子阅览室利用电脑练习难度更高的"舒尔特表"。注视球体运动：老师每次会投影三组球体，每组放 3～4 分钟，在这个过程中，要求"读写困难症"儿童头不动，眼睛跟着球体运动，每组结束后，让儿童闭上眼睛回忆刚才不同颜色的球分别做什么运动。

（3）辨别感训练

少儿图书馆选择了三种方法进行辨别感训练。一是丛林寻宝，就是在一组（A4 纸四行以上）字符或者字母中混入相似的字符或字母，让"读写困难症"儿童用圆圈圈起不同的并记录个数。二是找不同，即在两张图片中找不同。三是玩扑克，就是把一副扑克牌打乱，然后让"读写困难症"儿童挑出某类牌。

（4）技能性训练

以注视黄点蓝底卡为例，儿童注视 1 分钟后看白板，看到的可能是蓝点黄底，但经过长时间的训练后，看到的就是黄点蓝底。此训练每天重复做三次，坚持一段时间后，既可扩大儿童的视幅，又能提高儿童的专注力。

3. 视觉记忆训练

（1）快闪图片法

在 1～2 秒内快闪动植物、水果等图片（从简单到复杂），让"读写困难症"儿童注视快闪并说出什么东西各多少个。这种训练的目的不是让他们数数，而是让他们先记下图片，再用加、减、乘法等得出结果。如果这次快闪的图片与上次相同，可以直接说出结果，不用计算。

（2）实物记忆法

在桌子上摆放 7 件以上物品，给"读写困难症"儿童 30 秒时间记忆，然后老师用布把东西盖起来，再让他们按照从左到右的顺序说出物品的名称。

（3）扑克牌记忆法

在扑克牌中随意选出 4 张以上不同的牌一字排开，给"读写困难症"

儿童20秒时间记忆，然后老师把扑克牌收起来，让他们凭记忆说出从左到右依次是什么牌，也可以提问第几张牌是什么。

4.听觉训练

为了提高"读写困难症"儿童的注意力，激发他们的阅读兴趣，图书馆的每节课都增加了听觉训练。

（1）顺风耳训练

图书馆可以从一些儿童文家作家的作品（如陈伯吹的《一只想飞的猫》、张天翼的《大林和小林》等）中节选某一段作为听觉训练的文章。在训练过程中，让孩子保持坐姿端正并看着老师读文章，听到老师事先指定的文字就拍手。每段文章可以重复训练，因为老师指定的文字不同。

（2）找漏洞训练

老师读两遍一个4位数以上的数字，第一遍完整读出，第二遍读时故意漏掉其中一位数字，让孩子在听完后说出漏掉的数字。

（3）找重字训练

老师重复读两遍5位数以上的数字（10个数字为一组），让孩子在听完后说出重复的数字。

5.课后作业

要提高"读写困难症"儿童的读写能力，仅靠每周一两次的训练是远远不够的，还需要坚持每天练习。例如，课后布置的作业可以包括以下内容：

（1）反复强调视觉记忆要求

孩子写作业时，不要看一笔写一笔，要对整个字进行细致的观察，记住以后再写。

（2）增加阅读量

少年儿童图书馆要求"读写困难症"儿童每周要借阅一本书（由少儿图书馆提供书目）并撰写读书心得。

（3）建立"错别字"库

家长应注意收集"读写困难症"儿童经常写错的字（包括拼音），并让孩子把错别字记到"纠正本"上，每隔两三天就集中给孩子听写一次或多次，直至纠正为止。

（五）图书馆面向"读写困难症"儿童的读写服务案例

1.东莞图书馆少儿馆开设读写训练班

（1）展开读写训练班宣传工作

东莞图书馆少儿馆通过馆内宣传、网站宣传方式普及读写困难症的知识，为疑似读写困难症的儿童提供实际指引。在馆内宣传方面，少儿馆在馆内辟出独立区域，举办"读写困难症知识展"，介绍读写困难症的背景知识、常见症状、名人故事等常规内容，及家长伴读技巧、读写困难书目推荐、少儿馆自办资料等阅读辅导元素。其中，"家长伴读技巧"知识新颖、实用性强，引起了家长的浓厚兴趣，为日后读写训练班中"亲子伴读"课程的传授打下了坚实的基础。

网站宣传方面，少儿馆在本馆网站上推出了电子版的"读写困难症知识展"和"专题服务"板块。"专题服务"板块介绍了适合读写困难症儿童使用的"点点电子书借阅机"的借阅方法，适合家长使用的《读写障碍儿童的家长手册》，以及适合读写困难人群初步自测的《读写能力测量表（简体版）》。该测量表从认读、默写、专注力三方面展开考量，是一款实用的初步自测工具。

（2）筛选目标儿童作为培训对象

为了准确筛选出最合适的学员儿童作为培训对象，少儿馆以《读写能力测量表（简体版）》作为测评标准，将量表填写人范围限定在熟悉学生学习情况的老师和家长，对报名参加的学生进行筛选测评。

（3）读写培训班教学实例

①运用多感官教学法教授汉字基本知识

美国学者玛丽·卡勃博士等人以学习风格为标准把人分为三类：听觉型、视觉型和肢体－动觉型。其中，听觉型的人通过听觉途径来学习；视觉型的人通过视觉途径来学习，他们需首先了解大致框架后才能理解所学内容；而肢体－动觉型的人需通过触摸和身体动作来学习。患有"读写困难症"的人大多是视觉型或肢体－动觉型的人。

多感官教学法是一种非常适合视觉型和肢体－动觉型的人学习读写的方法，特别是在学习字形结构和练习串联句子等方面。针对不同特点的读写困难症儿童，运用与之相适合的多感官教学法，将语言与视觉、听觉、动觉相结合，增强读写困难症儿童对学习内容的直观把握。如针对视觉型的读写困难症儿童，可用不同的颜色区别汉字的不同部分，辅助学员从视觉上对汉字的部首与偏旁进行学习与区分，从而把握字形结构；或在课堂上每隔 10 ～ 15 分钟播放一小段电影或录像，授课时尽可能使用图表和投影幻灯片。针对肢体－动觉型的读写困难症儿童，可设计手部动作或全身动作代表字形结构，当出示一个字形结构的时候，让学员进行相应的动作示意。利用动觉的优势加强孩子对图形的认识，建立起脑部神经反射。或在课堂上多穿插增强动手能力的活动，如用橡皮泥摆字、识字操等游戏。一名读写困难症儿童可能具有以上风格的部分或全部特点，这就需要读写训练服务人员在准确把握儿童特点的基础上，灵活运用该教学方法。

②汉字拆分与组合的教学

读写困难儿童对汉字的偏旁、部首把握不准确，少儿馆通过对汉字进行拆分与组合，强化训练学员的识字能力。以熟知的"女"字旁是女性的代表，少儿馆把"妈、娃、妹、姐"等"女"字旁汉字串联起来，让学员找出相同部首；或将"妈、玛、码、蚂"等同音字串联起来，指导学员找出相同读音的偏旁，并以填涂游戏的形式减轻学员的学习压力。再辅之以老师的反复发音训练，配合象形文字的图片介绍汉字意思，让学员把"形、音、义"结合起来，将一笔一画的写字练习变成有趣的读写学习，使学员对文字的不同结构和语音的识别方式形成深入的理解和认识。该方法的运用，成功减轻了学员对文字的恐惧。

③巧用游戏策略，增强儿童的自信心

在传统的课堂教学中，老师往往过于重视儿童的学习成绩，教学方法枯燥乏味，课堂互动性不强，成绩差的儿童的学习积极性大受打压。少儿馆为了调动儿童的学习兴趣，在课程设计上加插了大量的课堂游戏。例如"偏旁部首找朋友"，学员们分为部首组和偏旁组，自由配对汉字，并把配对成功的字念出来。这个课程游戏成功调动了学员的积极情绪，情绪的力量促使学习成绩提升，日常被视为"差生"的孩子自信心增强，学习兴致盎然。因此，少儿馆游戏的设置解决了传统填鸭式教学的弊病，教学课程趣味性增加，主动回答问题的儿童增多，儿童表现出更为积极、阳光的一面。这是一种深化教学内容，培养健康心理的引导模式。

④通过亲子伴读培养儿童专注力

读写困难症儿童学习成绩普遍不理想的一个重要原因，就是读写困难症儿童的专注力相对较差，少儿馆希望通过培训班教学和家庭教育两方面，共同指导学员儿童学习。因此，培训班设立"亲子伴读课程"，要求家长紧紧围绕"亲子互动"和"增强儿童自信心"两个要点，建立亲子关系，培养儿童专注力。培训老师以一个绘本故事为例，教授家长伴读技巧，力图唤醒家长对亲子伴读的重视，为家长在课后培养学员的阅读习惯、增进亲子关系起到了积极作用。同时，亲子伴读要求选择儿童感兴趣的故事，在讲故事的过程中刻意制造悬念，引导儿童仔细观察图画寻找答案，鼓励儿童发挥想象，猜测剧情的发展，这对于儿童专注力的培养和自信心的提升都有极大帮助。

⑤完善课堂跟踪记录

课堂跟踪记录为日后的课程调整指明了改进方向，培训老师在整个读写训练课程中，以课堂测试和课堂观察的形式对所有学员进行课堂跟踪记录，并根据结果对学员进行特点分析。其中，课堂测试由志愿老师安排在整个课程的中期，测试成绩并不向学员公开，测试内容主要包括学生的发音、听写能力及朗诵的情况，馆员负责记录学员主要问题，并将其反映给任课老师；课堂观察则对学员的发言积极性、课堂注意力、游戏参与性等进行记录，课后由上课老师与观察员交换意见，及时调整课程安排。从课堂跟踪记录内容中发现，除个别学员存在读写困难症嫌疑外，其他学员只是存在学习习惯不良或学习情绪不佳等问题，而这些问题可以通过家长与学校的共同努力予以解决。

2.嘉兴市图书馆："快乐读写直通车"学习体验营活动

（1）服务步骤

①读写困难症儿童服务宣传

活动前，嘉兴市图书馆制作了"'快乐读写直通车'学习体验营——关注读写困难儿童"的宣传展架，编辑了《那一类"天才的秘密"——关注读写困难儿童》的宣传折页。同时在嘉兴市图书馆的网站、嘉兴广电新闻出版局的"文化有约"网站、微博上均发布了读写困难症儿童服务或活动的信息。另外，活动还在文化影视频道的新闻中进行报道，产生了不小的社会影响力。

②读写困难症儿童服务课程开发

嘉兴市图书馆第一期"快乐读写直通车"学习体验营课程资源的开发与利用有以下几个特点：

a.依托学校教材进行整合、归类、延伸

读写困难症是学习障碍的一种，是儿童学习过程中最难以逾越的障碍，服务目标重在改善这类特殊儿童的读写能力，帮助他们走出读写阴霾。因此，将服务载体——课程资源选择以学校教材为基础，但又不是学校教材的机械重复利用。团队依托学校教材进行优化整合，将教材内容进行归类学习，并适度进行了延伸，有效地帮助了读写困难症儿童。

教学实例一：体验营的第一次活动正处秋季，为了加深学员印象，体验营选择了一年级的《秋叶飘飘》和二年级的《秋天的图画》两篇课文。这种应景以"秋"来确定主题的整合方式，让儿童心生好奇，读得津津有味。接着，培训老师在学习内容方面开展延伸，让儿童们给"秋"组词，说出描写秋天的词语。最后，培训老师还布置了作业——"找个秋高气爽的好日子，带上家长，约上好友，一起去感受秋天。呼吸野外新鲜的空气，拍几张照，捡几片树叶，读几首秋天的诗，回家再写几个描写秋天的漂亮的字词"。这种学习方法，拓宽了学习内容，改变了传统复习思路，提升了学习效果。

教学实例二：本次学习体验营里安排了"汉字拆拆拆"和"汉字拼拼拼"活动。活动里涉及的字都是由团队指导老师归类整理后挑选出的。团队指导老师在开课之前，根据人教版1-4册教材的生字表，对"目""木"等8个偏旁部首的字进行梳理，再从中选择儿童容易读错写错的字，让儿童进行拆分和组合，充分解决了儿童写字"多点少划"的问题，收到了极佳的效果。

b. 根据儿童学习特点，充分发掘学生资源

建构主义学习理论认为，学生的学习总是建立在自己原有的经验基础之上。学生也是课程资源开发与利用的参与者，学生感兴趣的内容就是最好的课程资源。学生年龄特点、心理特点、原有知识水平等都是挖掘课程资源的依据。

教学实例三：体验营用看图猜谜游戏来对儿童进行词语学习训练。团队指导老师根据教材里出现的儿童容易读错或写错的成语，找到相关的图片，制成PPT，让儿童看图片猜成语、写成语。如本次训练中有目的地选择了秋高气爽、白雪皑皑、莺歌燕舞、拔苗助长、管中窥豹、瓜熟蒂落等16个成语，配上图片。在图片与词语的有机结合中让儿童感受如何内化词语，强化词语学习。

教学实例四：利用绘本故事里的字词对儿童进行训练，帮助儿童在不经意间学习写字。体验营里，学习《月亮的味道》时，团队指导老师要求儿童把"日"加一笔或减一笔，儿童参与积极性高涨，不仅训练发散性思维，还学到了更多的字。而在识字写字学习中，儿童容易写错的字词就是体验营最好的教材。团队指导老师对这些字词进行巧妙训练，强化儿童记忆。为此，体验营特地招募志愿者——小学低段名师，为体验营提供好的训练内容，使儿童受益，家长满意。

c. 吸纳经典名著作品，拓展课外教材资源

经典文学作品是经过沉淀后的精华，经久不衰，历久弥新。用这样的作品作为学习载体，更有利于培养儿童的人文素养。体验营有目的地选择了儿童喜爱的童谣、诗歌作为训练内容。帮助儿童在学习中发现自己的特

长，正如儿童健康成长心理绘本《我可以克服阅读障碍》里的莎拉说的，"老师教了各种各样的技巧去提高学习力"，"诗歌太令人惊叹了"。

教学实例五：选择信谊原创图画书系列《一园青菜成了精》作为学习资源。在这本趣味十足的童谣图画书中，作者结合现实与想象情境，配合童谣背景，巧妙融入中国元素——京剧武打场面。书籍扉页的风景让人联想到《清明上河图》汴京城郊菜圃，而画风则似承袭徐渭、齐白石，线条表情丰富、力道十足，让儿童感受的不只是视觉效果，还有触感上的软与硬、听觉上的闹与静，甚至连肢体也体验着每个角色的进退缓急。实践表明，儿童十分喜欢这样的学习内容。

教学实例六：选择了高洪波的诗篇——《我想》作为课程活动现场的学习与展示案例。在大学生志愿者的带动下，儿童稚嫩的诗朗诵有模有样，让家长看到了儿童的无限学习潜力。

（2）服务策略

图书馆读写困难症服务以美国教育家杜威的"玩中学"为服务理念，以指导家长辅助读写困难症儿童学习为目标，以阅读游戏为主题活动来服务读写困难症儿童及家庭。

①视觉策略

教学实例七：体验营根据读写困难儿童的学习特点，或自制图片，或从网络、思维游戏等书籍中选取图片，让儿童相互结伴、自由组合，找出图片的不同之处。这种视觉策略的训练方法应时应景，深受儿童和家长的青睐。

教学实例八：另外，有位家长还让儿童在脑知健网站里的读写困难症儿童训练课程里免费尝试了专注力训练内容，有一定效果。训练以游戏形式呈现，如颜色匹配训练：页面上出现两个表示颜色的词语如红色、黄色，判断词语表示的颜色与词语字体的颜色是否匹配，依次进行多次训练。

②听觉策略

读写困难症儿童专注时间短，在同一活动上专注力少于15至20分钟。

听觉策略是根据儿童的这一特点安排的相关训练，以培养儿童的专注力与短暂记忆力的阅读指导辅助策略。

教学实例九：体验营的课程教学安排了绘本故事《月亮的味道》的学习。以这本适合低年龄儿童阅读的图画书为培训教材，是为了让儿童静心感受听故事的乐趣，并能听出不一样的味道——不同年龄、不同心境下听同一个故事会有不同的感悟与理解。

教学实例十：体验营安排了多种听音排序训练。如播放各种模拟声音，不同乐器发出的声音、不同的动物叫声等，再给儿童多个词语卡片，要求儿童听完后按播放顺序排列卡片。随着儿童的听觉能力的提高，辅助人员可不断增加听音排序训练的难度，以此培养儿童的短暂记忆力和专注力。

此外，此种方法还便于家长随时随地训练儿童，无论是在放学路上、散步时间、睡前游戏等，均可进行无痕训练，改善读写困难症状况。

③多元伴读

读写困难症儿童因阅读时会跳行，跳字，自然会读后不知所云，这样的阅读容易疲倦或头痛。因此，伴读尤为重要。伴读不是全程陪着读，陪伴者可以根据儿童的特点，在困难时给予帮助地读一读，也可以根据阅读内容的不同，如高潮、角色变换等关键点上进行陪读。选择性伴读，可以感染阅读气氛。

在体验营里选择了大学生志愿者伴读，发现效果很好。此外，师长伴读和亲子伴读都是提高读写困难症儿童学习能力的重要方式。在学校里，师长伴读有着神奇的魅力；在家里，爸爸、妈妈、儿童轮流读书，极大地提高了读写困难症儿童的学习兴趣。在美国，还出现了狗狗伴读。狗狗扮演的角色是一个认真的倾听者，而不是在一旁指手画脚的评判者。这样的方式不仅博人眼球，还十分有效。由此可见，伴读不仅仅提升儿童阅读的兴趣与信心，还可提升儿童认字与阅读理解的能力，这为读写困难症儿童服务提供了很好的视角与思路。

④趣味写字

读写困难症儿童写字笔画错漏，文字方向文字部件左右颠倒等现象频繁发生。为此，在读写困难儿童服务过程中，写字训练必不可少。体验营安排了雪花泥写字，彩笔描字，沙盘写字，白板写字等。新颖的写字方式吸引了儿童的注意力，多种感官的刺激又可以强化记忆，真的是在愉悦中学写字，纠错字，一举多得。

教学案例十一：有些字看似简单，却容易写错，如"州"的横点和竖点，"北"的横与提。体验营里，团队指导老师就要求儿童用雪花泥拼出"广州"、"北京"，并且对不同的笔画，在颜色上作了要求。儿童在动手玩乐中学会了正确书写。

教学案例十二：识字写字教学中，总有些字笔画多，规律不明显。写这样的字对于读写困难症儿童来说是难上加难。如二年级儿童学写的"隔"、"橘"、"泰"、"藤"等字，在训练营里用了白板写字的方法，儿童情绪高涨，效果极好。

⑤艺术诵读

在读写困难症儿童服务中，将读写与绘画、音乐、舞蹈等结合起来，有助于提高儿童的读写能力。

教学实例十二：在汉字"拼拼拼"活动中引用了十二生肖的甲骨文。如图画一样的文字吸引了大家的注意力，儿童们又猜又读，兴趣盎然。

教学实例十三：在学童谣《一园青菜成了精》时，舞蹈老师根据童谣的韵律，配上了合适的音乐，编排了律动小舞蹈。舞蹈与童谣配合得十分紧密，老师带着儿童跳跳玩玩，轻松愉快，在音乐与舞蹈的快乐中儿童们成功学会背诵童谣。最后一次活动上，教学老师让儿童们上台再次表演《一园青菜成了精》，音乐响起，儿童跟着韵律背诵童谣，俨然精心准备过一样地开始表演节目。方法的巧妙让家长看到了儿童无限的学习潜力。

三、图书馆面向低幼儿童的早期读写服务

（一）早期读写的概念

关于早期读写（early literacy）的概念，始于 1966 年由新西兰学者 Marie Clay 提出的"emergent literacy"（早期读写），她认为儿童读写能力发展是从出生时就开始的连续发展过程，父母、老师以扮演着重要角色，后逐渐演变成"early literacy"。Teala 和 Sulzby 在 1986 年出版的《早期读写能力：写作和阅读》中将其定义为"在儿童传统的阅读和写作能力形成以前所应具备的技能、知识和态度"。20 世纪 50 年代中期，全美公共图书馆和图书馆员开始使用技能和资源积极帮助儿童学习阅读。

2000 年，美国公共图书馆协会与儿童健康与人类发展研究所（NICHD）合作，提供旨在帮助家长和教师的信息和培训，为学龄前儿童准备阅读。他们将早期读写定义为"孩子在真正读或写之前对读和写的了解"。幼儿的早期读写能力是日后阅读和写作的基石。从出生到整个学龄前阶段，孩子掌握口语、词汇形成的声音、字母、写作和书籍的知识，是他们在学校学习读写能力的开始。

儿童早期教育家 Owocki 于 2001 年在《Make Way for Literacy Teaching the Way Young Children Learn》一文中谈道："培养读写能力不仅仅是学习读写，更是培养在各种情况下有效使用语言所需的社会文化话语。在我们的社会里，语言，无论是书面的还是口头的，都有许多功能，我们用它来完成日常生活的任务，做我们的工作，满足我们的好奇心，获取和分享信息，与他人建立联系，调节行为，想象。利用这些功能不仅需要知道如何读写，还需要更广泛的社会文化理解。"

简而言之，早期读写是学龄前儿童（0～6 岁）在正式接受学校教育前的识字、阅读、写作、学习的综合能力与技能。

（二）图书馆低幼儿童早期读写模式的构建

图书馆低幼儿童早期读写服务模式构建以培养低幼儿童的阅读兴趣为出发点，从空间布局、资源建设、服务定制和管理实施四个方面进行构建。

1.空间布局

为低幼儿童打造专属的活动空间是助力早期读写能力建设的基本条件，良好的空间环境不仅能够吸引读者的到访应用，更能够为低幼儿童提供优质的读写环境，促进低幼儿童易于融入学习的情境当中，从而使得早期读写能力服务得到有效发展。空间层的建设可以分5个方面进行：阅读空间建设、游戏空间建设、项目培训空间建设、数字交互空间建设、休闲空间建设。

（1）阅读空间建设

阅读空间的建设主要从两个方面进行：建设安静的阅读空间和建设休闲的阅读空间。安静的阅读空间适用于需求安静阅读环境的用户，图书馆应将之配置在安静的角落，确保读者不受到噪声的侵扰。低幼儿童好动，难以在一本书上集中精力。公共图书馆应适应其自身特点，为低幼儿童提供休闲的阅读空间。如将玩具、书本等早期读写资源集中在一起，让孩子们边玩边阅读。低幼儿童自身自理能力差，需要家长的看顾。公共图书馆应将家长的需求纳入建设因素，为家长提供看顾儿童的便利性。在休闲阅读空间中配备沙发等休息设施或者加强休闲阅读空间的安全性。如有的图书馆在一个空间中让低幼儿童在低毯子上进行阅读，同时为家长设立闲聊的桌椅，确保孩子不脱离家长的视线，且没有摔倒的风险，使低幼儿童可以脱离父母的看顾成为可能。

（2）游戏空间建设

游戏是低幼儿童培育早期读写能力的重要手段。公共图书馆应加强游戏空间的建设。在游戏空间中为低幼儿童配备拼图、玩偶、积木等丰富的玩具，并配备诸如手指游戏指导手册等亲子游戏资源。建设主题游戏室，在游戏室内配备主题相关的玩具模型，促进低幼儿童熟悉并掌握主题相关词汇。如以"花园"为主题词汇，为"花园主题游戏空间"配备花朵、蜜蜂及蝴蝶等模型，由专业的馆员引导其进行角色扮演游戏，让低幼儿童在游戏中提升词汇量，形成早期读写能力。

（3）项目培训空间建设

公共图书馆低幼儿童早期读写服务的主要服务内容是提供早期读写项目。公共图书馆应为低幼儿童配备项目培训空间。项目培训空间中应配置项目所用资源，并配备专业的馆员施行项目，同时在故事时间的过程中向低幼儿童家长讲授"故事时间"进行步骤所对应的早期读写能力要素，提升低幼儿童父母对早期读写的认知程度，并教授低幼儿童家长在家进行故事时间的专业方法。使得低幼儿童得到更加广泛的早期读写培育成为可能。

（4）数字素养培育空间建设

电子科技高速发展的时代，阅读不再局限于纸质载体。数字素养是低幼儿童必备的技能之一。公共图书馆应加强数字素养培育空间的建设。为低幼儿童配备笔记本电脑、电子阅读机和其他电子科技产品，并配备专业人员提供讲解服务。有的图书馆会对数字素养培育空间的设计予以关注，为低幼儿童及其父母设计亲子座椅促进低幼儿童早期读写亲子行为的发生。数字素养培育空间的建设能够为用户提供数字资源，促进低幼儿童数字素养发展，并能够为贫困家庭的孩子提供接触高新电子设备的机会。

（5）休闲空间建设

基于低幼儿童需求的特殊性。公共图书馆应对空间的建设予以更加人性化的设计，为用户提供休闲的空间。休闲空间建设的主要目的是为低幼儿童及其父母提供餐饮、闲聊的空间，避免低幼儿童因饥饿而哭泣，为家长照顾孩子提供了便利，并能够让家长在闲聊中交换育儿经验，提升育儿的能力。

2.资源建设

早期读写相关资源是公共图书馆提供早期读写服务的物质基础，因此，公共图书馆早期读写服务的提供应加强对早期读写服务资源层的建设工作，主要包括资源搜集、资源整合两大步骤。

（1）资源搜集

服务资源的搜集应以服务对象的需求为导向。早期读写服务对象主要为低幼儿童、低幼儿童家长、弱势群体和相关教育机构。因此公共图书馆低幼儿童早期读写服务的资源的搜集主要集中在以下几个方面：

①针对低幼儿童的早期读写资源

低幼儿童需要的是与其早期读写发展特点相匹配的资源，如适合其锻炼早期读写的书籍、玩具、游戏、早期读写项目、早期读写活动等。此类资源主要的呈现方式为向低幼儿童发放涵盖书籍等资源的"阅读包"和在图书馆设立诸如"亲子课堂"的早期读写项目。

②针对低幼儿童家长的指导资源

低幼儿童本身缺乏识别锻炼早期读写优质方案的能力，需要低幼儿童家长确定培育方案。因此公共图书馆应搜集指导低幼儿童家长确定最佳培育方案的资源。如搜集培训低幼儿童家长早期读写培育能力的资源。

③针对相关教育机构的培训资源

有效的培育手段能够促进能力培育的高效性，公共图书馆应搜集培育相关教育机构的资源，助力教育机构形成有效的培育手段。

④针对弱势群体的特殊资源

特殊群体的多样性及特殊性对公共图书馆资源的丰富性及特设性提出了要求。公共图书馆应针对特殊群体需求搜集资源，如针对盲人搜集有声读物，针对土著居民搜集涵盖文化背景的资源等。资源的搜集可通过以下三种途径进行：由工作人员对免费的低幼儿童早期读写相关理论进行搜集与归纳；通过资金投入的方式向专业团队进行购买的方式进行搜集；通过与其他机构或专业人员合作的方式进行搜集。

（2）资源整合

对资源进行整合能够保证资源的有效利用。公共图书馆应对搜集到的低幼儿童早期读写服务资源进行整合，从而整理出适合自己的指导资源及能够满足用户需求的资源，达到成功培育低幼儿童早期读写能力的服务目的。资源的整合可从线上资源和线下资源两个方面进行。线上资源主要有为读者提供的线上下载资源、图书推荐和早期读写相关机构的推送链接等。如为读者提供线上下载童谣的服务，以线上呈现的方式引导低幼儿童家长选择书籍等。线下资源可从馆内资源和馆外资源两个角度去划分。馆内资源主要有早期读写空间、早期读写项目、早期读写活动、书籍、玩具等。而馆外资源主要指向低幼儿童及家长提供的早期读写应用材料及指导材料、馆外举行的活动和入社区进行的早期读写项目等。

3. 服务定制

公共图书馆早期读写服务的服务层建设可以从基础服务层建设、核心服务层建设、增值服务层建设三方面进行。

（1）基础服务层建设

基础服务层建设是指配备基础服务资源，包括与早期读写培训相关的空间服务和馆藏服务。提供阅读空间服务、游戏空间服务、数字素养空间服务等。馆藏服务的建设应依据读者决定采购方法，即以读者需求和利用率为依据对馆藏进行采购及提供，让服务对象获得与需求匹配的资源。如针对低幼儿童特点配备绘本故事书，结合家长育儿需求配备相关馆藏等。

（2）核心服务层建设

从早期读写服务经典实例可以看出，公共图书馆早期读写能力核心服务是为低幼儿童及其家长提供早期读写项目及提供早期读写资源包。图书馆定期提供故事时间、押韵游戏，亲子课堂等早期读写项目，让低幼儿童在项目的过程中发展早期读写能力，并向家长传授在家培育低幼儿童早期读写能力的方法，让家长成为培育早期读写能力的核心力量。为低幼儿童及其家长提供锻炼读写的资源，如提供分级培育阅读包，为低幼儿童早期读写能力的培育提供了物质资源的保障。

（3）增值服务层建设

公共图书馆早期读写能力增值服务层建设是根据不同读者的需求而专门设立的增值服务项目。为家长提供图书推荐服务，让家长可以快速地在馆藏资源中选择出适合自己孩子阅读的书籍。为低幼儿童举办亲子活动，促进早期读写行为的发生，如举办早期读写亲子阅读竞技活动，统计亲子阅读的时间，向累计时间多的参与者发放奖品。提供线上链接内容服务，将早期读写相关网站资源进行整合予以共享，方便家长对早期读写进一步地了解。增值服务层的建设充分考虑了读者的个性化需求，读者可以根据自己的需求选择服务内容，实现更加有效的学习与认知。

4. 管理实施

（1）服务对象界定

公共图书馆早期读写服务的服务对象主要有低幼儿童，低幼儿童家长和早期教育相关机构。对低幼儿童提供早期读写资源，促进其早期读写能力的发展。如"更好的开始"公共图书馆早期读写项目为不同阶段的低幼儿童提供不同的服务内容，收获了良好的成效。为残疾、病患低幼儿童等弱势群体打造专属的早期读写培育项目，为均等化服务做出贡献。将低幼儿童家长视为重要的服务对象，向家长培育低幼儿童早期读写能力的方法，让低幼儿童在家庭读写活动中获得专业的阅读培训。除此之外，公共图书馆将早期教育机构视为其服务对象，为早期教育机构提供早期读写培训及提供早期读写资料等。

（2）服务部门设立

早期读写培育服务部门设立的目的是对已有资源进行充分利用，为服务对象提供更加完善的服务。其组织结构共分为三个层次。第一层次为早期读写服务部门项目总负责人，引领部门服务动向；第二层次为外部协调小组及技术支撑小组，与各层人员协调运行；第三层次为各个服务步骤的工作小组，各小组独立运行。如图2-1。

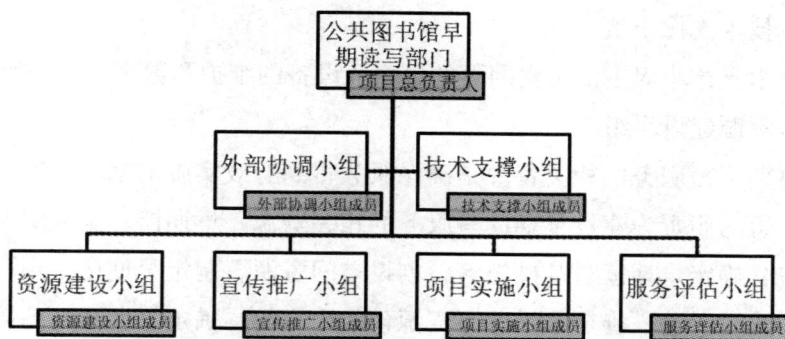

图 2-1　公共图书馆早期读写服务组织架构图

（3）服务团队构建

公共图书馆提供早期读写能力服务包含复杂的运作流程，打造专有的服务团队能够提升服务的效率及增强服务的精准性。服务的有效运行需要团队成员有序地进行协调、分配及合作。本研究针对早期读写服务特点将服务团队分为以七个部分：项目总负责人、外部协调小组、技术支撑小组、资源建设小组、项目实施小组、推广宣传小组、服务评估小组。各部分的具体职责如下。

①项目总负责人

项目总负责人负责项目的统筹规划，其职责覆盖全过程。包括前期任务的策划及布置、运行过程的监督及运行结果的评估。在项目的前期，项目总负责人对各个小组的任务进行分配，确保各个小组的工作形成衔接，保障早期读写服务的有效完成；在项目的运行过程当中，其对各个小组的工作情况进行监督，接受各个小组的工作汇报；在项目的后期，其负责对项目运行结果的评估，对整改方案进行策划实施。

②外部协调小组

外部协调小组主要负责与其他合作机构的联系与协调。受到人力资源及经济资源的限制，公共图书馆需要通过广泛的合作为低幼儿童提供更加丰富的资源。如杭州市少年儿童图书馆与美数乐儿童创艺思维中心合作开展"思维游戏"系列活动，为低幼儿童提供更加专业的思维培育。这就需要外部协调小组与之进行沟通与协调。

③技术支撑小组

技术支撑小组主要负责网页的更新、设备的维护和数字素养的培训。

④资源建设小组

早期读写服务的相关资源是确保服务得到有效实施的基本保障。资源建设小组的职责为建设早期读写服务的相关资源。早期读写服务资源建设主要包含确定早期读写基础馆藏，创设空间资源，制定早期读写项目、策划早期读写活动、确定早期读写资源包的内容等。确定早期读写基础馆藏是指采购相关书籍，如绘本故事书、童话故事书、育儿书籍等。创设空间资源指对早期读写空间进行设计并为其配备相关资源，如建设主题游戏室。制定早期读写项目是指制定项目实施的方案，如制定故事时间的运行流程。策划早期读写活动是指策划早期读写相关的活动的方案，如确定举办早期读写活动的方案。

确定早期读写资源包内容是指根据早期读写服务对象的不同需求制定涵盖不同内容的资源包，如针对不同年龄阶段低幼儿童特点配备与之匹配的资源包内容。

⑤项目实施小组

项目实施小组指负责早期读写项目运行的小组。此小组内的成员根据资源打造小组确定的方案施展项目。早期读写项目的主要呈现方式为"故事时间"、"亲子课堂"、"主题游戏"等。施展项目的内容是将项目呈现给用户，并同时向用户传达项目的运行目的。如馆员在运行押韵游戏的项目过程中传授家长正确进行押韵游戏的方法，并向家长解释押韵游戏所培育的对应的早期读写能力要素等。

⑥推广宣传小组

推广宣传小组的主要职责是传达早期读写的重要性，分配早期读写资源包给需要的人和宣传图书馆早期读写项目及活动内容。推广宣传可通过网络宣传、馆内宣传及馆外推广三种方式进行。网络宣传是指将早期读写项目及活动信息放到公共图书馆的网页之中，让用户能够第一时间收到活动相关信息；馆内宣传可通过张贴海报，制作宣传海报的途径进行；馆外推广可由推广宣传小组直接到医院、学校等公共机构进行宣传，也可由推广小组将推广信息传达给其他机构，由其他机构工作人员进行宣传。如借助医院将早期读写资源包发放到新生儿父母的手中。

⑦服务评估小组

服务评估的目的是向用户提供更好的服务。服务评估小组的职责是对服务进行的效果进行记录、调研及评估。如在项目运行过后对低幼儿童家长进行调研，调查家长的直观感受、搜集家长的建议等。并将评估的结果反馈给项目负责人供其对早期读写服务进行提升。

（4）资金保障策划

公共图书馆早期读写服务是公共文化服务机构的公益性服务，不具备营利功能，而公共图书馆提供此项服务需要大量的资金支持服务的运转。因此，公共图书馆应加强资金保障策划，争取多途径的资金来源，维持服务的可持续发展。具体途径如下：

①寻求政府资金投入

公共图书馆应增强政府对低幼儿童早期读写能力重要性地认知，积极争取政府资金投入，维护和支持公共图书馆的可持续发展，如启用基金模式建设早期读写资源。

②促进公众参与捐赠

公共图书馆可加大推广力度，促进公众参与捐赠。如向公众征集馆藏资源的方式减少购书经费。向地方企业寻求资金支持，为提供读写资源包的减负等。

③加强资源共享策划

加强与其他机构的合作，有效利用资源共享节约配备资源成本。如积极争取志愿者节省人力成本，与科技机构合作，共享高科资源体验，减少配备资金，与玩具机构合作，争取免费玩具资源，减少玩具配备开销等。

（三）图书馆低幼儿童早期读写服务策略

1. 加强推广及宣传

现阶段，公众对于低幼儿童的早期读写概念尚且不清晰，若想要让公共图书馆早期读写服务得到有效的应用，前期的推广及宣传是必不可少的准备工作。公共图书馆在推广及宣传的基础上，应积极争取与政府、学校、医院等机构合作，拓宽宣传渠道，让更多民众知晓该服务。如借助父母带儿童到儿童健康中心进行健康检查的机会，向其发放阅读包，不仅让父母了解了低幼儿童早期读写的重要性，而且增加了父母到馆接受早期读写培训的兴趣，让公共图书馆早期读写服务得到了有效的推广及宣传。

2. 积极争取合作伙伴

公共图书馆早期读写服务的进行，需要资金的持续投入和专业馆员的服务支持，而公共图书馆的资金及人力资源有限，应该积极争取合作伙伴，多方筹措资源，以支持公共图书馆早期读写服务的可持续发展。

寻求经费支撑合作伙伴，如借助政府力量设立基金，积极争取地方企业及公众捐款，重视共享其他机构的资源节省采购成本等，如基金模式、鼓励公众捐款、有效利用资源共享，维持早期读写服务的可持续性发展；寻找有力的推广宣传伙伴，一项新的服务的发展必定要经过前期的推广及宣传，公共图书馆可在自身进行推广宣传的基础上，寻找有力的推广宣传伙伴，如借助游乐场具备大量的低幼儿童资源的优势广泛地发放早期读写宣传资源，使其成为有力的推广宣传伙伴；积极寻找低幼儿童早期读写能力服务的共同培育伙伴，如以向学校提供资源及向教师提供指导方法，使得早期读写服务得到更加高效的运行。

可见，积极争取合作伙伴不仅能够使得公共图书馆早期读写服务的资金得到有效的保证，而且能够带去更多的低幼儿童早期读写资源，更是公共图书馆早期读写服务顺利进行的必然之势。

3. 注重公共图书馆空间改造

早期读写培育环境能够对低幼儿童早期读写能力的形成产生影响。公共图书馆应注重公共图书馆的空间改造，为低幼儿童创设优质的空间环境，让公共图书馆早期读写教育得到更好的运行。如融合传统文化元素到图书馆的装潢中、为父母及孩子配置丰富的玩具、提供舒适的沙发、设立咖啡饮品的售卖；让公共图书馆的环境氛围更趋于家庭氛围，增加父母及看护者带孩子到图书馆接受服务的兴趣；为低幼儿童设置专属空间，为让孩子得到有效的保护，促进其更好地融入其中等。

4. 积极运用分段培育模式

早期读写发展要素在儿童的不同阶段的发展并不相同，因此公共图书馆应积极运用分段培育模式，加强服务的针对性。按照低幼儿童早期读写发展特点对低幼儿童进行分级，并以此为基准对低幼儿童早期读写服务进行设计，打造分段培育资源，让公共图书馆早期读写服务取得事半功倍的效果。

5. 向家长传授早期读写能力培育方法

家长是孩子的第一任教师，家长具备良好的培育技巧及积极的读写态度能够促进低幼儿童早期读写能力的形成。公共图书馆低幼儿童早期读写服务也对家长教育予以重视。以父母是孩子的第一任及最佳教师为服务导向，将低幼儿童家长教育纳入其中，积极向家长传授早期读写能力培育的方法，提升家长的早期读写素养，为低幼儿童在家接受专业的早期读写培育提供坚实的保障。

6. 塑造核心服务团队

公共图书馆早期读写服务的运行需要塑造其专属的核心服务团队，结合公共图书馆早期读写服务内容及其特点，为服务团队配备资源管理小组、项目实施小组、推广宣传小组、外部协调小组、技术支撑小组、服务评估小组成员。根据小组服务内容所需聘用专业的馆员。制定合理的运行制度及激励制度，促使核心服务团队有效实施工作，对早期读写服务理念进行落实。同时根据早期读写服务需求加强对馆员培育，提升馆员的专业素质，确保馆员具备培育的能力与信心，让核心服务团队成员掌握最新的知识，确保公共图书馆早期读写服务稳步进行。

第三章　图书馆少儿读者活动研究

第一节　图书馆少儿读者活动策划

公共图书馆作为为广大读者服务的精神文明建设阵地和社会文化教育机构，肩负着为少年儿童读者服务的重任。如何通过开展丰富多彩、行之有效的活动来做好少儿读者服务工作，提高少年儿童的阅读兴趣，引导少年儿童多读书、读好书，全面提高少年儿童的综合素质，一直是公共图书馆少儿工作者面临的一个重要研究课题。

一、公共图书馆开展少儿读者活动的意义

（一）有利于吸引读者，提高阅读的效果

有效吸引读者利用公共图书馆，提高他们的阅读效果，是公共图书馆服务读者的目的。公共图书馆针对少年儿童的特点，结合阅读开展的内容丰富、形式多样、生动有趣、寓教于乐的一系列少儿读者活动，能够有效吸引少年儿童关注的目光，增强他们对图书馆的亲近感，进而对阅读图书产生浓厚的兴趣，提高其阅读图书的效果。也就是说，当少年儿童进入公共图书馆时，发现在这里不仅可以阅读图书，还可以参加自己喜欢和感兴趣的活动，就能有效吸引他们关注的目光，激发起他们参与活动的欲望，尤其是在活动中了解相关知识的过程，与在学校课堂上的感觉完全不一样时，更能激发他们阅读某类图书或对某个知识点的兴趣，进而能够有效提高少年儿童在图书馆的阅读效果。

（二）有利于推介馆藏，提高资源利用率

向读者推介馆藏，提高馆藏文献资源利用率，是公共图书馆服务读者的首要工作之一，也是公共图书馆不懈追求的目标。公共图书馆通过少儿

读者活动，不仅能将蕴藏在馆藏文献资源中的科学知识有效地传播给少年儿童，激发他们的阅读兴趣，还能提升公共图书馆的服务能力。在实际工作中也不难发现，当少年儿童参加公共图书馆有关活动之前，或参加了有关活动之后，尤其是当这些活动（包括活动所传播的知识）对他们有用，或者是他们感兴趣的，必将激发他们想要进一步全面了解和掌握这些知识的冲动和欲望，此时工作人员不失时机地向他们推荐相应的馆藏文献，这对有效提高馆藏文献资源的利用率，促进少年儿童更好地利用公共图书馆，将起到事半功倍的效果。

（三）有利于扩大影响，营造良好发展环境

不断加强宣传公共图书馆的力度，扩大公共图书馆的影响，提升本馆知名度，是各级公共图书馆谋求更好发展的重要举措之一。少年儿童是祖国的未来，民族的希望，党和政府高度重视培养一代又一代有理想、有道德的少年儿童。公共图书馆举办形式各样、寓教于乐的少儿读者活动，既为公共图书馆寻找到了多角度扩大影响的宣传点，也为有关媒体宣传公共图书馆提供了契机和途径。可以说，预告和宣传少儿读者活动，不仅有利于扩大公共图书馆的影响，提升图书馆的知名度，吸引少年儿童的关注，更能吸引家长的眼球，赢得社会各界的认可，进而得到当地党委和政府的肯定，就能为公共图书馆营造一个可持续的、良好的事业发展环境。

（四）有利于提升能力，打造少儿品牌项目

提升干部职工队伍的职业能力，打造读者活动品牌项目，是促进公共图书馆事业不断健康发展的重要途径和手段。一方面，公共图书馆通过策划、组织和开展少儿读者活动，尤其是打造少儿精品活动，使其成为社会认知度很高的品牌活动，可以给从事少儿读者服务工作的干部职工在开展"借借还还"阵地服务的同时，提供一个能够进一步思考延伸服务问题的机会，打造一个提升他们职业能力和施展才华的平台，使他们能够通过这个平台锻炼自己的职业能力。另一方面，通过不断推出一系列少儿读者活

动，能够使具有少儿特色、深受少儿喜爱的有关读者活动不断得到提炼和升华，成为广大少年儿童青睐的品牌服务项目，真正使公共图书馆不仅是广大少年儿童看书学习的好场所，也是广大少年儿童参加社会实践和提高自身素养的好去处，使公共文化服务真正惠及广大少年儿童。

二、图书馆少儿读者活动常见问题

对目前公共图书馆少儿读者活动情况进行分析可发现，公共图书馆开展少儿读者活动时不同程度地显露出一些容易出现的共性问题，主要表现在以下四个方面。

（一）容易急功近利，使活动缺乏持久的生命力及潜力

从目前公共图书馆少儿读者活动的具体情况看，一些公共图书馆为了配合形势需要，常常会急功近利地开展一些应景式少儿读者活动，例如：为了配合宣传冬季奥运会，举办"童心系冬奥阅读伴成长——阳光少年故事会""爱与圣火同行——冬奥故事演讲"等专题活动。这些少儿读者活动一般只是为了迎合时势而开展的一次性活动，只为满足当前形势的需要，既难以形成持久的生命力，也缺乏使其能够持续开展的潜力，如昙花一现，过眼云烟，可以造成一时的轰动效应，却很难给人留下深刻和持久的印象。

（二）容易单一分散，各活动之间缺乏系统性关联关系

少儿读者活动的单一分散，各活动之间没有必然的系统性和关联性是少儿读者活动普遍存在的共性问题，如：围绕植树节、母亲节、端午节、世界水日等单独命名开展有关活动。这些少儿读者活动只是为了在这些特定的日子营造某种氛围，各活动之间互不搭界，而且并不是所有特殊的日子都开展少儿读者活动，导致公共图书馆各项单一分散的活动相互之间缺乏必要和内在的关联性，使之很难形成系列性活动，让少儿读者难以很便利的按照其规律和关联程度有选择地参加活动，很难满足其个性化需求。

（三）容易注重形式，使其缺乏符合少儿需求的实用性

公共图书馆为了对少年儿童进行思想道德教育，想了不少方法，也采取了不少措施，尤其是开展了一些旨在进行政治思想教育的少儿读者活动，如：爱国主义教育专题阅读活动等。但这些活动往往只注重活动形式或活动的名称，忽略了活动本身的实质内容，照本宣科式说教多，符合少儿特点和需要的实用性内容少，导致活动不具有吸引力，很难使少年儿童产生共鸣，难以到达开展少儿读者活动的预期目的。

（四）容易笼统含糊，导致少儿难以选择自己喜欢的活动

通常情况下，公共图书馆少儿读者活动的对象只是笼统地称为少年儿童，没有具体注明或提示该活动适合哪类读者，在活动预告中也不标明具体适合的人群，如"彩虹桥"少儿假日主题活动等。当这样的活动从活动名称上也很难判断其适合哪类少儿读者时，就会导致少儿读者难以根据活动预告选择自己喜欢的活动，往往因此错失参加有关活动的机会。同时，一场活动对象的类型呈现多样化时，也会增加少儿读者活动主持人在具体实施活动时的难度，影响活动的效果。

三、图书馆少儿读者活动策划策略

（一）图书馆少儿读者活动策划简介

策划又称"策略方案"和"战术计划"（Strategical Planning/Tactical Planning），《现代汉语词典》的解释为："筹划；谋划。"其中，"策"最主要的意思是指计谋、谋略；"划"指设计，筹划、谋划。因此，策划就是指人们为了达成某种特定的目标，借助一定的科学方法和艺术，为决策、计划而构思、设计、制作策划方案的过程。

公共图书馆少儿活动的策划，就是指公共图书馆为提高少儿读者服务工作效益，在开展少儿读者活动之前，以科学调查为依据，以本馆现有条

件为基础，以现代策划方法和技能为手段，以新颖可行的创新思维为构思模式，以少儿读者的特点为基础，以少儿读者的需求为目标，设计和制定少儿读者活动最佳方案的过程。其策划的成果就是具有直观性和可操作性的某项少儿读者活动详细方案以及具体实施细则等相关文字材料，它是活动的前期工作，是活动的重要环节，是活动执行者的行为依据和准则。因此，公共图书馆少儿活动策划的好坏，将直接关系到该活动的成败和效果。

策略，是指为了实现某一个目标，预先根据可能出现的问题制定的若干对应对策，同时在实现这一目标的过程中，根据实际情况的发展和变化制定出新的对策或者选择相应的对策，以便最终实现目标。

公共图书馆少儿活动策划策略，则是为了提高公共图书馆少儿活动策划的可行性和可操作性，实现策划的最大效益，围绕公共图书馆少儿活动的要求和目的，在策划过程中所采取的相应的指导思想和方式方法，使所制定的策划更加合理、更加科学、更加符合公共图书馆少儿活动的基本规律，最终达到公共图书馆少儿活动策划的目的，推动公共图书馆少儿读者服务工作健康、有序、科学的发展，实现公共图书馆服务少年儿童的目的的对策。换言之，公共图书馆少儿活动策划策略，就是针对所制定的策划方案所采取的指导思想、方针和方法，它既是策划的前期工作，也是贯穿策划过程中的工作，是保障公共图书馆少儿活动策划效果的前提。只有具有良好的策略构思，才能使做出的具体策划更具可行性，更能满足实际需要，更能达到预期的目的和效果。

（二）影响公共图书馆少儿活动策划的影响因素

与独立建制的少儿图书馆相比，公共图书馆开展少儿读者活动既有优势，也有劣势。公共图书馆少儿活动策划的好坏，不只是在某种程度上，而是在很大程度上取决于其策划策略的优劣。策略是影响策划效果的关键要素，而影响公共图书馆少儿活动策划策略的因素却有很多，包括人、财、物等多方面，其主要影响因素表现在以下四个方面。

1.场地与设施

由于大多数公共图书馆都是挤出有限的馆舍开展少儿读者服务工作，有的甚至只开设一个多功能服务窗口，既要开展少儿图书借阅服务，又要开展少儿读者活动，显然场地明显制约了少儿读者活动，狭小的场地也很难投入相应的设施设备，许多县级图书馆更是如此。因此，在策划少儿读者活动时，场地与设施是制约少儿读者活动策划策略的重要因素，若只有一个面积不大的场地，势必很难策划出一个大型少儿读者活动，若没有相应的设施设备也势必严重影响少儿读者活动的现场效果，导致目前不少公共图书馆开展的少儿读者活动很难形成一定的规模和较好的效果。

2.时势与环境

作为公益性公共文化服务机构的公共图书馆，既是为大众提供公共文化服务的窗口，也是传播党和政府的路线、方针、政策的重要阵地。因此，公共图书馆不仅肩负着服务社会的职责，同时也肩负着传承文明、进行思想道德教育的重任。所以，公共图书馆的许多少儿读者活动都是为了配合时势和社会环境的需要而开展的。可以说时势和社会环境因素是开展这些少儿读者活动的动因，不仅左右着其策划的策略，更直接对形成策划方案起着决定性的指导作用。

3.实施者素质

目前，许多公共图书馆都是由本馆工作人员实施少儿读者活动，由于他们之中的大部分人员是"半路出家"从其他工作岗位调整到少儿服务岗位，没有进行过专门和系统的少儿教育或实施少儿读者活动的培训或深造，他们具备从事少儿读者借阅服务工作的基本素质，却不具备从事少儿读者活动相应的素质，在组织和开展少儿读者活动方面显得有些力不从心。也就是说在策划少儿读者活动时，在策划的策略上势必受到实施者素质的影响，导致原本可以提高活动效果的相应流程和环节，不得不删减或弱化，极大地影响了少儿读者活动策划和实施的效果。

4.策划者素质

在少儿读者活动中，策划是活动各环节中最重要的一环，一项活动的好坏，关键取决于其策划的好坏，而策划者的素质则直接影响着策划方案的优劣。与实施者一样，公共图书馆少儿活动的策划者也是由没有经过系统培训的图书馆工作者担任，有的甚至就是由实施者负责策划起草活动方案。俗话说隔行如隔山，当一个缺乏策划的必备素质的人员从事策划工作，他不仅难以具有良好的策划策略，由他策划的方案在质量上也可能会影响其活动的实施和效果。

（三）公共图书馆少儿活动策划应遵循的原则

通常情况下，人们都会在制定活动策划前有所构思、有所思考，这种构思和思考就是策划的指导思想和方针的体现，在实际工作中一般不见诸文字，但却时刻引导和规范着策划的方向和进程，充分体现了策略的隐形性。为了使公共图书馆少儿活动策划流程更加规范，使每项策划都能达到预期的效果和目的，公共图书馆在策划少儿读者活动时，必须将隐形的策略显性化，让策划者能够按照显性的、规范的策略制定相应的策划。也就是公共图书馆在制定少儿读者活动策划时，必须遵循一定的原则，在构思和思考少儿读者活动策划策略时，尤其应该遵循以下四项基本原则。

1.目的性原则

所谓目的性原则，就是指公共图书馆在策划少儿读者活动时，其指导思想应根据将要开展的活动确定策划的目的，力求使策划紧密围绕目的进行的原则。也就是要使策划的各项流程，包括有关细节等都始终为目的服务，使活动的实施者能够很清晰地通过策划方案了解活动的目的，并在实施过程中顺利地贯彻策划的意图，最终实现开展少儿读者活动的目的。

2.系统性原则

所谓系统性原则，就是为了使人们便于认知和记住少儿读者活动，公共图书馆在策划少儿读者活动时，要根据实际情况，力求使全年举办的各项少儿读者活动具有相互关联性，并具有系列性拓展空间的原则。也就是在策划时，要使全年每项独立的少儿读者活动，尤其是系列少儿读者活动的各项子活动具有相互关联的关系，使它们能够形成一个整体性活动，这样策划出的少儿读者活动不仅容易被少年儿童接受，也充满活力，更具有持久的生命力。

3.实用性原则

所谓实用性原则，就是指公共图书馆在策划少儿读者活动时，注重少年儿童的特点，满足少年儿童的需求，力求使策划出的少儿读者活动的内容和方式能够让少年儿童喜欢，并对少年儿童具有实际用途的原则。也就是要使策划出的少儿读者活动既贴近少儿读者的实际，又体现新颖性和童趣性，做到让少年儿童通过参加活动获得实用和有益的知识等。

4.区别性原则

所谓区别性原则，就是指公共图书馆在策划少儿读者活动时，要区别对待不同少年儿童群体的需求，力求使策划出的活动符合相应少年儿童群体需要的原则。也就是要考虑各种少儿读者的差异性，做到不同的活动对应不同的少年儿童人群（包括不同年龄、不同需求的群体），使公共图书馆开展的每项少儿读者活动都具有满足特定对象需求的功能，实现少儿读者活动的个性化和效益最大化。

（四）不同年龄段少儿读者活动策划要点

1.婴幼儿读者活动策划要点

婴幼儿时期是人的大脑发育的关键时期，语言及认知发展处于最快速的阶段。婴幼儿通过参加图书馆的活动，可以培养阅读兴趣，提升识字能力，积累学习经验，为以后的正规学习创造条件。

因婴幼儿的认知与活动能力有限，他们只有在成年人（陪护人）的协助与指导下，才能够有效地参与图书馆的活动。因此，婴幼儿读者活动不仅针对婴幼儿，同样还应该关注陪护人。

婴幼儿读者活动的策划需把握以下三个要点：一是婴幼儿读者活动应以童谣、故事、儿歌为主，或者选取附有简单文字的绘本，通过阅读的方式讲给婴幼儿听，意在让他们感受阅读氛围。如：英国 Book Start 计划按照婴幼儿的年龄阶段，发放不同内容的阅读礼袋。二是要严格控制参加活动的人数，要提前预约。婴幼儿的独立性较差，在参加活动过程中经常会出现哭闹、不配合等情况，因此控制参加活动的人数有利于活动主持人掌控活动秩序。一般情况下，参与每场活动的人数约在15人左右为宜，再加上1位陪护，才能使活动取得实实在在的效果。三是对陪护人的培训是婴幼儿读者活动的重要组成部分。《婴幼儿图书馆服务指南》列出的针对陪护人的活动包括"开办有关抚养、教育婴幼儿的培训班或研讨班，或者举办类似的讲座""在大声阅读、使用书本和资料、育儿技巧方面对陪护人进行培训，以便提高婴幼儿的发育水平和阅读技巧""培训陪护人学会在公共图书馆找到适合婴幼儿年龄的馆藏资源"等。美国的 Born to Read 计划不仅为孩子们发放礼物袋，还为准父母提供产前指导、亲情关系建立技巧指引、图书馆服务及使用方法介绍等，帮助父母利用图书馆培养儿童的阅读兴趣。

2.学龄前儿童读者活动策划要点

学龄前儿童基本上都在上幼儿园或学前班，开展针对学龄前读者活动的目的，旨在吸引孩子多来图书馆，从小培养他们的图书馆意识。

学龄前儿童读者活动策划需把握以下三个要点：一是听故事依然是他们阅读的主要方式。学龄前儿童在幼儿园的日常教学中，一般有正规的语言学习课，虽然阅读能力有较快的进步，但毕竟他们的识字数量有限，词语理解能力有待提高。他们喜欢念儿歌、听故事，尤其爱重复地听故事。二是要强调活动的游乐性。学龄前儿童天真烂漫，活泼好动，喜欢展示自己，因此，手工、表演、舞蹈、游戏等活动更受青睐。从表面上看，这些活动与阅读没什么联系，但图书馆通过此类活动，可以使儿童在内心产生"图书馆除了有书，还有玩具、游戏、音乐、舞蹈"的印象，对他们产生很大的吸引力。三是要注意活动的互动与奖励。图书馆在开展相关活动过程中应适当添加问答互动环节，将讲故事与做手工、感官游戏等相结合，还可以适当对表现好的儿童进行奖励，如发放小礼品等，增强活动的趣味性，以获得更好的活动效果。

3.学龄儿童读者活动策划要点

学龄儿童处于小学学习阶段，已经具备一定的阅读能力，他们通过拼音、字典等辅助手段可以进行自主阅读。学龄儿童活泼好动、精力充沛，渴望探索自然，了解社会，增长新知。图书馆通过开展读者活动，可以扩大他们的知识面，拓宽其视野。图书馆学龄儿童读者活动策划应把握以下三个要点：一是活动内容应丰富多彩。学龄儿童的课业负担相对较轻，家长也愿意陪同孩子一起来图书馆，他们是图书馆少儿服务的最主要对象。图书馆针对这一年龄段儿童开展的活动不能只是阅读学习，更多的应是各种游戏和手工类活动，条件允许的话还可开展一些科技创新活动。二是传统阅读应推陈出新。图书馆应从推荐某一本书的听讲阅读，扩展到多种阅读形式，如填字游戏、书友会、分享会、阅读比赛等。填字游戏的素材来源于推荐阅读的图书，书友会与分享会围绕某一主题开展阅读分享、畅谈体会，或邀请作者到图书馆开办讲座，而阅读比赛除数量比拼，还可以是演讲比赛。三是强调手工与游戏的作用。手工与游戏既可将活动与阅读相结合，如手工制作可以是制作图书、书签等，也可以是儿童比较喜欢的卡通人物、木偶、机器人的制作。游戏活动是吸引学龄儿童到图书馆的重要因素，如棋类比赛、积木拼装、电子游戏、图书馆寻宝、科学实验等。

4.少年读者活动策划要点

少年群体是图书馆读者的重要组成部分，他们有着特别的教育、信息、文化及休闲需求，加强对该群体的服务体现了联合国教科文组织《公共图书馆宣言》中提到的"不同年龄的群体必须能找到适合于他们需求的资料"的精神。少年处于向成年人过渡的时期，随着大脑机能不断增强和社会活动空间不断扩大，他们的认知能力也在快速发展，记忆力、判断力和思维能力都显著增强，他们的兴趣、心理等都会随之发生变化。与学龄儿童、低龄儿童相比，少年读者已经具备较强的自主意识和社会活动能力，不会再盲目听从家长或老师的意见和要求来参加他们不感兴趣的活动。因此，图书馆应该有针对性地为这一读者群体提供教育、信息、文化和休闲方面的服务，促进其文化素养、终身学习、信息能力和阅读休闲能力的提高。例如，图书馆可以根据本社区的实际情况组织以下各项活动：书话会、讲故事、图书介绍；讨论小组、读书俱乐部；大家感兴趣的健康、职业和时事交流会；访问作家、运动员和当地知名人士，音乐会、戏剧、文艺演出；与社团、组织合作的活动；中学生作品展演及读书辩论会等。

（五）公共图书馆少儿活动策划策略完善思路

各级公共图书馆在推出为少年儿童服务项目的同时，都不遗余力、想方设法开展少儿读者活动，做到以活动促工作、促发展。如何搞好少儿读者活动，使其达到预期的目的，既是公共图书馆决策者面临的问题，也是从事少儿读者活动工作人员必须认真思考的问题，尤其是公共图书馆在确定少儿读者活动策划策略时应该重点思考的问题。

针对公共图书馆少儿活动存在的问题和影响因素，为了不断完善其策划策略，在构思少儿读者活动策划策略时，应在遵循上述四项基本原则的同时，着重在以下四方面着手，才能使公共图书馆的少儿读者活动取得切实的效果。

1. 明确活动目的，使读者得到有针对性的收获

公共图书馆少儿活动的目的既是公共图书馆对少儿服务工作总体要求的具体体现，也是实施少儿读者活动的出发点和归宿。只有明确了少儿读者活动的目的，才能有的放矢地实施其活动，使少儿读者能够通过参加活动得到有针对性的收获。为了有效实现少儿读者活动的目的，不仅在少儿读者活动策划时，而且应该在思考和确立少儿读者活动策划策略时，要首先考虑其策划和活动的目的，要以目的指导策略的形成，以目的左右策划的思路，以目的保障活动的顺利运行。只有这样，才能真正做到少儿读者活动目的鲜明，措施得力，行之有效。如江西省图书馆策划少儿"双有"教育公益影视展播活动时，在构思活动策划策略过程中，首先明确了其少儿主题教育的目的，从而在策划时力求做到突出"心中有祖国，心中有他人"的主题，并以公益免费的形式，选择优秀影视作品，将爱国主义教育

主题润物无声地融入其中，让广大少年儿童在观看影片的同时，有针对性地激发起联动与共鸣，较好地发挥了少儿读者活动的教育功能和积极作用。

2.确定活动类型，使活动具有持续开展的潜力

确定少儿读者活动类型，是在思考少儿读者活动策划策略时必须着重考虑的重要问题，也就是在构思少儿读者活动策划策略时，要给所策划的少儿读者活动定性，即明确它属于哪一种性质和类型的活动，比如是一次性单一活动，还是一次性多项系列活动，或者是常年开展的一种多次系列活动等，尤其是在策划全年少儿读者活动计划时，更要明确各项活动的类型。只有明确了少儿读者活动的类型，才能在具体策划时做到每项活动既有别于其他活动，保持其鲜明的个性特征，又不失活动的系统性整体效果，进而使公共图书馆少儿活动具有旺盛的生命力和持续发展的潜力。例如，A省图书馆在构思2021年少儿读者活动策划策略时，就根据全年不同时段、不同需求等情况，策划各种不同类型的少儿读者活动，获得了较好的策划效果。如针对一次性单一活动，策划了少儿牛年猜猜乐、少儿"双有"教育冬令营读书活动等；针对一次性多项系列活动，策划了少儿寒假读书乐系列活动、"悦读一夏"系列少儿活动等；针对常年开展的多次系列活动，策划了兰兰姐姐故事会、贝贝乐园等具有品牌形象的少儿读者活动。

3.注重活动内容，使读者青睐实用有效的活动

少儿读者活动的内容不仅关系到其存在的意义和价值，更关系到其受青睐的程度和实用性以及实际效果。可以说，一项少儿读者活动如果其内容实用、内涵深刻、贴近少儿需要，就能使它充满旺盛的生命力，并能达到预期的目的。因此，公共图书馆无论策划开展什么类型、多大规模的少儿读者活动，在构思其策划策略时，都必须以活动内容为前提，所选择的活动手段和措施必须为活动内容服务，这样才能充分发挥少儿读者活动的作用。如江西省图书馆开展的一日图书管理员活动，就特别注重向少儿读者强调和宣传活动的内容和实用性，让少儿读者能够真真切切地在活动中感受和体验活动内容带给他们的实际效果，使得这项少儿读者活动备受小读者的青睐和家长的好评。

4. 区分活动层次，使不同类型读者能各取所需

根据前文所述，不同年龄段的少儿读者群呈现的特征各不相同，因而他们对读者活动的需求也不相同。因此，公共图书馆在构思少儿读者活动策划策略时，一定要根据读者类型，尤其要根据读者的年龄区分和策划不同类型和不同层次的读者活动，使少儿读者能够根据自己的实际选择参加适合自己年龄层次的活动，从而满足不同类型少儿读者的实际需要。如 A 省图书馆在创办"贝贝乐园"少儿读者活动时，根据手工制作类读者活动的特点，在考虑策划策略时将其层次定位在适合低幼读者和小学生群体，这样既满足了小读者的需要，更得到了家长的肯定和支持。

第二节　图书馆少儿读者活动的组织与开展

一、图书馆少儿读者活动的组织形式

（一）开展各种形式的阅读活动

为提高少年儿童对阅读的兴趣，可以组织各种各样的阅读活动。如面向小学生可以开展新书推荐、好书导读、好书选介、每月一书、每周书摘等活动，积极地为他们推荐、宣传有益于身心健康发展和培养优秀品德的图书。针对中学生可以开展图书鉴赏活动：以一本或几本中外名著为主题，让学生自由选择阅读鉴赏，然后一起讨论交流；演讲竞赛活动：以某一特定主题进行演讲比赛，锻炼学生的语言组织与表达能力；征文活动：提高中学生的写作能力，同时激发学生积极、主动参与阅读，既增长了阅读兴趣，又丰富了知识；图书交换活动：中学生可以将自己读过的或利用率较低的好书捐到图书馆形成小型馆藏，同时可以凭借捐书得到自己想看的书，不需要办理借阅手续，这样可以实现资源共享；作文讲座：寒暑假邀请著名作家进行作文讲座、优秀电影评论、组织学生参与文学深度体验

之旅；此外图书馆还应建立适应少年儿童阅读的图书馆图书推介、网上图书推介、校园图书推介体系，引导广大少年儿童多读书、读好书。

（二）为少儿读者提供社会实践机会

现在的孩子很多都是独生子女，具有独立性弱、承受力差、缺乏责任感等弱点。"小小管理员"活动为少年儿童提供了社会实践的机会，不但锻炼了他们的动手能力，还可以增强社会责任感。具体做法是：在对参加活动的孩子们进行相关的图书馆知识教育及业务培训后，让他们以图书管理员的身份参与服务工作，即为其他小读者借书还书，将图书移架整架，还可以参与图书分编的一些工作，如打印图书登录号、盖馆藏章、贴磁条等等。通过与别人共同完成工作任务，能帮助他们克服以自我为中心的通病，培养与人合作、乐于奉献的团队精神。

（三）建立图书流动站

图书馆的少儿读者因为年龄小、休闲时间少等原因，到馆借阅会相对存在一定的限制。图书流动站的建立可以使那些离图书馆较远的孩子，尤其是乡镇学校的农家孩子能够就近读到图书馆的各种书刊，省去了父母陪伴的麻烦，也节省了孩子的时间。为更好地为少儿读者服务，不但要及时为这些流动站更换图书，还可以根据读者的需要开展预约借书、集体借书、送书上门等项目，最大限度地为少儿读者服务，让他们了解图书馆、利用图书馆。

（四）举办文艺、娱乐、竞赛活动

图书馆可以配合各种节日或一些热点主题以游戏、文艺表演、知识竞赛等形式组织少儿读者活动。如在学龄前儿童中组织"我是妈妈小帮手"趣味运动会，设置简单的劳动项目，并对优秀的小朋友奖励精美的小画册。让孩子们在快乐的游戏中提高对劳动的认识、锻炼动手能力，并在不知不觉中喜欢上图书馆；在小学生中举办庆"六·一"文艺表演，给孩子们一个展示自己的平台；在中学生中举行"我与奥运同行"知识竞赛，增强他们对时事的敏锐度及社会责任感。

（五）与中小学校联合开展活动

学校在组织学生开展活动方面有自身的优势，而综合性公共图书馆则具备一定的资源优势。图书馆应加强与中小学校、幼儿园的联系，利用自身的资源优势、环境优势和地理优势，组织中小学校的同学在老师的带领下到公共图书馆集体阅览，还可以定期送书到校开展专题阅览。图书馆应经常了解学校教育的重点、热点问题，利用幼儿园、中小学校的师资力量，坚持以育人为本，配合组织必要的少儿读者活动。

二、图书馆少儿读者活动组织开展案例分析：以 A 市图书馆暑假活动为例

（一）A 市图书馆少儿暑期活动的设计

1.确立少儿暑期活动的目标

图书馆想要顺利开展少儿暑期活动，就不能拘泥于传统形式，而要推出兼容并包、形式多样的活动，让孩子们从中得到多元化的成长。

2.明确少儿暑期活动的主题和内容

一场少儿活动的方案由主题、名称、内容、时间、地点、参与对象、活动名额等元素构成，精心的策划和充分的准备能让活动有一个良好的开端。主题是少儿阅读推广活动的精髓，活动设计者需要紧密结合时代潮流和社会热点，如当下流行的"诗词大会""朗读者""图书馆奇妙夜"等节目，用易于理解的方式引导少儿了解和学习中华传统文化。个性的活动主题和内容多样性直接决定了少儿活动的成效。A 市图书馆自 1995 年举办暑期少年之家活动开始，已开展少儿暑期活动 20 余年，研究者对最近三年该馆开展的少儿暑期活动进行了分类梳理，详见表 3-1。

表 3-1 A 市图书馆少儿暑期活动一览

活动主题	活动内容／目的	参与对象
安全主题	策划以安全为主题的活动，举办游泳安全、消防安全、高温防暑安全等讲座。	6 ～ 15 岁
节气、节日主题	在七一、八一等节日举办讲座，组织参观抗战遗址，培养爱国爱党意识；暑期里正好经历小暑、大暑、立秋等节气，组织孩子学习了解节气知识，熟悉民俗文化。	7 ～ 12 岁
动手动脑主题	邀请专家传授绘画、剪纸、折纸、手工彩泥、首饰制作等技艺。	6 岁以上
夏日影院	在报告厅播放经典的儿童动画片。	3 岁以上
绘本故事会	组织参与者讲故事和分享故事，现场表演绘本剧、亲子阅读活动。	3 ～ 5 岁
图书跳蚤市场	小朋友报名后，可以自由交换图书、文具、玩具等物品。	6 岁以上
新书导读	让参与者提前了解学校推荐书目，使阅读指导与读书活动得以有效结合。	6 岁以上
小小图书管理员	让参与者体验图书排架、上架及文明导读等服务工作。	6 岁以上
"我听我读"朗诵比赛	开展少儿朗读训练活动，提高孩子的语言表达和组织能力等。	4 ～ 15 岁

3. 制定少儿暑期活动的奖励机制

奖励是暑期活动必不可少的部分，是促使少儿前进的动力，包括颁发荣誉证书、赠送小礼品等。图书馆要尽量简化奖励制度，使其易于实施。A 市图书馆通常将畅销的少儿图书作为奖励，辅以文具等小物件。

（二）A 市图书馆少儿暑期活动的宣传

1. 宣传途径

少儿暑期活动宣传的途径有馆内宣传与馆外宣传。馆内宣传是指公共图书馆对到馆读者进行的宣传，这里的到馆读者包括实体馆的读者与访问图书馆网站的读者。以 A 市图书馆为例，馆内宣传方式有：在一楼外立面和大厅设置 LED 显示屏，滚动播出活动宣传视频；在咨询服务台和各阅览室窗口放置宣传单，在电梯里张贴海报；在图书馆网站、微信公众号及微博发布通知。该馆的馆外宣传方式有：馆校合作，与辖区内的中小学校加强合作，在学校即将放暑假之前，由教师向学生讲解图书馆暑期活动的主要情况，号召学生参加活动；寻求 A 市新闻中心的帮助，在播放新闻或者少儿栏目的前半分钟对 A 市图书馆少儿服务进行宣传；邀请 A 市纸媒进行活动跟踪报道；联系当地的生活、阅读、教育类的网络公众号推送相关活动信息。A 市图书馆要熟悉媒体，建立良好的媒体关系，提供有说服力的新闻稿件，扩大活动知名度，吸引更多的人关注和参与活动。

2. 宣传品制作

宣传工作离不开各种相关宣传品的定制和使用，活动宣传品可以传递活动信息、烘托活动气氛、突出活动主题，给人视觉和精神上的冲击。公共图书馆少儿暑期活动的宣传品一般分为广告材料、印刷品和礼品，广告材料包括展架、易拉宝、横额等，印刷品有海报、宣传小册子、宣传页等，礼品包括书签、冰箱贴、钥匙扣、水杯和折扇等。图书馆宣传用的礼品可根据活动需求进行定制，在礼品上印制宣传标语或图书馆 LOGO。此外，公共图书馆在选择活动宣传品时不仅要考虑样式美观，还要本着节约的原则，把控好经费支出。

（三）A市图书馆少儿暑期活动的组织开展

1. 少儿暑期活动团队的招募

公共图书馆为了办好少儿活动，仅靠提高馆员素质和创新服务模式远远不够，还需要招募活动团队，整合社会资源，具体方法有：（1）与专业机构合作。公共图书馆可以与高校、民间儿童图书馆、出版社等机构合作，在暑期开展少儿活动。（2）邀请图书馆相关专业人士参与。公共图书馆可邀请本地的儿童文学作家、儿童阅读推广人、非遗传承人等专业人士到馆开展活动。（3）组建暑期志愿者队伍。公共图书馆面向社会征集志愿者，应以热心公益服务的群众、中小学幼儿园教师、家庭主妇为主，确保暑期活动的有序开展。公共图书馆发动社会力量参与活动，不仅可以扩大少儿暑期活动的辐射面，还可以实现资源互补，弥补自身的不足。

2. 少儿暑期活动环境空间的创新应用

场地的选择和舞台布置是公共图书馆少儿暑期活动开展的重要保障。一成不变的空间会让少儿产生视觉疲劳，而结合活动主题布置富于情境的场景，有助于提升活动效果，如：某些活动座位的安排可以采用半圆围坐型的布置，使讲师和少儿处于和谐对等的环境中。少儿暑期活动还应打破"馆内集中式"的服务模式，与社会各界建立交流互动平台，逐步形成以公共图书馆为核心，辐射至全社会的多层级阅读活动格局。公共图书馆还可以积极拓展新的活动空间，与博物馆、文化创意园、美术馆等文化机构合作，变换活动场地，既能拓宽公共图书馆少儿活动的宣传推广途径，又能激发孩子们参与暑期活动的热情。

第四章　图书馆少儿阅读推广概述

第一节 图书馆少儿阅读推广的对象、目的与意义

一、少儿阅读推广的对象

阅读是通过视觉或触觉资料获取信息的过程，包括文字、符号和图表等。少儿阅读不同于成人阅读的形式单一，少儿阅读是指包括声音、图像、触觉等一切能够引起少儿获取信息兴趣的活动。少儿阅读不仅仅是在少儿开始识字、独立阅读的一段时期内形成的，而是从开始有听觉、触觉以后逐渐形成的。早期的少儿阅读是需要依靠外界帮助的，使少儿逐渐获得认知和情感，发现事物的变化规律，并能够用语言准确描述事物和表达情感思想。中后期的少儿阅读是需要外界引导的，在监督引导健康阅读的基础上，给少儿自主选择的空间，培养自己的兴趣爱好，开拓少儿的视野，发现未知，锻炼独立思考，培养创新能力。

少儿阅读推广是帮助少儿接触阅读、培养少儿阅读习惯、提高阅读和表达能力、引导少儿获取健康有益的知识的活动。推广的重点在于主动，主动掌握少儿心理发育特点，主动了解少儿阅读方面的需求，主动提供服务，主动引导少儿从小培养良好的阅读习惯。阅读是读者和书籍交流的过程，学龄前少儿由于识字数量有限，无法独立阅读，因此，需要他人帮助完成这种交流过程。少儿阅读推广不但尊重少儿的阅读选择，同时帮助少儿学会自主选择、健康选择。少儿阅读推广的对象如下：

（一）少儿

少儿的求知欲望强烈，可塑性极大，儿童时期是培养阅读习惯的关键时期，好好把握这一时期，将会受用一生。另一方面，儿童好奇心重，易

受外界影响，阅读无方向性，在不同的时期，对外界信息的感知能力不同，对知识的吸收和需求也不同，因此需要成人的引导。儿童阅读推广的主要对象是儿童，在儿童的不同阶段，采取有针对性的推广方式，不但易于儿童接受，更能达到良好效果。

（二）家长

家长是孩子的第一任老师，家长的兴趣爱好会映射到孩子身上，家庭环境对孩子的影响也尤为重要。在少儿的不同阅读时期，家长起着不同的作用。儿童在0-3岁时不能够进行自主阅读，却是培养阅读兴趣的最佳时机，儿童主要的时间是在家庭中度过的，这就需要陪伴儿童的父母帮助儿童阅读，为儿童讲故事、教儿童认图识字等。儿童在能够进行独立阅读时，家长需要引导儿童、帮助选择性阅读、培养兴趣爱好。因此，家长成为少儿阅读推广的对象之一。

少儿阅读推广服务给家长科学的儿童读物阅读指导和建议，提供少儿阅读培养计划和优秀书单，促进家长和儿童进行阅读交流。同时，少儿阅读推广还为家长们搭建互相沟通的平台，家长们可以在少儿教育方面增加沟通，获得更多的育儿经验，取长补短，帮助少儿健康成长。

（三）教育工作者

大多数孩子从3岁以后逐渐开始了长时间的集体学习生活。从幼儿园到小学、中学，儿童白天度过的大部分时间的地点从家庭变为学校，学校的阅读环境、教育工作者的阅读指导对于其阅读习惯培养也起到了至关重要的作用。

幼儿园教师对于儿童的阅读影响，同家长一样具有启蒙作用。幼儿园的儿童还不能进行独立阅读，需要在幼师的帮助下，借助读物上的图画来加以理解。幼师不但要用儿童容易理解的口头语言和肢体语言来描述和解释，还要帮助儿童进行理解和记忆，在提高儿童读书意识的同时，帮助儿童进行早期阅读的实践与探索。入学后的儿童逐渐可以独立阅读，学校的教师可以不同程度地影响儿童阅读的方向。根据学校的课程，教师为儿童推荐与课程有联系的课外读物，分年级层次的推荐书目，在班级里组织学生阅读交流，利用这种群体阅读方式，激发儿童的阅读兴趣，提高阅读水平和能力。

二、少儿阅读推广服务的目的

少儿阅读推广服务既是社会发展的需求，又是少儿阅读的需求，其目的是通过培养少儿的阅读兴趣，养成良好的阅读习惯，提高少儿阅读能力，从而在全社会营造阅读的良好氛围，推动素质教育向前发展，最终实现少儿的全面发展。

（一）培养少儿阅读习惯

少儿阅读推广服务最直接目的就是培养少儿的阅读习惯。少儿的好奇心很重，外界的一切事物对于少儿来说都是新鲜的，外界给予少儿什么，少儿就会接受什么。因此，把握好这个时机，通过适当的方式，主动将阅读介绍给少儿，让少儿自然而然地接触阅读，久而久之就会激发少儿的兴趣，对于少儿培养阅读习惯，会达到事半功倍的效果。

（二）开发少儿智力

在少儿中推广阅读，不仅仅是为了培养少儿的阅读兴趣和提高少儿的阅读能力，更进一步的是为了使少儿获得阅读带来的益处，其中较为直接的益处就是能够在少儿早期开发出少儿智力和潜力，提升少儿的整体智力水平。少儿阅读推广服务让少儿接触图书、绘画，帮助少儿了解书中的人物和故事，少儿从听故事，到自己复述故事的过程中，有了自己对事物的看法，形成了独立的思维，从而锻炼少儿独立思考的能力，也提升了语言表达能力。

（三）为实施素质教育提供助力

素质教育是以提高学生的全面素质为目标的教育，注重开发人的智慧潜能，注重学生的德育培养和个性发展。在全社会提倡素质教育的今天，素质教育的概念已经深入家长的内心，那么，怎样实施素质教育成了学校和家长们所思考的问题。读书，作为一项有益身心健康的活动，越来越受到学校和家长们的重视、少儿的欢迎。书籍在拓宽少儿视野的同时，也在潜移默化地影响少儿，书中的美德故事最能够达到教育少儿的目的。

三、少儿阅读推广服务的意义

读书，不但能获取知识，提高个人修养和国民素质，也能增强国家的综合实力。少儿是民族的希望，是国家的未来，少儿阅读的状况直接影响着国家的生存与发展。重视少儿阅读习惯的培养，有利于全民阅读和终身阅读的推广，是一项具有长远意义的事情。目前，世界各国均重视少儿阅读的培养，尤其是美国、日本、西欧等发达地区，采取形式多样的措施推广少儿阅读，并且从婴儿刚刚出生就开始推广阅读。中国各地图书馆也采取多种少儿阅读推广服务项目，力图让全国少儿都能有书读、读好书。在提倡素质教育的今天，阅读更是成为少儿生活中不可缺少的一部分，既能提高少儿的学习能力，又能帮助少儿培养兴趣爱好、拓宽视野。

（一）有利于培养终身阅读

少儿阅读推广服务所带来的效果是长远的，不仅在少儿阶段具有重大意义，而且惠及成年阶段，成为培养终身阅读的措施之一。少儿一旦从小培养起读书的兴趣，就会将兴趣延续到以后，终身都会热爱读书；相反，如果在少儿时期没有养成阅读的良好习惯，成年人这一生都很难再对阅读产生浓厚的兴趣。因此，少儿阅读推广服务将会是少儿受益一生的活动。

（二）有助于推广全民阅读

少儿阅读推广服务面向的群体非常广泛，推广对象包括所有少儿、家长和教育工作者，向少儿推广阅读的同时，也向成年人传达了阅读的理念，影响着成年人的阅读态度和习惯。少儿阅读推广服务的这种广泛性扩大了受益群体，使得全体少儿受益终身。少儿成长后，延续阅读习惯，因此，成年人中大部分都会保留这种读书习惯，人人爱阅读，人人有方法，社会整体的阅读氛围将会进一步有所提升，全民阅读逐渐形成。

第二节　图书馆少儿阅读推广的必要性与可行性

一、公共图书馆开展少儿阅读推广的必要性分析

（一）少儿自身方面

少儿阅读的重要性及其当前面临的问题决定了开展少儿阅读推广势在必行。

1. 少儿阅读的意义

著名儿童文学作家梅子涵提出："童年短暂，但因为有了优质阅读，孩子们的一生都有可能优质。"国际儿童读物联盟以"书籍是昨天的故事和明天的秘密"激励孩子们阅读。阅读对儿童具有重大意义，促进大脑发育，丰富想象力和创造力，为以后的学习奠定基础，提高语言沟通和表达能力，培养品德修养，为养成终身阅读习惯打基础。阅读对儿童的影响具体表现在三个方面：

（1）培养想象力

想象力是指人们在现有形象的基础上，创造出新形象的能力。这种能力比拥有知识更重要，是难能可贵的，是学习不到的。儿童具有极其丰富

的想象力，这是天生的。儿童用自己独特的思维看待事物、思考世界，他们的想法变幻莫测、天马行空。阅读能够启迪儿童对未知世界的探索，为儿童呈现一个惊奇的世界，鼓励儿童想象故事中的人物场景，在大脑中营造一个前所未有的世界。一本好书，一个好故事，能够调动儿童的想象力，吸引儿童进入故事的世界里，对故事中的情节展开联想，引导儿童丰富故事中的情节，从而使儿童更加自由地发挥想象力和创造力。

（2）培养性格和情感

少儿阅读不仅仅是读书识字，学习历史地理方面的知识，从故事中儿童也能感知到亲情友情、梦想信念、学习真实善良、诚实守信、坚强勇敢，体会生活中的快乐与痛苦、甜蜜与艰辛、温暖与冷漠。儿童通过阅读书中的故事，体会快乐的同时，学习真善美，培养良好的道德情操和高尚品格，感知生活中没有经历的苦辣酸甜，逐渐对世界有了更加清晰的认识、对人类丰富的情感有了深入的体会。

（3）培养语言能力

儿童学习语言表达是一个渐进的过程，从听见声音、理解别人说话的含义、认识陌生的图片和文字、独立阅读书籍、进行独立地思考到完整地表达自己内心想法，这一系列的过程不是与生俱来的，需要他人的耐心教导。阅读可以扩大儿童的词汇量、丰富他们的语言和思维。在阅读过程中，家长和教师与儿童的互动和交流，可以鼓励儿童表达自己，培养儿童清晰的思路和独立思考的能力，提高儿童的语言沟通能力和语言组织能力，建立自我表达的意识。

2. 少儿阅读面临的问题

（1）少儿阅读意识薄弱

中国社会对于少儿阅读方面的认识不足，认为少儿阅读应该从儿童1岁才开始。实际上，儿童有了听觉和触觉，就具备了接受阅读培养的条件，但是此时的儿童并没有机会感受到阅读的快乐。

社会大众普遍认为少儿阅读就是单纯的识字，学习文化知识，学龄前少儿阅读以识字为主，为入学打基础，适学儿童的阅读以学习课本知识为主，一切为了升学。从家长到教师，对于少儿阅读的认识都局限在读书识字上，重视阅读方法，却忽略了阅读带给儿童的快乐和能力的培养。面对应试教育，家庭和学校将升学作为儿童一切行为的最高标准。家长和教师为儿童选择的读物以课本教材为主，尽量减少课外读物，避免儿童将过多的精力放在课外读物上影响学习，导致儿童的阅读兴趣不能得到满足，想象力和创造力受到压制。

（2）儿童读物缺乏

根据全国新闻出版局统计，2021 年，全国出版图书总量 110 亿册（张），其中少年儿童读物 96994 万册（张），儿童读物的数量仅占图书总数的 8.8%，虽然总数有所增长，但是全国 4 亿少年儿童平均每人两册的数量满足不了少儿阅读的需求，且远远低于世界平均水平。另外，由于中国地区经济发展不平衡，少儿阅读环境存在差异，贫困偏远地区缺乏儿童读物，导致人均阅读量分布不均。

儿童读物缺乏的另一个表现是缺乏优秀的儿童读物，尤其缺乏儿童读物创作团队和作家，而且出版社发行的儿童读物数量也很少。中国拥有五千年文明历史，文化底蕴深厚，文学作家层出不穷，却缺少像安徒生、格林这样的童话大家。国内的儿童读物质量不高，风格内容不是刻板说教，就是效仿或崇尚西方化，没有中国自己的风格，也达不到真正提高少儿阅读能力的效果。不仅如此，出版社还多以盈利为目的，儿童读物定价偏高，偏离大众化消费，使本就不多的优秀儿童读物利用和利用率更低。此外，市面上的儿童读物语言单一，以汉字为主，缺乏少数民族文字的儿童读物，儿童读物市场缺乏多样化发展。

（3）少儿阅读时间不足

学龄前少儿阅读时需要家长的帮助和指导，家长培养少儿阅读的意识不强，休闲时间少，花在陪伴少儿阅读上的时间则更少，这就直接导致儿童的阅读时间不足。

入学后的儿童，课业负担重，大部分的时间和精力都放在了学习上，而在学习之余的放松时间里，大部分儿童选择看电视、玩电子游戏等娱乐活动，留给读书的时间所剩无几。如果没有从小培养阅读习惯和兴趣，儿童在入学后更是很难培养，没有时间读书。

（4）少儿阅读方法不当

儿童及其家长在选择阅读书籍上具有很大的盲目性，缺乏科学性，认为课外读物可有可无。大多数儿童选择的课余读物都是具有非常强的娱乐性的漫画、卡通图片等，将课外阅读视为纯粹的娱乐和消遣，并没有发挥少儿阅读本身的巨大作用。科普类、名著类读物很少能进入儿童的视线，难以引起儿童的兴趣。快速阅读和浅阅读已经深深地影响着儿童的阅读习惯，使儿童缺乏深入阅读。另一方面，少儿阅读时间不规律，经常在假期突击阅读，平时则不闻不问。尽管儿童上学期间课业负担重，假期业余时间充裕，可以大大增加阅读量，但是平时不阅读，假期突击阅读仍然不可取，不利于儿童培养长久的阅读习惯，在一定程度上影响少儿阅读水平的提高。

（二）图书馆方面

开展少儿阅读推广服务是公共图书馆必须承担的社会责任，具体分析如下。

1. 公共图书馆具有社会教育的职能

社会教育职能是图书馆的四项社会职能之一，是公共图书馆义不容辞的责任。公共图书馆的教育没有局限性，不受性别、年龄、职业、时间和地理位置等限制，这是任何其他教育机构所不能比的。图书馆的教育氛围较之学校要广阔得多，它深入到社会的每一个角落，被人们誉为"全能大学"，"没有围墙的学校"。其中，公共图书馆的职能就包括文化教育、娱乐中心，通过各种方式，为读者提供文化教育、自学、娱乐活动所需的图书文献资料和场所等。"公共图书馆担负着社会教育的任务，阅读教育又是社会教育的主要表现形式之一，它是公共图书馆利用自身的图书资源和环境优势，通过制定不同阅读活动，培养不同阅读群体适合的阅读习惯，提升其阅读能力，促进终身阅读习惯的养成。阅读活动是公共图书馆的外在活动形式，是公共图书馆发挥其自身职能的具体方式，阅读推广服务就是公共图书馆阅读活动的典型例子。

儿童是图书馆今天的读者，也是图书馆明天的读者，是公共图书馆的长期读者，因此，儿童自然被纳入公共图书馆的社会教育的主要对象。为了充分实现公共图书馆的儿童教育职能，践行公共图书馆的社会教育职能，公共图书馆应充分发挥自身资源优势和环境优势，遵循儿童成长规律，尊重儿童教育体系，推广阅读、启迪少儿阅读，实施社会的阅读教育。

2. 支持少儿阅读是公共图书馆的责任

公共图书馆在支持和培养少儿阅读工作上肩负着义不容辞的责任。国际图书馆协会联合会（简称"国际图联"，IFLA），作为世界图书馆界最具权威、最具影响的非政府的专业性国际组织，自1927年创立以来，所发布的宣言，及各种标准、方针、指南、声明等，都成为图书馆界工作的纲领性文件，包括图书馆对少儿阅读工作的指导责任。具体内容如表4-1：

表4-1　IFLA发布的有关少儿阅读内容的文件

文件名称	发布时间	修订时间	关于少儿阅读的内容
《公共图书馆宣言》	1949年	1972年、1994年	"要养成并强化儿童早期的阅读习惯"
《学校图书馆宣言》	1980年	—	阐述了中小学图书馆开展服务必须包括：资金保障、图书馆员、服务内容等，奠定了中小学图书馆在开展工作过程中应当遵循的基本原则。
《婴幼儿图书馆服务指南》	2007年	—	这是为3岁以下婴幼儿专门提供服务的一部指南，为了指导世界各国的公共图书馆为婴幼儿读者提供高质量的阅读服务。

续　表

文件名称	发布时间	修订时间	关于少儿阅读的内容
《儿童图书馆服务指南》	1991 年	2003 年	这是 IFLA 儿童服务系列指南中最重要的一部，主要的服务对象是 13 岁以下的儿童，儿童图书馆通过提供图书资源和讲故事等服务为儿童提供良好的读书环境，从而帮助儿童获得学习能力和信息素养，形成终生阅读的习惯，积极参与社会活动并为社会做出贡献。
《青少年图书馆服务指南》	1996 年	2006 年	服务对象是 12–18 岁的青少年，目的是促进图书馆开展青少年服务，并为其提供一个可供参考的框架。修订版增加了实践部分，列举各国做得比较好的青少年服务活动，通过文字描述和实践活动相结合的方式，在指导图书馆开展青少年阅读服务工作时更加具体、有可借鉴性。
《IFLA 公共图书馆服务指南》	2002 年	2010 年	"公共图书馆负有特殊的责任支持儿童学习阅读，鼓励儿童使用图书馆和其他载体的资料。"指出公共图书馆具有为未成年人服务的责任，并分别论述了为儿童服务和为青少年服务的原则。

可见，国际图联给予少儿阅读高度的重视，将少儿阅读工作作为日常工作的重点。这充分说明了支持少儿阅读是现代公共图书馆义不容辞的责任，推广少儿阅读是公共图书馆不可推卸的义务。

公共图书馆是政府拨款的公益性服务机构，主要任务是为公众提供信息资源，营造一个良好的阅读环境。公共图书馆有责任和义务为公众主动提供阅读服务，帮助公众培养终身阅读习惯，应致力于培养少儿阅读，发展少儿阅读推广事业。公共图书馆的职责是提倡知识自由，保障公民都能享有阅读的权利，培养儿童和家长利用公共图书馆的意识，让他们亲近图书馆，增强利用图书馆的能力。因此，公共图书馆是一个引导少儿阅读，培养阅读习惯的不可缺少的场所。

3. 推广少儿阅读是公共图书馆的服务之一

公共图书馆是具有服务性质的社会机构，服务对象是广大读者群体，为读者提供图书、文献、信息资料和特殊载体阅读所需的设备。丰富的馆藏资源是公共图书馆的资源核心，也为公共图书馆服务读者提供了基础和保障。公共图书馆的主要任务不仅仅是搜集、整理、收藏各种文献，更重要的任务是将文献资源推广出去，让尽可能多的读者了解和利用，满足读者对信息获取的需求，从而发挥公共图书馆的服务职能。

少年儿童是公共图书馆主要的读者群体之一，也是公共图书馆的服务对象之一，所以，儿童理应享受到公共图书馆提供的各种阅读服务。在少儿阅读推广服务中，公共图书馆在原有大量资源的基础上引进和积累适合儿童成长中各个年龄层次的、迎合少儿阅读趣味的、有利于儿童身心发育的读物。以提供馆藏阅读为核心服务的公共图书馆，是少儿阅读推广服务的资源保障，既要重视量的积累，也要注重质的提升，既要保持经典又要跟随流行趋势，为儿童提供丰富全面的资源服务。

4. 公共图书馆推广少儿阅读是推广全民阅读的突破口

培养阅读习惯的黄金时期是儿童时期，把握住这一时期，对于儿童将来的阅读习惯和学习能力都有巨大的帮助。意大利教育家玛利亚·蒙台梭利指出儿童学习存在敏感期，认真把握不同的敏感期在教育儿童方面会起到事半功倍的效果。儿童语言敏感期在 0～3 岁，阅读学习敏感期在 3～6 岁，这一时期儿童有了学习和阅读的意愿，书写和阅读的能力会自然而然地产生，是培养阅读习惯的最佳时机。阅读习惯是在儿童时期养成的，儿童时期能够轻松阅读的孩子，终其一生都会从读书中找到乐趣，喜爱阅读。成年人爱读书是在童年时打下的基础，不爱读书的成年人大多数在童年时期都很少接触书籍。有研究表明，4～6 岁是学习阅读的最佳时期，这时候的儿童如果能在一个良好的阅读环境中，得到了正确的阅读引导与培养，成年以后往往能保持终身的阅读习惯。因此，公共图书馆要想推广全民阅读，打造学习型社会，就应从推广少儿阅读入手，培养和提高少儿的阅读兴趣，从而实现全民阅读的风尚。广泛地推广少儿阅读，不但是为全民阅读推广奠定基础，更是公共图书馆开展全民阅读推广的突破口和切入点。

二、公共图书馆开展少儿阅读推广的可行性分析

心理学家尤·布朗芬布伦纳的生态系统理论，少儿阅读活动的最重要的场所是家庭，其次是学校。家庭和学校对少儿阅读兴趣的影响是最为直接的，有着重要的作用和地位。但是，开展少儿阅读活动，公共图书馆有着家庭和学校无法相比的独特资源优势，能够为少儿阅读提供更方便、更专业的推广服务，从而使少儿阅读推广活动的开展达到事半功倍的效果。

（一）信息资源优势

家庭为孩子准备的书籍，主要来源于书店购买，家庭培养少儿阅读习惯的成本较高，而且数量和种类都非常有限。学校图书馆的书籍侧重教学内容，种类单一，少儿不能自主选择。公共图书馆弥补二者的不足，为少儿提供丰富的阅读资源，不但数量庞大，种类上还包括学校图书馆内缺乏的漫画、文史、科普、经典名著等各色图书。

此外，公共图书馆在丰富馆藏的基础上，不断更新，定期补充新的文献图书，制定少儿阅读推荐书籍目录，并提供不同载体的少儿读物，如多媒体影像资料和网络视频资源。公共图书馆投入大量人力、物力、财力，减轻了普通家庭少儿阅读的成本压力，弥补学校方面教学式阅读的不足，满足少儿阅读的需要，为少儿阅读提供有力的资源保障。

（二）人力资源优势

公共图书馆在少儿阅读推广服务中具有极大的人力资源优势，公共图书馆拥有专业的图书管理员，他们不但拥有少儿阅读推广的服务意识和理念，还具备少儿阅读推广的专业知识和丰富经验，能够为少儿提供专业可靠的服务。公共图书馆内的少儿馆员，能够针对少儿的不同年龄、兴趣爱

好和阅读习惯，为他们制定相应的阅读计划，选择不同类型的书籍读物，提供富有个性化的专业阅读指导。

图书馆员还会针对少儿的特性，推荐优秀书籍目录，为家长提供专业的阅读指导，帮助家长学会通过阅读与少儿进行更好的沟通和交流，携手家长共同努力，培养少儿的阅读习惯，激发阅读兴趣。

公共图书馆，作为少儿阅读推广实施的主体，能够利用自身优势，吸引少儿读物作家、少儿阅读学者来到图书馆做客，和家长、少儿共同阅读少儿读物、欣赏动画片、互动做游戏等，吸引小读者的注意，发掘书籍中的知识，培养少儿的兴趣。公共图书馆还可以邀请少儿阅读方面的专家在图书馆举办讲座，给家长一些少儿阅读和心理发育方面的指导和建议，促进少儿健康成长，这也是公共图书馆特有的人力资源优势。

（三）空间环境优势

公共图书馆具有优越的阅读环境，使读者感到放松舒适，充分享受阅读带来的乐趣。公共图书馆的阅读氛围，是吸引少儿和家长选择到图书馆来阅读的重要原因之一。

经济的发展带来物质资源方面的充裕，现代公共图书馆无论是建筑外形还是内部设施，都在与时俱进。公共图书馆的外形给人以大方简洁的印象，室内设计注重舒适便利，为读者营造宽松的阅读环境。

公共图书馆的阅读环境分为"阅读硬环境"和"阅读软环境"，"阅读硬环境"是指公共图书馆的硬件服务，如空间布局、馆内设施、照明、通风等，"阅读软环境"是指公共图书馆的文献资源、人文服务和整体阅读氛围。公共图书馆的少儿阅览室，根据少儿的身体特征和心理发育进行特殊布局，为保护少儿安全，地面和桌椅都是柔软设计，还配有沙发靠垫，室内布局和摆设都有少儿喜爱的卡通玩偶，具有鲜艳活泼的主题风格，为少儿提供舒适的阅读环境。

公共图书馆员为少儿提供专业耐心的指导服务，少儿可以进行自主阅读，也可以和其他小朋友一起阅读、描述故事、扮演角色，听馆员讲故事、亲子阅读等，图书馆为少儿营造出温馨舒适的阅读环境。另外，少儿的天性活泼，具有强烈的从众心态和崇拜心理，比较喜欢群体活动，同龄人或家长、馆员等人的阅读体验在一定程度上能够激发起他们的情感共鸣和竞争意识，因此，图书馆如果利用这一点来开展阅读指导，能够取得事半功倍的良好效果。

第三节　图书馆少儿阅读推广的基本形式与特点

一、公共图书馆少儿阅读推广服务形式

为了在广大少儿群体中形成"好读书，读好书"的良好阅读氛围，公共图书馆通过开展多种多样的活动形式，吸引少儿到公共图书馆中来，让少儿爱上图书馆，将阅读变成"悦"读。少儿阅读推广服务的形式种类繁多，不过，万变不离其宗，大致可以分为以下几大类：

（一）资源输出式服务

少儿阅读推广服务的重点在于主动性，公共图书馆改变一直以来被动地将图书陈列馆中等待读者借阅的服务模式，主动地将图书资料送到少儿读者手中，推出主动服务的行为模式，激发少儿的阅读兴趣。

德国的公共图书馆为了支持婴幼儿的早期阅读，在少儿刚刚出生时就将"图书礼包"送到医院，包括图书馆的相关介绍和阅读指导等。同时，德国的纽伦堡市立图书馆与学校合作，创建了"旅行箱图书馆"服务，将相关阅读主题的图书资料、CD、视频资料、地图及观察工具等装入旅行箱，并借给学校，配合学校的主题活动，将阅读带到学生身边。中国台湾高雄市图书馆自 2005 年起开展"送书香到教室"活动，为班级办理集体借阅证，取得良好收益。

流动图书馆也是公共图书馆资源输出的一种重要形式，将公共图书馆

的图书资料输送到社区、农村地区、城郊接合部、回迁安置点等资源匮乏地区，让偏远贫困地区的少儿也能享受到城市公共图书馆的文化服务，在阅读中寻找乐趣。合肥市、无锡市和福州市大力开展流动图书馆服务，给少儿带去了图书和知识，同时也在缩短城乡差距上做出了贡献。

（二）故事演绎式服务

故事是深受少儿喜爱的一种阅读体裁，能够将少儿的视线吸引到书中来，使少儿对阅读产生浓厚的兴趣，讲故事能够达到培养阅读兴趣和寓教于乐的目的。公共图书馆组织故事会，带领少儿阅读，引导少儿正确的阅读方向，为同龄少儿提供游戏和交流的空间；组织讲故事大赛，鼓励少儿深入阅读书中故事、理解故事内容，并通过自己的理解，运用自己的语言描述故事情节，锻炼少儿的理解能力和语言表达能力；组织角色扮演、课本剧表演等，让少儿选择故事中自己喜欢的角色，根据故事内容和角色语言，来进行情景再现，帮助少儿体会人物的感情，学会思考。

例如：温州市图书馆的"海龟哥哥讲故事活动"、贵州省图书馆的假期志愿者讲故事活动、广州图书馆举办绘本分享活动"两只小猪引发的故事"、杭州西湖区图书馆推出的"少儿情商智乐园"、台湾坚持多年的"林老师说故事"以及公益组织"高雄说故事妈妈"志愿者讲故事活动等等。德国公立图书馆鼓励少儿将听到的故事画出来，既能激发少儿的阅读兴趣和形象力，还能让馆员及时了解少儿对故事的理解情况。

家长是培养少儿阅读兴趣的重要主体，因此，亲子故事会是少儿阅读推广活动的重要内容。家长通过为少儿讲故事，抛出问题，启发少儿思考和发挥想象力，有助于加深少儿对故事内容的理解。亲子共读促进亲子互动，有助于建立良好的亲子关系。与其他家庭一起阅读、交流、互动，少儿学会聆听、探讨，也能得到更丰富的阅读感受，同时体会到分享阅读的快乐。

（三）第二课堂式服务

公共图书馆具有社会教育的基本职能，具有为读者提供阅读指导和教育的责任和义务。在少儿阅读推广服务中，公共图书馆利用自身的环境优势和人力资源优势，邀请少儿教育学家和少儿阅读推广人，定期为少儿及家长举办讲座和培训，向家长介绍引导少儿阅读的技巧和方法，指导家长如何为少儿挑选适合的少儿读物，关爱少儿成长，提供咨询服务等，帮助家长真正成为少儿的"第一任老师"。由温州市图书馆开办的"蝴蝶爸妈"阅读推广培训班、广州市图书馆开展的"幼儿早期阅读"系列讲座和台州市图书馆开展的"儿童艺术教育"系列讲座等阅读推广服务，深受少儿及家长的欢迎。

（四）阅读宣传式服务

为了吸引广大少儿读者到公共图书馆来，喜爱阅读，公共图书馆会定期组织少儿读者在图书馆多媒体放映厅免费欣赏优秀动画片、少儿电影，以及主题影像资料，一些根据童话改编的动画片和电影以生动活泼的人物形象吸引广大少年儿童，从而吸引少儿阅读童话原著、漫画等少儿读物，主题影像资料播放后，馆员组织延伸讨论，介绍主题相关书籍资料等。首图在世界读书日举办"书眼看世界——与高卢英雄一起历险"的主体活动，成都市图书馆通过"书香光影伴我行"活动，吸引小读者，达到宣传公共图书馆少儿阅读活动的目的。

公共图书馆开展少儿阅读推广服务的一种主要形式是少儿阅读书目推荐、制作书目推荐单，将近期出版的优秀少儿读物分门别类，制成宣传手册，推荐给家长。美国的公共图书馆不但参与学校的课程，还参与制订少儿阅读书目活动。集体阅读和评价也是吸引小读者阅读的好办法，如日本的"书评汇"活动。公共图书馆还根据少儿的不同年龄及身心特点，开展分级阅读推广活动。例如，德国布里隆市图书馆乌特·哈赫曼馆长设计的"阅读测量尺"，将少儿成长分为 10 个阶段，分别用赤橙黄绿青蓝紫及粉红、桃红、橘红表示。家长通过带领孩子来到图书馆测量身高，根据身高对应的颜色，就清楚什么类型的读物适合孩子，知道如何指导少儿阅读，深受广大家长的喜爱。

表4-2　阅读测量尺

身高	年龄	阅读特点	引导方式
150cm	10岁大	孩子喜欢读冒险、充满幻想色彩的书籍，家长对孩子与阅读的接触有着持久性的引导作用。	—
140cm	8～9周岁	孩子们基本能够逐字逐句地读懂文章，家长由朗读者转变为听众，如果孩子在朗读过程中遇到困难，家长应给予积极帮助。	小贴士：家长与孩子定期一起买书，一起去图书馆，多讨论书籍对孩子有所帮助。
130cm	7周岁	儿童学习阅读占主要地位，爸爸一句，妈妈一句，孩子一句，轮流朗读增添无限乐趣。	小贴士：如果孩子要求，请家长继续朗读。
120cm	5～6周岁	幼儿园的孩子应该学习怎样融入集体生活中，学会理解他人的观点。激发孩子对汉语拼音、简单汉字和数数的兴趣。	小贴士：给孩子们阅读的书应涉及这方面的内容。
110cm	4周岁	孩子能把书中的情景和自己的生活相互联系。要留心观察孩子的心理活动、愿望和兴趣爱好。	小贴士：家长应多多关注少儿图书馆的活动信息。
100cm	3周岁	书对孩子学习语言有着积极作用，每个孩子已有自己喜爱的主题。	小贴士：家长们在孩子睡前为他们朗读。
90cm	2周岁	幼儿们能逐渐理解书中含有两至三个人的小情景，简短的小故事深受小孩子青睐。	小贴士：家长用自己的语言给孩子讲述书中的故事片段。

续 表

身高	年龄	阅读特点	引导方式
80cm	1 周岁半	幼儿的感官协调能力得到升华，认出书中的图片，幼儿们乐意听大人讲。	小贴士：家长和幼儿一起看书，说出物品的名称。
70cm	1 周岁	一页一件物品的厚页小书是最佳选择，幼儿们能独立翻页，一岁之前识出书中的每件物品。	小贴士：将真正的物品摆放在书旁。
60cm	婴儿	书对于婴儿还是玩具。触摸书，木头书和塑料书是婴儿的第一本书。爱读书的家长是婴儿最好的榜样。	—

（五）参与实践式服务

现代的公共图书馆不仅仅是少儿阅读的书屋，更是少儿嬉戏娱乐的天堂。少儿阅览室的功能已经远远超出了它最初的用途，从单一地提供书籍借阅，逐渐发展成少儿阅读交流、制作手工作品、举办各种类型比赛等等，满足少儿成长过程中对精神文化的需求。

公共图书馆举办的一些少儿参与实践类的阅读推广活动激发了少儿的兴趣，深受少儿和家长的喜爱。深圳市盐田区沙头角图书馆主导的"小桔灯"计划中的创意坊、读书游园会；海宁图书馆马桥分管举办的"书，我要找到你"的少儿寻书比赛、"小小纸世界"少儿折纸比赛、才艺展示和"小小图书管理员"的寒假活动；唐山市丰南图书馆的主题手工活动丰富多彩："种子贴画""带翅膀的心""我要飞""我的爸爸"橡皮泥手工活动等，都是在传统阅读推广的基础上发展而来，将少儿阅读推广由传统的以"书"为中心，演变到现在的以"少年儿童"为中心，真正达到服务小读者的目的。

二、公共图书馆少儿阅读推广服务的特点

（一）主动性

公共图书馆少儿阅读推广服务最鲜明的特点是主动性，即公共图书馆根据少儿的需求，通过调查、了解、研究少儿的阅读需求和特点，对少儿读物进行加工整理，将少儿可能需要的阅读文献主动地提供给广大少儿群体。在这个过程中，公共图书馆一改往日的被动陈列读物的方式，化被动为主动，积极地将可能的需求呈现到小读者面前。公共图书馆的少儿阅读推广服务的资源输出式服务就具有极大的主动性。

公共图书馆所提供的这种服务是建立在对大量少儿读物整理和筛选的基础上进行的，帮助家长和少儿区分出适合不同年龄阶段的读物、适合亲子阅读和少儿独立阅读的读物，分门别类地将合适的书籍推广到家长和少儿的手中。这不但提升了公共图书馆的服务质量，而且也提高了服务对象利用图书馆的效率，促进图书馆和读者之间的交流和沟通。

另一方面，公共图书馆这种主动的方式可以使少儿较早接触图书馆，对图书馆有了认识和了解，形成初步印象，在脑海中将阅读、知识和图书馆联系在一起，在接触阅读的过程中，逐渐将阅读融入日常生活当中。

（二）平等性

在图书馆学界，图书馆服务的平等原则已经成为业界共识。阮冈纳赞的《图书馆学五定律》的第二定律："书为所有人"，强调的就是平等，并且明确地阐述："第二定律则一视同仁地向每个人提供图书，将严格认真地坚持看书、学习和享受机会平等的原则。不把一切人——穷人和富人、男人和女人、陆地上的人和海员、年轻人和老年人、聋人和哑人、有文化的人和文盲集中起来，不把地球上每个角落的人引进知识的天堂，不保证他们得到知识女神萨拉斯瓦蒂（Sarasvati）的拯救，第二定律就不会停止前进。"

平等原则也体现在少儿阅读推广服务中，图书馆面向所有少儿开展推广服务，无论是婴幼儿还是入学少儿，无论是正常的入学少儿还是特殊学校的弱势少儿，无论是城市少儿还是乡村少儿，都有机会享受到公共图书馆的阅读推广服务。尽管偏远地区的图书馆资金有限，阅读推广服务受到限制，但发达地区的图书馆根据当地实际情况，牵手贫困偏远地区，关怀少儿阅读成长，采取不同形式的阅读推广服务。

（三）互动性

公共图书馆开展少儿阅读推广服务与服务对象的互动性表现在：公共图书馆主动调查了解少儿、家长和教育工作者等服务对象的阅读需求，并提供阅读服务和指导，服务对象也可以主动要求图书馆提供特殊的具体服务，同时，一定时期，服务对象会向图书馆做出反馈，给予图书馆良好的回应。

图书馆的主要工作是提供书籍和文献的借阅，一借一还就是一个互动交流的过程，少儿、家长和教育工作者等服务对象获得了自己需要的图书和知识，公共图书馆掌握了服务对象的借阅习惯，从而有针对性地开展推广工作。

公共图书馆为少儿开展的许多活动互动性也很强的，例如故事会比赛、演讲比赛等，都是公共图书馆提供娱乐场地、组织比赛，而其中的主角是少儿，由他们认真准备、参加比赛。在这过程中，公共图书馆和少儿互相熟悉，既能达到比赛活动的目的，也为图书馆以后的阅读推广服务奠定基础、积累经验。

（四）全面性

图书馆的藏书众多、种类庞杂，涵盖多个门类和学科，能为少儿提供内容丰富、个性、全面的阅读资源，是少儿的阅读资源宝库。然而，大量的图书馆藏书并非都适合少儿阅读，许多深、难、偏的内容不易理解。那么，在众多书籍中如何找到适合不同年龄少儿阅读的优秀图书，成了少儿和家长迈向图书馆智慧大门的一大障碍。为了解决这一问题，图书馆帮助少儿搜集适合不同年龄的图书，寻找类型丰富、适合少儿独立阅读和亲子阅读的书籍，定期制作优秀书目推荐单，这也是少儿阅读推广的主要任务之。

少儿阅读推广服务的开展，使少儿能够轻松选择自己感兴趣并且适合自己阅读的书籍。这些推荐书籍针对少儿群体，不但具有知识性、趣味性，而且种类多样，涉及面广，能够打开少儿的视野，开发少儿智力。

（五）趣味性

公共图书馆开展少儿阅读推广服务最主要的也是最直接的目的就是吸引少儿的注意力，激发少儿的好奇心，提高少儿的阅读兴趣。为了迎合少儿的需求，吸引少儿，公共图书馆开展的阅读推广活动对于少儿来说，最大的特点就是趣味性。例如，宣传画册、亲子阅读、角色扮演、手工制作等少儿阅读推广形式，或是互动实践，或是画面鲜艳，都具有趣味性，符合少儿的心理特点，吸引少儿的注意力，从而激发少儿阅读的兴趣。

第五章　图书馆少儿阅读推广服务优化

第一节　图书馆少儿阅读推广现状分析

一、图书馆少儿阅读推广活动现状

虽然中国对少儿阅读推广开始时间比发达国家的晚，但是在最近的几十年里，在中国对少儿阅读推广的不断的重视下，中国开展了一系列的少儿阅读推广活动。比如：20 世纪 90 年代举行了"青少年爱国主义读书活动""中国青少年新世纪读书计划"；2007 年，中国的"中国儿童阅读日"终于成立，从此把少年儿童与图书紧密地联系在一起，为指引少儿阅读，提高少儿阅读能力，构建书香型社会更奠定了基础。2018 年施行的《中华人民共和国公共图书馆法》也明确指出，"中国公共图书馆要根据儿童特点配置专业人员，设置属于儿童的阅览区域，全面开展儿童的阅读指导和教育活动，并开展相关的课外活动，为学校提供有力的支持"。

本小节研究的公共图书馆少儿阅读推广活动，主要为中国的省级公共图书馆（不包括港澳台地区）面向儿童开展的阅读活动情况进行调研分析。本文的调查主要针对近 3 年来公共图书馆开展的少儿阅读活动展开的，从推广的主体、形式、对象来进行分析。

（一）少儿阅读推广的主体

阅读推广主体指的是具备主动传播文献信息资源、长期组织、策划或实施阅读引导活动的人、机构或组织。公共图书馆少儿阅读推广是一项社会系统工程，并非一人一己可以做成。公共图书馆加强延伸服务，充分发挥在少儿阅读推广中的作用，缺少不了与各种社会机构的通力合作。在对 36 个省级公共图书馆开展的少儿阅读活动中调查发现，大部分的公共图书馆开展的少儿阅读推广活动很少联合馆外进行合作，只有少数部分的公共图书馆的少数阅读活动有和馆外进行合作。比如：吉林省图书馆举办的"清凉书香消暑盛夏"系列活动，其中的绘本创作大赛、益智类游戏活动主要为省图主办和南京书童信息科技有限公司、东师美育儿童音乐舞蹈国际机构协办；贵州省图书馆的"布客绘本故事会——音乐会"由贵州师范学院承办；四川省图书馆开展的"芝麻开门"川图少儿智慧课堂与悠贝亲子图书馆合作；南京图书馆开展的"缤纷梦工厂"主题青少年活动合作方有南图团委与南京市少工委，而其"哪吒杯"儿童创意绘画大赛活动的宣传活动是与江苏财经广播电台合作录制宣传活动等。总的来说，公共图书馆开展少儿阅读活动与外界的合作还是很少的，推广主体主要为图书馆本身。

（二）少儿阅读推广活动的形式

近年来，中国公共图书馆对少儿阅读推广逐渐的重视，开展了多种多样的阅读活动，包括规模不一的亲子共读会、各种讲座、展览、读书竞赛、儿童书展、故事会等各种形式的阅读活动，吸引了很多小读者和家长的参与，也涌现了独具特色的少儿阅读活动。如公共图书馆每年都会围绕都会"4.23世界读书日"举办各种多姿多彩的少儿阅读推广活动，包括儿童作品展览、亲子共读会等形式展开，让孩子在活动中感受阅读的快乐，进而培养良好的阅读习惯。在少儿阅读推广的热潮下，公共图书馆都开展了丰富多彩的少儿阅读活动，有长期的也有短期的活动形式，主要的少儿阅读活动形式如下几种（部分情况表见表5-1）。

1.主题型

主题型活动形式主要是图书馆根据当地发展情况有针对性地对地区策划的阅读活动项目。如：南京图书馆开展的"古籍探秘"主题活动，让小朋友亲手体验古籍修复工作，增强儿童对书籍的保护意识；上海图书馆开展的"妙手延年－碑帖修复多媒体游戏体验活动"结合现代的游戏方式，趣味性地还原修复场景，带领观众模拟体验碑帖修复流程；内蒙古图书馆开展"书香润童年，快乐过六一"为主题的阅读体验活动，让儿童在节日里唱蒙语歌、诵蒙语诗、跳蒙古舞、猜谜语，耍嘎拉哈等，丰富儿童的阅读体验活动；首都少儿图书馆举办的适合 2～6 岁的"红红姐姐讲故事"等丰富多彩的少儿阅读推广活动。

2. 亲子互动型

亲子互动型的阅读活动在中国图书馆里也是最为常见的一种类型，很多图书馆都举办有亲子互动型活动。如：广州少儿图书馆举办的0-5岁的亲子活动、亲子剧场；深圳少儿图书馆举办的亲子共读；首都少儿图书馆开展的亲子悦读坊等亲子互动型活动。不仅可以吸引更多的小朋友成为活动粉丝，也架起了家长与优秀童书或者阅读活动之间的桥梁，从而进一步加深了亲子之间的关系，促进家庭和谐，从而使儿童健康快乐成长。

3. 家长经验学习型

家长经验学习型活动主要是为了帮助家长正确的教育孩子、引导孩子阅读。如：广西桂林图书馆举办的"让孩子拥有好口才"、"培养孩子的文学趣味"、"亲子沟而不通，妙招一学就懂"等都是为了引导家长如何引导孩子健康成长；山东省图书馆开展的"智慧父母课堂"系列活动；四川图书馆开展的"如何说孩子才会听"等家长学习型活动。此类活动通常是邀请儿童教育专家、心理咨询专家或者经验丰富的家长，通过讲座以及互动的形式进行交流，为育儿过程中遇到的问题给以帮助。通过分享亲子共读经验和科学育儿方法，让家长以正确的方式引导儿童健康成长，养成良好的阅读习惯。

4. 儿童集体参与型

儿童集体参与型活动是推广少儿阅读最主要的、最直接的活动类型。主要活动体现在：故事表演比赛、少儿画展、少儿剧场、知识型讲座、暑期读书活动、故事会、手工作坊等等儿童参与型活动。如广东省立中山图书馆每年面向中小学举办的"世界阅读日粤港创作比赛"，引导少儿通过深入阅读，并在参赛过程中提高儿童的表达能力、文学修养、艺术素养以及培养他们的动手及思考能力，以便提升孩子的阅读素养，以便培养成为终身阅读爱好者。

表 5-1 省级公共图书馆少儿阅读推广活动一览表（部分）

馆名	少儿阅读活动的形式	活动对象
辽宁省图书馆	玩具总动员、幼儿戏剧游戏、指间创意阅读、绘本阅读、艾玛爱丽玩艺术、辽图国学坊、指间创意阅读、DIY 手工作品展、小志愿者体验活动、讲座、奇妙的沙画、知识竞赛、阅读推理体验、图书馆奇妙夜	3 岁以上儿童、家长
广西桂林图书馆	英语小课堂、小主持人体验课程、故事会、快乐舞蹈、小小机械师、跟着绘本去旅行、创意拉链包缝制、科学点亮人生、育儿讲座、胎教、艺术气球制作、彩画、儿童围棋、尤克里里公开课、童画、青少年毛笔、硬笔书法、朗诵分享会、小小眼科医生、桂林童谣、童话	4 岁以上儿童、家长
广东省立中山图书馆	创作比赛、21 天阅读挑战书、小雏鹰文化志愿服务队培训招募、"赏电影读原著"、爱心义工实验田、少儿创客空间、少儿微电影创作营、传统文化阅读体验营、趣味知识 PK 赛、"探世界"系列活动之一、分享沙龙、展览、少儿创意阅读营、英文阅读会、周六故事会、少儿立体阅读剧场、"玩转图书馆"系列活动、电影人文工作坊、创作设计邀请赛、3 D 书借阅大尝鲜、麻麻共创营、讲座	3 岁以上儿童、家长
重庆市少年儿童图书馆	亲子阅读会、讲座、阅读享积分、寒假影片、读者联谊会、摄影艺术作品征集、竞赛、绘画作品征集、手工 DIY、绘本读物展阅、小义工招募、电子绘本创作、好书推荐、青少年编程活动	4 岁以上儿童、家长
广西壮族自治区图书馆	互动故事会、少儿英语、亲子手工课堂、象棋启蒙班、书海寻宝、硬币寻踪、电子书工坊、诵读活动、科普知识赛、亲子关系公益讲座、美术作品展	低幼儿童、中小学生、混合
江西省图书馆	手工制作、艺术赏析、故事会、立体悦读、剧场观看、绘本故事、科普讲堂、公益悦读、比赛、分析悦读、小图书馆员、影片赏析	少儿、家长
湖南省图书馆	创意课堂、经典阅读、英语 HIGH 翻天、科学系列活动、阅读成长系列活动、开心故事会、亲子阅读、科普课堂、展览、手工坊	3 岁以上儿童、家长

（三）少儿阅读推广活动的对象

儿童是一个特殊的群体，每一个年龄段的儿童的认知发展水平都不一样。皮亚杰的认知发展理论认为 0～2 岁的幼儿处于感知运动阶段，对儿童早期的阅读推广，更容易培养儿童的阅读兴趣。笔者从对省级公共图书馆开展少儿阅读推广调研中发现，大部分图书馆开展的少儿阅读推广活动主要是针对 3 岁以上的儿童，对 3 岁以下的幼儿开展的活动非常少。部分公共图书馆针对 0～3 岁的幼儿设置独立的少儿馆，比如，南京图书馆在一层进门右侧就针对 0～3 岁的幼儿设有"森林故事会""亲子阅读""童创童话"、"DIY 制作"和室外活动区等五个功能区，并配备母婴哺乳室和儿童卫生间，给婴幼儿提供特别的照顾。南京图书馆的环境布置富有童趣，主要根据低幼儿童的身心特点来设计，可爱的家具有趣的图书和玩具，主要是未来培养低幼儿童的阅读兴趣。

二、中国公共图书馆少儿阅读推广活动现存主要问题分析

（一）缺乏统一的少儿阅读推广规划

少儿阅读推广是一项长期的工作，各公共图书馆应该把少儿阅读推广纳入长期发展的规划中。如美国实施的"暑期阅读计划"主办方、协调者、合作者、参与者等之间密切联系，有计划、有目的地开展阅读活动。而中国公共图书馆少儿阅读推广缺乏统一的规划和指导，各公共图书馆各自开展阅读活动，缺乏组织，因此开展的活动效果不是很理想。而美国公共图书馆开展的暑期阅读计划，有美国图书馆协会提供指导，合作者提供项目资助，开展的活动效果很好，形成可持续的发展。中国公共图书馆开展的少儿阅读活动比较单一，大部分活动停留在表面热闹功夫上，各个关系链没有形成密切的联系，没有形成统一的有机整体。尽管中国的公共图书馆开展的少儿阅读推广活动形式多样，内容丰富，但是由于缺乏统一的少儿阅读推广规划，基本上是单个公共图书馆的创意式的活动，有些公共图书馆开展的活动还是即兴式的，因此无法保持活动的可持续发展，也就难以

全面的推动少儿阅读水平的提高。

（二）推广活动重形式轻内容

从调研的省级公共图书馆开展的少儿阅读活动来看，各地图书馆虽然都举办了形式多样的阅读推广活动，也逐渐形成了独具地方特色的品牌活动，如湖北省图书馆的"童之趣"少儿读书节、福建省的"品味端午快乐六一"的节日活动、广西桂林图书馆的"4.23 世界读书日"活动等节日型的读书节、时间持续时间比较短，对实现少儿阅读推广的目标还是有点难。总体来看，各省级的公共图书馆开展的少儿阅读推广活动形式都基本相同，多以讲故事、讲座、观看影视、创作比赛等为主，如江西省图书馆开展的"双有"教育公益影视展活动，主要是欣赏影视作品，然后进行互动交流；广东省立中山图书馆近 3 年都举办了"赏电影读原著"少儿阅读推荐活动，每年大概举办有 20 场左右，比如放映了《三毛从军记》《海底两万里》《小鹿斑比》等影片，影片题材丰富，具有一定的教育意义，深受儿童的欢迎。虽然部分公共图书馆也重视对少儿阅读活动的推广，除了讲座、讲故事、赏析的活动，还注重激发儿童的阅读兴趣，如创意手工课、绘画 DIY、戏剧游戏等活动，但还是有大部分的公共图书馆开展的少儿阅读活动忽略了儿童的主体地位，儿童很少有机会亲身参与体验活动，多数以被动地听为主。处于天生好动的儿童来说，被动类的活动难以长期儿童的兴趣，难以达到所要预期的效果。

（三）对少儿阅读推广活动不够重视

省级公共图书馆代表着省域范围内水平最高的公共图书馆，对公共文化体系的发展有着示范的作用。然而从对 36 个省级公共图书馆的官网进行调研少儿阅读推广的活动中发现，大概有 30% 的公共图书馆对儿童开展的阅读推广活动场次，每年不超过 100 场次，其中部分公共图书馆举办的场次低于 50 场次。这说明公共图书馆对少儿阅读的推广不够重视的体现之一。其次，部分公共图书馆开展的少儿阅读活动形式比较单一，比如只是开展了故事会、各种课堂、少数的比赛次数、简单的节日活动，很少开展针对儿童好动的个性的活动。再者，部分公共图书馆的官网上无法查询到关于开展少儿阅读推广活动的任何讯息，没有为儿童这个群体专门设置相关讯息的栏目。在这个讯息发达的社会，大多数人都习惯在网上搜索获取自己感兴趣的兴趣，可以实时的了解讯息，给人们带来很大的方便。因此，公共图书馆应该利用好网络手段进行宣传开展的推广活动，加大对少儿阅读推广活动的宣传，才能让更多的人重视少儿阅读。最后，公共图书馆对数字阅读资源的建设投入不足，大部分的网络阅读资源没有根据儿童各个年龄阶段进行分类，以供各个年龄段儿童的需求进行获取讯息。少儿阅读推广活动的主要任务是让儿童今早接触阅读，培养他们习惯阅读、爱上阅读，从阅读中感受到快乐，以至于达到少儿阅读推广的愿望，那么公共图书馆就要加大对少儿阅读的投入。

（四）少儿阅读推广主体较单一

少儿阅读推广主体主要包括学校、家长和图书馆。学校和图书馆代表政府的文化教育服务，而家长作为儿童的监护人，对儿童的阅读兴趣和阅读习惯有着重要的影响作用。从布朗芬布伦纳的生态系统理论，可以得知，儿童处于环境最里层，学校、家庭和图书馆是中间层对儿童的发展有着最直接的关系，这3个主体相互作用并影响着儿童的发展，因此在少儿阅读推广中，这3个主体应该联合在一起，相辅相成进行开展活动，而不是单独运行，切断之间的纽带。从生态系统的角度看，在环境系统中，各个元素是互相影响、相互作用的。学校、家长和图书馆的合作推广阅读活动，影响儿童的阅读效果就会更显著。从对省级公共图书馆的调研中，可以发现，大部分的公共图书馆开展的少儿阅读推广活动的推广主体主要为图书馆本身，少数是与社会组织机构进行联合开展的，可以看出中国公共图书馆少儿阅读推广主体比较单一，缺乏与学校、家庭等社会组织的密切联系，导致少儿阅读推广成效不理想，举行的活动不能可持续地发展下去。

（五）少儿阅读推广对象不全面

近年来，中国公共图书馆开展少儿阅读推广活动形式多样，涵盖故事会、亲子阅读、比赛活动等等，各地开展推广工作的如火如荼，但是这些活动主要是针对 3 岁以上的儿童及其家长，而针对婴幼儿和教育工作者的开展活动非常少，缺乏对婴幼儿和教育工作者阅读推广的重视和指导。从布朗芬布伦纳的生态系统理论可以得知，除了家长对儿童有着最直接的影响之外，次于家长的影响因素为教育工作者，儿童的阅读方式和方法大部分来自教育工作者的指导，所以公共图书馆对教育工作者的推广服务关系到少儿阅读推广的质量。而皮亚杰认知发展理论认为，0 ～ 2 岁的幼儿处于感知运动阶段，对婴幼儿的早期阅读，可以激发这个阶段的儿童的阅读兴趣。中国公共图书馆在开展少儿阅读推广缺乏针对婴幼儿的推广服务。公共图书馆开展的阅读推广活动大多数针对的是学龄儿童，很少针对婴幼儿的推广服务。美国就非常注重儿童早期阅读推广，比如有名的"出生即阅读"项目，影响非常大。相比较之下，中国公共图书馆对婴幼儿阅读推广就显得逊色很多。

（六）缺乏专门的评估体系

少儿阅读推广活动要讲实效，不能停留在排场、参与人数等表面指标上，有没有实效，只有参与者说了算。这就需要对参与者进行调研，了解参与者对阅读推广活动的实际感受，了解参与者需要什么样的阅读推广。在美国，非常注重对活动进行评估。美国各州的图书馆都会有各自的评估标准。如西雅图地区公共图书馆对婴幼儿以及学龄前儿童故事时间进行活动评估。美国图书馆注重对少儿阅读推广的项目进行评估，评估的内容包括：对受众对象的影响、受众的满意度情况、图书馆在执行时遇到的问题以及合作方的经济回报情况等进行调查研究。而中国图书馆在评估方面，虽然也有对读者的影响进行评估，但是评估数据有点粗糙，不够完善，而且缺乏专门的缜密的评估指标体系。虽然王素芳等人通过借鉴国外少儿阅读推广的评估实践经验，设计了一套针对中国国情的图书馆少儿阅读推广活动评估指标体系，但是还未进行实证研究，此体系还有待验证。

第二节　图书馆少儿阅读推广服务优化的基本策略与注意事项

一、图书馆少儿阅读推广服务优化基本策略

（一）顶层设计建设

1.制定儿童阅读战略规划

作为组织整体运行的根本指导思想，战略代表着对处于动态变化的内外部环境之中的组织现状及未来发展的总体表述；战略规划不仅阐明组织存在的理由，更重要的是为远景目标的实现提供可行的思路、方法与途径指导，从而在现实与愿景之间架起桥梁。因此，公共图书馆需要在开展儿童阅读推广之前，制定与儿童阅读相关的战略规划，其内容主要包括使命、愿景、目标、任务、计划等。

公共图书馆制定儿童阅读推广战略规划过程一般由决策层主导，其他各相关机构、个人等共同参与制定。制定儿童阅读战略规划，既要与国家、当地政府发布的关于儿童发展、教育、阅读的法律法规、方针政策、发展规划等保持战略方向的一致，又要符合公共图书馆所服务的当地儿童人口分布、发展趋势、教育现状、阅读现状、阅读需求等现实要求。在制定过程中，应注意充分调动儿童阅读服务和推广工作人员参与的积极性，规划制定出台后，要组织相关人员学习和理解规划目标和行动计划，以形成上下一致的行动理念。

2.建立国家级和地方级的少儿阅读推广机构

儿童阅读是全民阅读的重要组成部分，儿童阅读水平影响着国家未来的文化竞争力和文化的传承。一般儿童图书馆所举办的儿童阅读活动种

类不少，不管是例行的还是非例行的活动，都为儿童提供了不少参与的机会，但是由于地域上或资源上的差异，各级公共图书馆表现的也大相径庭。另外，尽管公共图书馆举行了许多相关的活动，但其理念与目的未必能够符合初衷，未必能促使儿童养成良好的阅读习惯。因此，中国图书馆学会可以在制定了少儿阅读推广法之后，根据指导方针建立国家级和地方级的少儿阅读推广机构。少儿阅读推广机构的设立旨在对公共图书馆推广少儿阅读推广活动进行调查，以活动类型、活动规划、活动执行力度、公共图书馆内部和外部的资源配合以及活动评估等方面，来推动少儿阅读推广。该机构为了推进儿童阅读，制定国家级的少儿阅读推广政策，以保障少儿阅读推广长期稳定的进行。该机构可以号召民间的儿童推广机构、专业少儿阅读推广人等团体加入，与社会一切资源合作，尽最大的力度推动儿童阅读。设计符合中国的中长期的少儿阅读推广活动，同时制定对应的评估体系，对开展少儿阅读推广前后的工作进行调研，引领和指导公共图书馆开展少儿阅读推广活动，不断优化少儿阅读推广活动计划，以便创建属于中国的少儿阅读推广品牌。

3. 加强公共图书馆内部合作

通过网站调查发现，在同一地区，凡是有独立建制的少年儿童图书馆，则该地区的综合性公共图书馆为儿童提供服务以及开展儿童阅读推广的力度就相对较小，甚至不为未成年人提供服务。综合性公共图书馆将儿童阅读推广的责任向当地少年儿童图书馆倾斜，是不符合公共图书馆基本理念以及儿童图书馆接待压力太大这种现状的。公共图书馆与外部系统机构的合作，多以阶段性活动为主，长期、固定的合作关系不多，不能根本解决图书馆缺资金、缺资源、缺人力的问题，而公共图书馆内部如果加强合作，特别是综合性公共图书馆与专门的少年儿童图书馆加强合作，则可以形成合力，为本地区的儿童阅读推广发挥更大的推动作用。本研究认为，综合性公共图书馆与专门的少年儿童图书馆可以从以下几个方面开展合作：

一是共同开展本地区儿童阅读状况的全面调研，共享调研数据，为下一步开展儿童阅读推广工作提供依据；

二是共同制定本地区儿童阅读发展规划，制定长期目标和分阶段实施任务，在资源建设、服务对象等方面确定分工和合作；

三是资源共享，证卡互通。综合性公共图书馆的馆藏可以以低幼儿童、中学高年级儿童以及成年人阅读需求为主，一方面可以方便家长带孩子来看书的同时也能找到充足的适合大人阅读的书，另一方面中学高年级儿童的阅读逐渐向成年人过渡，因此可将该年龄段的儿童阅读阵地主要放在综合性公共图书馆；专门的儿童图书馆资源建设主要面向可以独立来馆的青少年儿童，其他年龄段儿童为辅。这样做，综合性公共图书馆与儿童图书馆的资源形成互补，且通过证卡互通形成资源共享，可以在双方都降低经费的情况下提高为读者服务的能力。

4.设立儿童阅读推广部门

设立专门的儿童阅读推广部门，可以保障图书馆有专门的团队致力于儿童阅读推广各方面的工作，服务的人力物力更集中、更专业，不受图书馆其他工作的干扰，可以更好地开展儿童阅读推广活动。由于中国公共图书馆的部门职能划分还没有达到精细化，设立独立的儿童阅读推广部门的条件还不成熟，儿童阅读推广工作主要由图书馆的儿童服务部门承担，或者由专门的活动部、阅读推广部负责。将来条件成熟后，公共图书馆可将儿童阅读推广工作剥离出来，并成立专门的儿童阅读推广部门负责儿童阅读推广。

（二）制定儿童阅读推广年度计划

儿童阅读推广年度计划是实现儿童阅读战略规划的必需途径。战略规划主要着眼于儿童阅读促进的中长期目标、总任务和保障措施，是公共图书馆儿童阅读推广工作的纲领性文件；而年度计划则着眼于儿童阅读促进的短期和近期目标、具体任务和措施，是公共图书馆儿童阅读推广工作的指导性文件。在制定儿童阅读推广年度计划时，公共图书馆要从六个层面来把握核心内容：

第一个层面是本馆的儿童阅读推广战略规划，这是大方向，不能偏离；

第二个层面是全国性的年度儿童阅读推广计划，公共图书馆应将本馆计划与全国性计划联动起来，可以取得更好的宣传效果，获得更多的外部支持；

第三个层面是当地政府、教育主管机构、文化机构、学校/幼儿园、社区等外部机构的文化、教育、阅读、公益活动等方案；

第四个层面是国内外其他图书馆开展的儿童阅读推广活动情况或方案，可适当借鉴；

第五个层面是当地儿童阅读现状和需求调研结果；

第六个层面是公共图书馆现有人力、物力、财力等条件允许下可能实现的计划。

公共图书馆年度计划一般由儿童阅读推广部门（或儿童服务部门、活动部门、阅读推广部门）负责制定，并经图书馆决策层讨论通过后生效。年度计划可详可简，如果制定了详细的年度计划，则应该包含每项任务的具体实施方案，包括时间、负责人、人员分工、经费预算、经费来源、面向对象、活动主题、活动内容、渠道、合作主体、宣传途径、各类保障等。如果年度计划比较简略，还应该在每项具体任务开展之前制定相应的实施方案。

年度计划确定后，公共图书馆应按计划进度做好相关准备，并对外界做好宣传，确保达到好的效果。国外图书馆会将当年的阅读推广活动日历在网站上专栏公布，便于儿童和家长提前了解图书馆当年的活动安排，并提前安排个人时间，避免错过感兴趣的活动，另一方面，这也是图书馆接受社会监督的一种方式。通过前述网站调研发现，国内图书馆几乎没有一家一次性公布全年活动计划的，多数图书馆在某项具体活动开始前一两周公布，少数图书馆以月度活动计划形式公布，且此类信息一般在图书馆的通知公告栏，很容易被其他新的信息淹没，不方便查看。因此，中国公共图书馆在活动计划发布方面有待改进。

（三）推广主体的多元化

公共图书馆在开展儿童阅读推广过程中与很多主体形成良好的合作关系，能够在一定程度上缓解经费不足问题、人手不足问题、推广渠道问题、资源不足问题以及宣传问题等，使得儿童阅读推广可以覆盖更广的范围、开展更持续性更专业的活动。目前，中国公共图书馆与外部机构合作的主体可分为以下几类：

1. 政府部门

近年来，随着国家对全民阅读的重视，各地方政府部门也加大了当地的阅读推广力度，纷纷开展包括儿童阅读在内的阅读推广活动，如：北京市委宣传部、北京市新闻出版局联合举办了首届背景阅读季青少年快乐阅读系列活动，沈阳市文化广电新闻出版局、教育局主办的沈阳市百万少年儿童阅读节活动等。政府主导的活动，往往调集了辖区多个部门的力量，覆盖面广，号召力强，因此公共图书馆要以此为契机，将本馆的儿童阅读推广活动主动融入地方政府部门主导的儿童活动中，如江都区图书馆近年来一直积极宣传、组织和指导儿童读者参与江苏省及地方政府开展"红读"征文、演讲比赛等。另一方面，公共图书馆要主动创造机会与政府部门共同开展儿童阅读推广活动，例如中山市中山图书馆为强化青少年儿童的图书馆意识，让更多青少年更好地了解图书馆、走进图书馆并利用图书馆，主动策划项目并取得中山市教育局的支持，共同举办了面向中小学儿童的"图书馆意识教育"宣讲活动，其普及面之广、受众面之多，远非一馆之力所能达到。

2. 学校/幼儿园

中小学校和幼儿园是儿童在3岁之后至18岁期间主要的活动场所，而且，阅读不仅是学习的一部分，阅读更是促进学习的重要手段。因此，公共图书馆应该积极主动与中小学和幼儿园开展阅读推广合作，通过学校和幼儿园，将阅读引进课堂，让阅读走近儿童。公共图书馆与学校和幼儿园的合作主要包括以下几个方面：一是资源上的合作。公共图书馆要将适合儿童的阅读资源推送到学校和幼儿园，比如在每个课室设立图书角，或在学校和幼儿园设立专门的阅览室，有条件的也可以将图书馆的数字资源通过与学校和幼儿园联网，方便儿童可以远程阅读，如河北省图书馆在赞皇县第二中学设立了服务点，定期为该校学生送书、换书；二是活动上的合作。公共图书馆可以参与到学校和幼儿园举办的活动中，将活动地点放在图书馆，鼓励学校和幼儿园带儿童到图书馆参观、开展活动，培养儿童的图书馆习惯；还可以与学校和幼儿园合作举办故事会活动、绘本剧表演活动等，如绍兴市图书馆在读书节期间到学校开展的主题班会活动、安徽省图书馆到与小学合作开展校园读书节、河南省图书馆为小学语文阅读课开辟阅读中心等；三是人员上的合作。公共图书馆可以邀请学校和幼儿园的具备阅读、儿童心理、亲子教育等方面专业知识的老师为图书馆其他读者举办讲座，也可以为学校和幼儿园的老师提供阅读教学知识的培训机会等。同时，学校和幼儿园也要积极配合图书馆，在儿童阅读时间、阅读空间、阅读课程、阅读指导等方面给予充分的支持。

3. 社区机构

公共图书馆与社区机构合作，对双方来说是双赢的好事。对于社区机构而言，可以为社区内居民提供更丰富的文化生活，营造社区的书香氛围，有利于构建和谐社区；对于公共图书馆而言，可以通过社区及时将图书馆的服务、活动信息及时传达到各个家庭和儿童，也可以通过社区提供的场地开展活动，如浙江省图书馆主动深入社区为儿童举办了"科普讲座"。公共图书馆可以在社区设立分馆，配备必要的阅读设施和儿童图书资源，并定期在分馆举办儿童阅读推广活动，真正活跃社区的阅读氛围，发挥社区分馆的作用。

4. 企业合作

在国内，具有社会责任感、热心公益事业的企业越来越多，图书馆应积极寻求与企业合作，共同推动儿童阅读。吕梅认为，与企业合作开展青少年阅读推广，应首先考虑重视文化建设的企业，其次考虑热心公益慈善事业的企业，再次关注青少年成长的企业，再其次专门生产与少儿日常生活学习等息息相关产品的企业，并根据相关企业目标，策划出能增进企业文化建设，扩大企业社会影响力等活动方案来，以促成合作的成功，最后寻求回报企业的途径。公共图书馆与企业合作的途径主要有如下几种：一是合作开展活动，由企业出资、图书馆负责活动策划和举办，如东莞松山湖图书馆通过与园区中科教育电子公司合作，由企业赞助并冠名的"儿童故事大王"比赛活动。二是合作设立分馆，由图书馆提供文献资源，企业提供场地和管理人员，通过这种合作延伸公共图书馆的服务，如衢州市图书馆在巨桑集团开设分馆，分成人和少儿借阅区，园区内企业员工可以方便地与孩子进行共读。在合作方式为第一种时，公共图书馆要寻找与企业合作的契合点，促成共赢，争取与企业达成长期合作关系；合作方式为第二种时，要加强对企业分馆的业务指导和资源的及时更新，并积极开展阅读推广活动。

5. 媒体

公共图书馆与媒体合作，主要有三种方式：一是借助媒体的力量扩大宣传效果，如中山市图书馆的品牌活动"香山论坛"，与《中山日报》、《中山商报》、中山市广播电台、中山文化信息网等各类媒体密切合作，构建了全方位的宣传体系，在活动前的宣传、活动中的报道、活动后的跟踪各环节均有媒体造势，在社会上产生了强烈反响。二是借助媒体的号召力共同开展公益活动，如淄博市图书馆与淄博晚报联合举办了"手牵手为山区娃捐建爱心书屋"的活动，受到了市民们的积极响应；三是以媒体为渠道，开辟公共图书馆儿童阅读推广专栏节目，如江都图书馆每年都在《江都广播电视报》的"少儿图书推荐"版块提供54期图书信息，以及安徽省图书馆与安徽人民广播电台合作举办的"小书迷——阅读起跑线"栏目，均有效地促进了儿童阅读。

6. 书店

推广儿童阅读活动，不但要靠图书馆、学校进行宣传，书店也是一个地区重要的宣传点。新华书店北方图书城有限公司总经理刘青松认为，书店在阅读推广方面责无旁贷，同时也起着至关重要的作用。实体书店在阅读推广中发挥着文化推荐者、活动组织者、体验服务者、社交促成者的多重作用。北京外研书店副总经理付帅对记者说："书店作为书与读者直接相遇的场所，在推广阅读中有着天然且不可替代的作用"。对于实体书店来说，举行少儿阅读推广活动，不但能够唤醒并激发读者的阅读兴趣和热情，也是书店他们的生存之道和发展之本。而对于人们来说，在一个城市除了去图书馆获取书籍之外，接触最多了也就是这个城市的书店了。因此，公共图书馆应该加强联动书店，不仅充分发挥了书店的导读与导购功能，也发挥了图书馆的职能，进而促进少儿阅读推广，实现少儿阅读推广的目标。

（四）推广渠道的多元化

1. 物理渠道

一项就地理位置对读者文献使用的影响的调查结果表明，一个情报源越易接近，被利用的可能性就越大。中国公共图书馆开展阅读推广的渠道主要有：图书馆、社区、中小学、幼儿园、青少年活动中心和农家书屋。其中，在图书馆开展阅读推广是最主要的渠道，其次是在中小学开展阅读推广，而在儿童生活和学习的主要场所——家庭、社区和幼儿园开展阅读推广活动比较低。

儿童及家长很少去图书馆的原因中"图书馆离家远，不方便"是最重要的因素，并且0～6岁儿童家长对图书馆开展儿童阅读推广的地点倾向性最大的是在幼儿园，其次是小区、农家书屋等离家近的场所。因此，公共图书馆在开展儿童阅读推广的渠道选择上，一方面要保证到馆读者的需求，另一方面要兼顾不便到馆的读者需求，加大在幼儿园以及社区、农家书屋开展阅读推广的频次。公共图书馆可以在儿童生活区、学习区、活动区开设分馆，安放图书 ATM 机或自助图书馆，减少儿童读者获取阅读资源的时间成本、精力成本以及等待成本等。

2. 虚拟渠道

（1）网络渠道

网络和新媒体的发展，为公共图书馆提供了可以不受时空制约的虚拟渠道。很多公共图书馆通过网站提供了形式多样的儿童资源，使得儿童可以不到馆也可接受图书馆的服务。网站内容的丰富性，影响着儿童能够享受到服务的程度。在已有网站的公共图书馆中，网站的建设水平和资源容量参差不齐。做得比较好的公共图书馆，如东莞图书馆的少儿馆网站，提供的网上资源有"漫画书库""儿童绘本数据库""卡通动画馆""少儿科普馆""儿童故事语音馆""少儿经典音乐""在线英语馆"等，内容丰富，形式多样，数据量大。而其他某些馆，网站打不开、内容陈旧、资源稀少等，影响了公共图书馆通过网站进行推广的效果，公共图书馆应加强网站建设、管理和维护。

（2）广播

广播是一种传统的传播工具，特别是在一些农村偏远山区，孩子们既没有足够的图书资源，又没有电视和网络，广播则可以发挥极大的阅读推广作用。有不少公共图书馆通过合作，发挥广播在阅读推广中的作用。如：江苏兴化图书馆，自 2004 年起与兴化市委宣传部及兴化广播电台联合举办"空中图书馆"，开设了"读书时间"栏目，向读者（听众）推荐新书和名家名作，播放读者的读书心得和感悟，介绍图书馆的情况及办证、借阅办理办法。这一栏目吸引了很多学生听众，他们踊跃投稿，为电台提供了充足的稿源；同时，读者到馆率和资源利用率也明显提高。

（3）电视

随着电视的普及，观看电视节目已经成为千家万户生活休闲和获取资讯的又一方式。目前，电视已经成为传播知识、分享阅读的重要媒介之一。中国公共图书馆应积极尝试通过电视开展儿童阅读推广，如：绍兴图书馆与相关单位联合建设的"绍兴电视图书馆"，通过在绍兴市数字电视平台，向广大读者推介服务项目、发布各类活动信息、提供各类学习视频，以及电视图书、电视杂志等。其中，为儿童提供的电视服务有少儿国学、英语、法律、科普知识学习以及从小学到高中的课程辅导服务等。

3. 移动渠道

移动渠道是近年来公共图书馆拓展服务半径、实施主动服务的又一方式。如辽宁省图书馆的"图书流动车"、浙江图书馆的、"流动图书馆"、福建图书馆的"流动汽车图书馆"、苏州图书馆的"流动图书大篷车"等，都属于儿童阅读推广中的移动渠道。这种渠道要求公共图书馆要定期、定点深入儿童生活区、学习区、活动区，强调持续性，形式要尽量多样化，不仅仅是提供现场借还书、阅读服务，还要开展相关的阅读指导活动、读书会活动等，提高儿童参与的积极性，努力让远离公共图书馆的儿童可以享受与在馆读者同样优质的服务。移动图书馆对于馆舍面积紧张、馆内接待能力不强的公共图书馆来说，显得尤为重要。

（五）过程策略的选择

根据营销阶段相关理论，公共图书馆的儿童阅读推广可分为四个阶段，即：服务导入期、树立形象期、强化形象期、塑造品牌期。各阶段的儿童阅读推广策略如下：

1.服务导入期

服务导入期是公共图书馆开展儿童阅读推广的最初始阶段，面向的是公共图书馆的潜在读者。在这一阶段，公共图书馆在儿童群体中的知晓度较低，儿童对公共图书馆缺乏了解和信任，并且受原有阅读或生活习惯的影响，导致参与图书馆活动的积极性不高。调研发现，多数儿童及家长很少来图书馆的原因中，"不了解图书馆"占很高比重，在是否参加图书馆阅读推广活动中，很多受访者选择了"不知道图书馆是否开展阅读推广活动"。公共图书馆开展儿童阅读推广，必须要有儿童的参与，而要使儿童积极参与，就必须首先让儿童及家长知道图书馆、记住图书馆并进而产生走进图书馆的愿望。

在服务导入期，要通过"拓展渠道"达到"广而告之"的目的。公共图书馆要在"阵地宣传"基础上，延伸到图书馆之外的任何儿童比较集中的场所开展活动，如深入学校和幼儿园、到社区、青少年活动中心、商场等地开展活动。"广而告之"，就是要广泛宣传，与各类媒体合作，进行事前事后的全方位宣传，有家长建议公共图书馆应该借鉴儿童用品及早教产品公司那种几乎"无孔不入"的营销方式。另外，要注意"节日模式"活动模式与"日常活动"模式的结合，大型节日活动可以在短时间内让儿童知道图书馆，如各地开展的"读书节"、"夏令营"、"图书周"等活动；在节日活动结束后，还要定期开展"日常活动"，加强儿童对图书馆的记忆和印象。

服务导入期，并不限于公共图书馆儿童阅读服务项目的宣传。近年来很多图书馆为了吸引儿童人气，开展了许多看起来"与阅读无关"的活动，如"雨伞彩绘义卖""才艺展示""亲子趣味运动"等。其实不然，公共图书馆已经将关注儿童、重视儿童成长的理念很好地传达给了家长和儿童。

2. 树立形象期

当服务导入成功将潜在儿童读者发展为图书馆新读者后，图书进入了面向读者"树立形象期"阶段。图书馆对儿童读者能不能产生吸引力，第一印象很重要，即"资源是否丰富，环境是否优美"，如果一个图书馆没有可以满足儿童的阅读资源、没有舒适的阅读环境，那么很难改变当下很多儿童在家阅读、在书店购书的既有模式。

（1）准确把握资源采购方向

第一，了解儿童及家长的兴趣。据调查，中小学生将自己的兴趣作为选书的首要依据，0～6岁儿童的家长会"根据自己的判断选择适合孩子的书"，因此了解儿童和家长们的想法很重要。工作人员要多做有心人，注意观察儿童和家长的偏好，主动与儿童及家长沟通，或定期进行问卷调查获得更明确的信息。调查中有家长对参与图书馆的儿童图书采购活动很感兴趣，目前也已经有公共图书馆组织儿童、家长到书店或书展共同选书，无疑是一种很值得推广的做法。

第二，善用"中间人"资源。中小学生将"学校老师推荐的图书"作为个人兴趣因素之外的首要参考依据，0～6岁儿童的家长也以"幼儿园老师推荐的图书"作为个人经验因素之外的首要参考依据。因此公共图书馆应跟学校和幼儿园老师保持密切联系和沟通，共同探讨适合青少年儿童阅读的各类资源，并以此为参考依据开展文献资源的建设工作。

　　第三，实行资源分类建设。据调查，对于数字资源和网上资源，0～6岁儿童的家长并不青睐，他们更希望孩子阅读纸质载体图书，因此在0～6岁儿童的阅读资源建设方面，应大力加强实体书刊建设。而7–18岁的中小学生虽然在阅读载体上优先选择纸质图书，但是在部分很少来图书馆的儿童中，有20%左右的儿童表示"可以在家上网看电子书"，因此，对于青少年儿童阅读资源建设，可采取纸质与数字资源并举的策略。

　　第四，实行资源分级建设。2009年，"广东南方分级阅读研究中心"颁布了中国首个少年儿童阅读分级标准《儿童青少年分级阅读内容选择标准》，其中对中小学生阅读课外图书按年级分成4个阶段：1～2年级、3～4年级、5～6年级，7～9年级，公共图书馆可以在图书采购时参考该标准。另外，对于学龄前儿童，该标准没有提供分级阅读内容标准，公共图书馆也可以参考目前国内知名的、广受认可的儿童阅读推广民间机构和公益组织的推荐书目，如"红泥巴俱乐部"、"亲近母语"论坛、"小书房——公益儿童阅读指导书单"等。

　　（2）打造适合儿童阅读的环境

　　第一，物理环境要干净舒适、温馨便利。优美的图书馆环境可以激发儿童阅读兴趣、增强儿童阅读效果。早在1922年，刘国钧就对儿童阅读环境的建设提出了至今依然具有重要指导意义的几点原则，如"椅子和桌子总要矮小轻便，合于儿童卫生。书架也要矮，便于儿童取书。空气要新鲜，光线要充足，点缀要优美"，"天花板宜用白色，墙壁用淡黄色，这样不易使日光反射；书架上悬挂些精美的卡片，桌上可放置鲜花"等"，充分体现了儿童阅读环境应以舒适、卫生、温馨的原则。南方分级阅读中心通过在室内营造蓝天白云、鸟语花香、绿树成荫的森林环境，打造"悦读森林"体验馆，这样的做法值得有条件的公共图书馆借鉴尝试。另外，儿童阅览环境还应注意合理分区，对于新到图书馆的低龄儿童来讲，陌生的环境会引起他们的焦虑不安，因此应在低幼区设置"亲子阅读区"，鼓励家长陪伴孩子一起阅读，帮助儿童尽快适应环境。

　　第二，人文环境要热情友好、专业高效。儿童经常去图书馆的原因中，排在第三位的就是因为"图书馆老师态度好"，图书馆员作为儿童阅读推广的实际推动者，对儿童的图书馆阅读体验和个人发展都起着重要的影响作用。杜定友指出，儿童图书馆人员对待儿童要有同情心，"像父母对待子女一样，使儿童不知不觉中受他的感化，养成良好的习惯"；除了要具有图书馆专业知识外，最好接受过师范教育的正规训练，如儿童心理学、教育学，这样才能顺应儿童心理，吸引儿童并用合适的方法指导儿童阅读。

除此之外，公共图书馆要对新读者加以特别的引导，减少儿童使用图书馆过程中的迷茫，避免儿童因不会使用图书馆而产生自卑心理。一方面，可以制作图案活泼、内容简明、指引清晰的图书馆使用指南，在儿童办证时随卡发放；另一方面，可以定期举办诸如"新手上路"类的专题活动，专门为新入馆的儿童读者组织参观图书馆、示范设备设施使用、讲解如何快速找到喜欢的书等，让他们尽快适应图书馆并形成"图书馆小主人"的感受。

3. 强化形象期

当儿童初步了解和适应公共图书馆的环境和资源后，开始进入阅读和参与活动阶段。在此期间，公共图书馆的重心要从环境营造和资源提供转向提升阅读过程服务以及阅读推广的推陈出新方面。只有这样，图书馆才能对儿童产生持久的吸引力和新鲜感，才能使儿童成为"活跃读者"。

（1）提供个性化服务

个性化服务，体现的是"以人为本"的理念，这是所有服务行业崇尚的理念。公共图书馆在儿童服务中，也应注重儿童个性化发展的需求。

第一，打造家庭书架。国外学者 Bamkin 的研究构建了儿童阅读技能影响因素模型，包括家庭环境、教育环境（幼儿园或学校）、图书馆服务及阅读促进体系，其中对儿童阅读技能影响最大的是家庭环境"。因此，公共图书馆的个性化服务，可以从打造儿童个性化的家庭阅读环境着手。调查中有儿童家长表示，希望图书馆能定期赠送儿童阅读礼包、提供送书上门服务，对于不方便到图书馆的儿童来讲，良好的家庭阅读环境非常重要。公共图书馆可以联合儿童家具生产销售企业，为家庭提供儿童书架；由图书馆根据儿童年龄、生理心理发展特征及阅读兴趣，参照分级阅读理念，帮助家庭建设藏书体系，并在不同的家庭间定期更换图书；同时，对于在家阅读的儿童，图书馆要定期上门进行阅读指导，特别是低幼儿童家长，图书馆要专门对其进行亲子阅读技能的培训，确保家庭书架能真正发挥激发儿童兴趣、培养儿童阅读习惯的功能。这种为家庭"量身定做"的服务，对于馆舍面积不足、工作人员人手不足、馆内接待饱和的公共图书馆而言，尤为适合。

第二，提供家庭作业辅导。对于学龄儿童，除了给予阅读指导，公共图书馆还可以提供"家庭作业辅导"服务。

目前，图书馆提供家庭作业辅导的服务还很少，只有极少数图书馆在尝试开展这样的服务，如江苏常州的武进图书馆，与常州大学社会工作者协会的志愿者合作，由图书馆提供场地，志愿者到图书馆，每周半天，为小学四至六级的孩子提供语数英的课外辅导。这种服务不失为中国公共图书馆拓展服务内容、为儿童提供个性化服务的有益探索。但是，这种方式覆盖面较窄，而且间隔周期长，不能及时解决儿童课业上的难题。今后，有条件的公共图书馆，也应通过网络，开辟家庭作业辅导专栏，充分发挥在校大学生、教师志愿者的作用，面向更广的儿童群体、提供更为及时的作业辅导服务。对于农村儿童，一方面公共图书馆可以组织志愿者定期（间隔周期尽量缩短）到社区或村委会进行定点辅导，也可以在村委会、农家书屋开通网络，供有需要的儿童获得即时的帮助。总之，家庭作业辅导服务对工作繁忙没有时间为孩子做家庭作业辅导或者文化程度不高以及请不起家教的家庭来说，无疑是雪中送炭。

（3）打造儿童和家长的交流平台

第一，构建青少年"朋友圈"。有学者研究发现，能使青少年保持长久阅读兴趣的影响因素中，虽然父母和学校起了不可或缺的作用，但是影响力最大的却是与儿童们有着共同兴趣爱好的同龄人。因此，公共图书馆的阅读推广不仅仅是提供静态的图书，也不仅仅是面向同一年龄段的儿童开展同样的活动，还应该为具有共同兴趣的儿童们"牵线搭桥"，为他们提供交流和互相学习的平台。图书馆在登记读者证信息时最好设置"兴趣"栏，由儿童自愿提供，并在后续服务中根据儿童的借书记录、参与活动情况等构建读者库，为具有同类兴趣的儿童读者组建一个线上线下的"朋友圈"，为他们提供读书心得交流、作品情节讨论、好书推荐以及其他共同兴趣类的活动，图书馆人员要做好组织、引导、保障工作，并在活动中适时插入阅读技巧指导，推荐同类优秀书籍。

第二，构建儿童家长的"交流平台"。有儿童家长建议，图书馆应该提供家长分享经验的平台，有超过60%的家长们对"与其他家长分享儿童阅读培养经验的活动"比较感兴趣。对于上网方便、熟悉计算机操作的儿童家长群体，图书馆可以创建网上交流平台，如建立儿童家长的QQ群、微信群。东莞图书馆建立的"儿童天地活动交流群"，现已有550多位儿童家长加入其中。该群均为儿童家长及儿童服务及推广工作人员，群内成员非常活跃，家长们每天空闲时都会在群里讨论儿童读某本书时的反应、亲子阅读的经验、近期阅读的图书推荐以及其他各方面与儿童培养、教育甚至生活相关的话题。这种方式不仅使得公共图书馆可以更方便地了解家长们的需求，也为原本互不相识的儿童家长们之间架起了沟通的桥梁，特别是一些在国外生活多年的、教育背景和知识相对较高的家长，为儿童阅读发挥了积极的推动作用，他们将先进的亲子阅读理念、儿童阅读习惯培养经验等传播给广大儿童家长，是图书馆工作团队的重要辅助力量。对于不方便上网和擅长计算机打字的儿童家长之间的沟通和经验分享，公共图书馆则要以现实空间的交流活动为主，比如苏州图书馆的"家长沙龙"，除了邀请专家为家长们"解惑"，也鼓励更多的家庭分享成功的亲子阅读经验和科学的育儿方法。

（4）推陈出新

儿童读者的需求不是一成不变的，公共图书馆的服务也应随着儿童需求的变化而变化。如果图书馆的活动和服务常年保持不变，会影响带孩子访问图书馆的积极性。因此，公共图书馆在保证基本服务的前提下，要不断在资源、在服务、在活动上推陈出新。从中国公共图书馆的网站中可以发现，到目前为止，各图书馆开展的儿童阅读推广活动形式已累计约 30 种，而这些活动不是一次性出现的，而是逐年增加的，比如：征文比赛、演讲比赛、科普教育是多年以前的传统项目，前几年又兴起了小志愿者招募、讲故事比赛、文明礼仪培训等，而近年来"绘本剧表演""知识银行""真人图书馆"又在各公共图书馆逐渐展开。这些新活动的不断出现，都是公共图书馆推陈出新、提升服务的典型措施。

4. 塑造品牌期

目前，从整体来看，公共图书馆的儿童阅读推广中各个形式的活动创新性要素不明显，未能产生让人将某一活动与某一图书馆联系起来的"品牌效应"。公共图书馆应将效果好、形式新颖的儿童阅读推广活动加以提升，塑造成"品牌"。一方面，"品牌活动"是日常已开展的活动，但"塑造品牌"期的公共图书馆的做法又与其他开展同类活动的图书馆的做法有显著的差异；

另一方面，"品牌活动"又需要包装，以标准化的、鲜明的形象向外界展示，强化儿童的记忆。如，品牌活动要有"品牌名称"，要容易记忆；要有标志，能让人很清楚地了解活动的目的，并产生参与的欲望；品牌活动需要有响亮的"标语"，标语要有特色，显示出品牌活动之于其他馆开展同类活动的差异；"品牌活动"还可以有代言人，例如选择儿童喜爱的动画人物担任代言人，会大大增强活动的品牌形象。

对于公共图书馆来说，塑造品牌形象非常重要，一方面可以吸引儿童读者；另一方面，可以吸引社会资金，可以获得更多志愿者的加入，资金和人手的问题得到有效解决，图书馆也就能持续性地良性发展了。其次，公共图书馆成功塑造品牌之后，可以强化读者的认同感，形成更多的忠实读者，忠实读者会主动向周围的朋友、熟人宣传图书馆，通过这种"口碑"效应进一步拓展了图书馆宣传的范围。

（六）选择适宜的推广形式

2010 年 12 月，文化部（现为文化和旅游部）下发了《关于进一步加强少年儿童图书馆建设工作的意见》，对公共图书馆开展未成年人阅读指导与服务工作提出明确要求："要区分不同年龄段未成年人的特点，创新服务理念，引入新媒体等现代信息技术，积极开展图书推介、讲座、展览等活动，精心设计和组织内容鲜活、形式新颖、吸引力强的读书活动，吸引未成年人走进图书馆、利用图书馆。"目前，很多图书馆已有意识地针对不同年龄段的儿童开展不同类型的活动。相关推广形式可大致分为如下几类：

1. 游戏推广式

游戏对儿童的教育意义已毋庸置疑，可以培养儿童的感觉、知觉、观察力、想象力、判断力等对儿童发展至关重要的能力。游戏是中国公共图书馆开展儿童阅读推广比较普遍的、受欢迎的形式，如：上海闵行区虹桥镇图书馆组织的"观察游戏：哪个多，哪个少"、广州图书馆的"猜猜是什么"、石家庄市图书馆的模型拼装等游戏活动。有学者将不同年龄阶段的儿童游戏的特征进行了划分：0～3 岁为儿童幼稚期，该时期儿童游戏完全属于感觉与动作方面的，儿童喜欢对物体进行触、看、尝、嗅，喜欢做简单的模仿和表演动作。4～7 岁为儿童初期，该时期游戏逐渐变化，想象力开始活跃，喜欢模仿。逐渐喜欢同伴，但与同伴既不合作，也不竞争，主要兴趣在于活动本身，不为达到某种或远或近的目的。8～12 岁为儿童末期，越来越活跃的想象力不再停留在模仿的层面，而是开始一定的创造性，并且参加游戏活动有了明确的目的。游戏由运动占主要作用的形式逐渐发展为技能占主要作用的形式。为了有比赛和竞争的对象，儿童对同伴的需求性更强，且以个人比赛为主，团体比赛为辅。

公共图书馆通过游戏形式开展儿童阅读推广时，如果按照儿童不同年龄阶段的特点举办不同性质的游戏，既可以吸引儿童的兴趣，也可以达到训练儿童、培养儿童相关能力的效果。例如，游戏形式虽然可以适用于 0～18 岁少年儿童，但是 0～3 岁儿童适宜参加以实物、玩具为道具的游戏活动，4～7 岁的儿童适宜参加模仿故事中的角色进行的游戏活动，8～12

岁儿童适宜个人独立参加或团体组合的竞赛性游戏。

2. 故事推广式

故事已成为中国公共图书馆开展儿童阅读推广活动的另一种主要形式，面向对象主要为 3 ～ 10 岁儿童，既包括由成年人为儿童讲故事的活动，也包括儿童向他人讲故事或表演故事的活动，前者如杭州图书馆的"小海龟哥哥讲故事"等；后者如东莞图书馆的"我讲书中的故事儿童故事大王比赛"、首都图书馆的"小读者讲故事"、厦门图书馆的"快乐绘本听说演"等。

根据国内学者研究，儿童心理发展有六个关键期，其中：在思维发展方面，3 岁前儿童处于感知动作的思维阶段，3 岁后具体形象思维逐步取代感知动作思维，占主导地位，6 岁左右即开始发展抽象逻辑思维能力。如果对 3 岁前儿童讲故事，应该辅以与故事内容有关的实物或玩具，讲故事的同时进行玩具表演，让儿童看到故事中的角色及角色的行动，通过模拟故事情景帮助儿童更好地理解和记忆。如果给 3 岁后的儿童讲故事，则可以不用或少用实物和玩具，只靠语言描绘就可以让儿童理解故事内容，记住故事情节。在语言发展方面，3 岁前儿童只是初步把握口头言语，讲话不完整、不连贯，3 岁后逐步熟练把握口头言语，可以完整而连贯地讲述一件事或一个故事。6 岁左右儿童已熟练掌握口头言语，并从口头言语向书面语言转化。

因此，公共图书馆开展的故事形式的阅读推广活动，对象范围可以适当扩大至 3 岁前的儿童。对于 6 岁前的儿童，适宜以图书馆员或图书馆招募的志愿者讲故事给儿童听，并且 3 岁后可以开始让儿童进行一些短小故事或部分情节的复述；对于 6 岁后的儿童，则可以帮助儿童一起阅读故事、理解故事后，由儿童用自己的语言或者以表演的形式向他人讲述故事，展示故事情节。

3. 指导推广式

图式理论、最近发展区理论、认知发展理论等均表明成年人在儿童成长和认知发展过程中给予适当指导是非常必要的。面向读者开展阅读指导、导读、图书推荐等指导性活动已经成为广大图书馆的共识和常规化的服务。通过指导方式，帮助儿童克服使用图书馆、阅读过程中的困难，进一步激发其阅读的兴趣，避免因遭遇挫败而对阅读失去信心。指导推广式面向处于各年龄阶段的儿童，但是对于不同阶段的指导内容有所差异。如对于 0 ～ 6 岁儿童，可以指导其如何一页一页翻书、如何将读物里的文字与实物对应、如何将读物里描述的情景与现实生活情景对应等；对于 7 ～ 12 岁儿童，可以指导其如何在图书馆快速找到自己想看的图书、根据其喜欢推荐图书、指导其讲述或表演书中的故事；对于 13 ～ 18 岁少儿，则以引导其阅读后的深入思考、分享阅读心得等。从实践中来看，礼仪培训、公益讲座、科普教育、手工活动等也都可以纳入指导推广式的范围。

4. 分享教育推广式

研究证明，心理理论是儿童分享、安慰、助人等利他行为的认知基础，能促进这些行为的发生。3 ～ 4 岁以前的儿童尚未完全具备心理理论，在分享任务过程中，难以推断他人对分享物的愿望、信念、喜恶以及预测他人对分享结果的反应，未启动利他动机，分享行为较少且倾向利己分享；4 ～ 5 岁是儿童心理理论发展的转折期，6 ～ 7 岁以后儿童心理理论成熟，能理解自我和他人的愿望、意图及预测他人对自己分享行为的反应，分享行为开始增加并倾向于平均分享。因此，中国公共图书馆开展的儿童捐书活动、换物活动以及分享思想的读书会活动等，更适宜面向 6 岁以上儿童。

5. 体验教育推广式

"体验教育"是通过实践使主体获得认知的教育方式。根据皮亚杰的认知发展阶段论，个体从婴儿到青春期的认知发展可分为感知运动（0 ～ 2 岁）、前运算（2 ～ 7 岁）、具体运算（7 ～ 12 岁）和形式运算（12 ～ 15 岁）四个阶段，而在感知运动、前运算、具体运算阶段，必须借助具体形象的实物或者在亲身参与的实践中才能获得认知。对于儿童阅读认知，对 12 岁前的儿童施以体验式教育同样重要。中国公共图书馆目前开展的体验式阅读推广活动如：铜陵市图书馆的"小图书管理员"、新疆维吾尔自治区的"义务小馆长"、大连图书馆的"义务小馆员"以及盐城市图书馆的"小鬼当家'跳蚤市场'"及"我是图书小医生"、安徽省图书馆组织多批儿童"参观图书馆"等形式。公共图书馆通过这些体验式推广形式，帮助儿童更直观地了解了图书馆，更懂得遵守爱惜图书、遵守图书馆的规章制度等，培养了儿童的图书馆意识。

6. 激励推广式

学者张必隐在研究阅读的影响因素时认为，阅读动机等非智力因素会对阅读产生影响。中国公共图书馆开展的儿童阅读推广活动中，"阅读之星"评比、知识竞赛、摄影绘画比赛、知识银行等都属于激励推广形式，事实上在很大程度上也确实取得了不错的效果，活动前后一段时间儿童的阅读量有明显提升。然而，根据动机心理学，动机分为"外部动机"及"内部动机"，就儿童的阅读动机而言，内部动机可以是为了掌握知识、更好地认知世界、获得成就感等，外部动机可以是为了得到老师和家长的表扬、为了取得高的分数或得到物质奖励等。而内部动机才是对儿童阅读产生持久、根本影响的因素，外部动机只是一种诱因，通过奖赏使人产生外部动机的激励方式是人类创造力的敌人，会使人为了完成任务而完成任务，过程中缺少了更多的思考和创新。因此，中国公共图书馆在开展儿童阅读推广时，采用激励推广措施要尽量减少物质性奖励，要通过激励让儿童产生真正想阅读的欲望，才能帮助儿童成为终生读者。根据前述儿童心理学的研究，6 岁前儿童几乎还不存在竞争意识，对于参加各类竞赛获奖的成就感很弱，而通过竞赛发放物质奖励可能会引起儿童兴趣，而这又是不被鼓励的。因此激励方式的阅读推广更适宜面向 7 ~ 18 岁的少儿开展。

7. 亲子推广式

亲子推广式在公共图书馆，不仅仅指亲子阅读，还包括各类亲子游戏、亲子活动。国内有不少条件较好的图书馆都开辟了专门的儿童阅览空间，将环境布置得很温馨，鼓励儿童及家长在图书馆内进行亲子阅读。为了帮助儿童家长提高亲子阅读的技能，公共图书馆会邀请专家为儿童家长作专题讲座、组织儿童家长之间的亲子阅读经验交流等，如东莞图书馆的"家庭教育大讲堂"、苏州图书馆的"家长沙龙"等。公共图书馆在举办游戏或活动时，对于年龄较小的、初来图书馆尚缺乏安全感、不愿接近陌生小伙伴或不能独立完成游戏的儿童，会以亲子游戏活动形式来帮助儿童大胆参与游戏，并在家长的帮助下完成游戏任务，培养儿童对图书馆的感情。

亲子推广式适用于12岁以下的儿童，这个年龄段之前的儿童在心理上尚未完全独立，仍对家长有一定的依赖心理。而随着年龄的增长，儿童的独立思考能力增强，其对父母、对家庭的依赖心理减弱，形成较强的独立性。因此，虽然对于12岁以后的儿童不宜采用亲子推广式，公共图书馆仍要想方设法为儿童及家长提供沟通、交流的平台，营造良好的家庭阅读氛围。

（七）提升少儿阅读推广品质

1.培养专业的少儿阅读推广人才

儿童阅读的研究是一个复杂的的系统工程，它需要从不同的层面、不同的途径乃至不同的的角度切入问题，并采取与切入点相适应的方法对儿童阅读进行综合探究。少儿阅读推广需要从业人员具备相关的阅读理论知识、图书馆学知识、儿童心理学知识、儿童教育学、社会学以及营销与策划知识等，为了少儿阅读推广达到预期的效果，需要有一支这样的队伍提供支持。

（1）招聘具有多学科背景的复合型人才

公共图书馆在进行员工招聘时，建议针对儿童阅读推广及相关工作的需要，优先招聘具有图书馆学知识背景以及儿童教育专业背景的复合型人才，或者是具备营销策划能力的人才，为图书馆策划阅读推广活动，打造积极向上又特征鲜明的形象，逐步将公共图书馆向品牌塑造的道路上推进。

（2）招募多学科背景或多行业的志愿者

对于低龄儿童的阅读推广，建议招募具备育儿经验、亲子阅读经验的志愿者；对于青少年儿童，建议招募能指导儿童阅读、辅导作业以及心理健康咨询和引导的志愿者；对于讲故事类的阅读推广活动，建议招募善于表达、善于表演、具有亲和力的志愿者；对于大型活动类的阅读推广，建议招募沟通能力、策划能力及协调能力强的志愿者。只有将最合适的志愿者分配在最合适的岗位，才能最大程度发挥志愿者的作用，也才能对儿童阅读真正起到推动作用。

（3）加强儿童阅读推广人员培训

公共图书馆要为本馆负责儿童阅读推广的人员以及招募的志愿者提供儿童阅读推广专业知识和技能培训的机会，比如，定期邀请专家来馆培训，也可由图书馆与相关专业的阅读推广研究机构、儿童心理研究机构、儿童阅读研究机构等进行合作，为本馆人员及志愿者定制专门的培训计划，以函授课程的方式帮助大家掌握儿童阅读推广必备的知识和技巧。

2.定期对儿童阅读活动进行总结和评估

儿童阅读推广活动涉及多方面的内容，受多种因素干扰，实施效果未必与制定计划时的预期效果一致，可能比预期效果好，也可能低于预期效果。公共图书馆虽然是公益性文化服务机构，但也需要通过总结、评估彰显活动的价值、成效和影响，作为向上级主管部门申请活动经费以及向社会募捐的依据；另一方面，公共图书馆需要通过对活动的总结和评估，对工作人员进行绩效考核，以促进工作人员提高责任心，并通过总结评估发现人员在儿童阅读推广专业知识方面的不足，进而制定更为合理的人员发展计划。

国家社科基金"图书馆的阅读推广活动调查研究"项目组结合中国儿童阅读推广实际，研究并提出了图书馆儿童阅读推广活动的综合评估指标体系，包括图书馆、用户体验和社会影响3个一级指标，以及13个二级指标、50个三级指标，涵盖了图书馆投入—产出、结果—影响多个维度，是目前国内儿童阅读推广活动最全面和系统的评估体系，建议中国各公共图书馆在今后的儿童阅读推广活动评估工作中借鉴该评估体系。

（八）完善相关法规政策

1.少儿服务立法体系

中国公共图书馆的立法问题一直是中国公共图书馆在法律环境和政策环境方面需要解决的问题之一，公共图书馆的服务内容和服务形式只有落实到法律条文和政策标准上才更加利于执行和建设。首先，公共图书馆应该在概念上明确少儿服务和少儿阅读相关法律条文的性质和范围，少儿服务的立法针对的是为儿童和青少年提供更加全面和丰富的阅读服务，提高少儿阅读的水平，这项法律不是少年儿童的保护法，也不是图书馆的保护法，而是保证少年儿童阅读权利的一项法律；其次，公共图书馆的立法应该具备法律属性，图书馆法是归属于中国现阶段法律体系内又具备不同于一般法律的特征，少儿图书馆服务具有的特征就是与教育伦理相关，因此，图书馆在少儿服务方面的立法首先应以现有法律体系为基础，增加关于儿童权利、教育伦理方面的因素来制定；再次，中国公共图书馆立法发展较晚，有关于儿童权利保护的相关研究起步也较晚，因此，中国公共图书馆关于少年儿童的立法应参考借鉴国外的成熟经验和国际上关于儿童保护和儿童权利的相关内容，同时，还应结合中国现阶段的发展现状，对于不同地区的不同情况制定少儿图书馆服务的法律法规。

2.少儿服务标准体系

除了立法建设外，为完善中国公共图书馆少儿服务体系，还应从政策规范上入手，建立健全公共图书馆少儿服务相关标准规范。首先，在公共图书馆环境的建设方面应有系统的标准，例如馆舍面积、覆盖范围、室内环境、功能区划分等外部和内部环境的建设都应该有完善的标准，也只有按照严密的标准建设少儿阅读环境，公共图书馆少儿阅读推广服务才能逐步成熟；第二，在服务对象上公共图书馆应该对不同年龄阶段的少年儿童进行细分，实行分级阅读，而具体的如何分级、每个阶段的阅读内容等都应该在少儿阅读标准的条例中体现出来才更加利于执行；第三，少儿阅读推广服务离不开少儿馆员的指导，少儿馆员的服务能力标准也应该是少儿阅读推广标准体系中的重要部分，关于少儿馆员的专业背景、专业能力、职业价值等都是标准中应体现的内容。另外，公共图书馆和相关部门还应结合中国地区发展不平衡、多民族融合的国情来制定全国性标准和不同的区域性标准，例如，在少数民族聚集区的图书馆，关于不同语言、不同文化背景的少数民族阅读服务等内容也应在政策标准上有所体现。

二、图书馆少儿阅读推广服务优化注意事项

（一）避免推广工程成为形象工程

目前中国较大的少儿阅读推广工程是"儿童阅读年"，自 2009 年首次举办以来已经成功举办了 4 届，取得了一定的推广效果和社会反响。在具体的实施过程中，鉴于中国复杂的国情，使得这些推广工程很容易流于形式，成为形象工程。中国的"儿童阅读年"也存在这种现象，推广初期声势浩大，吸引了广大的儿童和其他社会群体参与其中，但后中期出现了疲软现象，使得"儿童阅读年"的推广效果仅维持了一段时间，而没有达到全年推广的目的，实际操作上更像是"儿童阅读周""儿童阅读节"，缺乏全年的统筹规划，不免陷入形象工程的沼泽中。类似于"儿童阅读年"这样的大型推广工程应该从中国的实际国情出发，脚踏实地地计划每月计划，切实践行和逐层推广，把推广工作落到实处，而不是华而不实的形象工程。

（二）避免推广项目推广后劲不足

少儿阅读推广项目的开展应充分考虑国情和地方发展的不均衡性，避免造成推广项目难以操作和后劲不足的现象。比如西部不发达地区，由于各方面资源限制，就不适合开展密度大的大型少儿阅读推广项目，容易造成推广局面难以打开的情况，各方面的资源调度不协调难以产生默契的配合，最终导致推广项目成为形象工程，缺乏推广后劲，也没有达到预期的效果。因此，国家的儿童推广项目应根据地区差异提供差异化的推广策略，地方儿童推广项目也要充分考虑地区的实际发展情况来制定实施方

案，而不是一蹴而就，眉毛胡子一把抓。

（三）避免政策及资金保障不到位

发达国家的儿童推广项目之所以能够在全国甚至全世界范围内产生重大影响力，与他们国家注重立法来保障儿童阅读是密不可分的。日本就非常注重通过立法来为儿童阅读提供政策保障。日本政府近年来颁布了《儿童读书活动推进法》、《新学校图书馆配备五年计划》等法律法规来促进儿童阅读，日本依托立法来促进全民阅读是一项重大国策，凸显了其对一个民族阅读水平的重视程度。此外，发达国家非常重视与其他社会机构和社会团体的合作，擅长利用社会资源来募集资金，为图书馆少儿阅读推广工作提供了资金保障。国外的成功经验对中国图书馆界的少儿阅读推广具有积极的指导意义。

（四）避免高素养推广人才的缺乏

中国除了发达地区之外的大部分图书馆基础设施建设比较薄弱，尤其是儿童图书室的建设远远达不到国际先进水平，在空间设计、资源配置等方面没有充分结合儿童教育学和心理学，没有充分考虑儿童群体的阅读需要。这与图书馆缺乏专业的高素质的儿童服务推广人才是密不可分的，在观念上就没有引起足够的重视。中国图书馆的工作人员能力和素质参差不齐，为儿童阅读服务的人员也大多没有受过专业的培训和指导，这些因素导致了少儿阅读推广工作的进程缓慢、效果不佳。中国图书馆应积极引进高素养的专业的儿童推广人才，向发达国家学习，可以要求此类工作人员经过儿童教育学和心理学的学习后持证上岗，让少儿阅读推广工作专业化、科学化、合理化。

第三节 中国图书馆少儿阅读推广服务案例

一、中国香港图书馆少儿阅读推广服务活动

（一）开展读书会活动，开辟网上讨论区

读书会是因学习知识、交流思想所需而组织起来的社团。由香港公共图书馆与香港教育城联合主办的读书会活动，包括青少年读书会和家庭读书会，特设了网上讨论区，鼓励会员及导师通过互联网进行讨论、分享和交流，以加强彼此的沟通和联系。

1. 青少年读书会活动

青少年读书会旨在通过阅读、导读、思考、讨论和分享，鼓励青少年持续阅读、学习成长，以及关怀社区。活动通过定期举行聚会，广泛阅读不同题材及轻松讨论，让会员从分享阅读心得的过程中建立阅读兴趣。除定期聚会外，香港公共图书馆还为会员举办"与作家会面"活动，让会员有机会近距离接触本地作家和创作人，分享他们的阅读及创作经验。参加对象为小学四年级至高中三年级的青少年，其中80%是通过学校提名，20%由图书馆公开招募。青少年中文读书会活动推行至香港、九龙和新界区内的33个公共图书馆。

2. 家庭读书会活动

家庭读书会旨在鼓励家长与儿童一同阅读，培养阅读兴趣和习惯、享受阅读的乐趣。活动通过定期举行聚会，开展互动活动引发小朋友的阅读兴趣。除定期聚会外，香港公共图书馆还为会员举办亲子阅读讲座及工作坊，介绍亲子阅读的技巧。参加对象为幼儿园至小学三年级的小朋友，并由一位家长陪同参加。

（二）举办香港文学节，推广文学艺术

香港公共图书馆一直致力于推动香港本地文学创作及阅读风气，为市民提供多元化的文学活动，于 1997 年开始举办香港文学节，2000 年以后每两年举办一届，活动历时 18 天。

较具代表性的 2012 年香港文学节是由香港公共图书馆和康乐文化事务署联合主办，由香港电台、香港艺术发展局、香港话剧团以及香港中文大学等协作，以"情系笔墨间"为主题，开展诸如专题展览、研讨会、作家讲座、获奖作品导读会、豆棚说书系列讲座、从创作谈起、交流会、诗歌朗诵分享会、香港文学行脚及比赛等活动。"专题展览"以不同的单元章节来介绍香港作家及其作品，"豆棚说书系列讲座"将图书馆化身豆棚，汇聚学者名师说书论文；"从创作谈起"邀请不同媒介的创作人、学者、作家讨论文学创作跨领域的特性和传达情意的功能；"交流会"针对独特的文化现象和文学创作专题，与参加者进行互动、交流，一起探讨香港文学不同文化层面的现状和发展；"香港文学行脚"则是寻觅作家笔下的踪迹，置身实地感受作家的文字铭刻，以这种认识城市发展最直接最切身的情感体验。

（三）与学校、教育团体紧密合作，推行"阅读大使计划"

"阅读大使计划"是由香港公共图书馆与香港教育署、香港教育城联合推出的学年制阅读推广活动，旨在校园和小区撒下推动阅读的种子，提升学生的阅读风气。

1. 为学校提供参与运作模式

阅读大使计划为参加推行的学校提供了参与运作的基本形式：首先学校委任 1 至 2 名老师统筹经营；招募约 10 名阅读大使组织读书会，安排他们参与网上培训；招募至少 20 名读书会学生成员并支持阅读大使定期举办读书会活动；记录及整理学年内的活动成果，并上传至网上读书会作公开展示；学年结束时向完成服务的阅读大使颁发毕业证书，再挑选 5

位阅读大使继续经营下学年读书会。读书会的形式和内容可以丰富多样，学校可灵活运用各种不同来源的支持及资源，设计最适合同学参与的读书会。

2. 为参与学校提供资源支持

阅读大使计划的参与学校可从提供的计划书单中自选一套 10 册图书，以便开展校园读书会活动，前提是参与学校需于学年结束时将读书会的活动设计方案上传至网上读书会，即可拥有该套图书。另外，该计划还为参与学校提供阅读大使的参考教材，包括读书会建设及经营手册和阅读大使计划成果集。

3. 为阅读大使提供培训

邀请专业导师进行培训讲座，讲授分享阅读和组织读书会活动的方法，邀请学校分享举办读书会的经验，然后制作成影片放在阅读城网站上，以供参加阅读大使计划的学校，组织阅读大使一起观看学习和讨论，也可由学校推荐阅读大使随时随地自行观看学习。

（四）积分制阅读推广：儿童及青少年阅读计划

"儿童及青少年阅读计划"从 1984 年开始举办，由香港地区公共图书馆作为主办单位，香港地区教育局、阅读学会、学校图书馆主任协会作为支持机构，面向家庭组（幼儿园至小三，由家长陪同）、高小组（小四至小六）、初中组（中一至中三）、高中组（中四至中六）四个组别的公共图书馆登记读者，目的是通过阅读积分和奖励提高儿童和青少年的阅读素养和运用语文的能力，并鼓励家长积极参与亲子共读。该活动以阅读积分为基础，实行会员制。参与的会员将得到一本"阅读足印"记录册，并可持续积分。积分的主要内容包括：公共图书馆和学校图书馆纸本书籍以及电子书籍的借阅数据、"我的悦读分享"活动参与数据、"心仪好书推介"活动参与数据、"月月读书乐"月会参与数据。根据参与者的阅读情况和阅读共享情况（好书推荐、阅读分享会）可获得相应奖励和称号，优秀者还会公开表彰并展示。除了个人奖项外，还设置了"最积极推动阅读学校奖"（颁发给年度累计提名会员阅读总量最高的学校）和"最积极参与推动学校奖"（颁发给年度成功推广新会员最多的学校），积极拉动家庭和学校的力量，促进阅读行为的外延。

（五）面向低幼儿的阅读推广服务活动

1. 暑期大型阅读推广：夏日阅缤纷

"夏日阅缤纷"活动自 2002 年起每年暑假举办，面向儿童、青少年及家长，是香港地区的大型阅读及亲子活动，持续时间为一个月左右。活动内容丰富、主题多样、形式多彩，仅 2019 年就有 180 项相关活动，主要包括：（1）主题书展，如"儿童成长的奥秘"；（2）亲子阅读讲座，如"怎么发挥游戏对成长的裨益""家长如何与子女进行阅读延伸活动"；（3）综艺表演，如"魔法童心""森林里，谁最恐怖"舞台剧、"舞在当下""口琴多重奏""街头音乐表演"；（4）工作坊，如"摺纸乐（昆虫篇、植物篇）""伴读偶、印章、笔筒、绳结书签、植物拓染书签、衍纸便条夹、绘画"制作；（5）戏剧，如"剧本中的世界——阅读剧本"；（6）真人图书馆，如"生活图书——阅读他的故事""眼睛去旅行"；（7）亲子演绎比赛，如"活现书中人 cosplay 比赛"等等。通过多元化的活动激发大众对于阅读尤其是亲子阅读的兴趣，提升城市整体阅读氛围，效果显著。

2. 场景式阅读推广：小书豆的寻宝历奇

"小书豆寻宝历奇"是香港地区公共图书馆 2019 年新推出的亲子阅读项目，该项目由康乐及文化事务署、香港地区公共图书馆主办，由"创不同协作"社会创新实验室作为项目策划，莱姨姨工作室作为书籍策展顾问，香港小童群益会作为社区伙伴，香港仔公共图书馆、荔枝角公共图书馆、马鞍山公共图书馆作为项目基地，集结了图书馆员、设计师、主持人、研究员、绘本创作人、幼儿教育工作者、志愿者等人员的力量。活动设置了虚拟形象"小书豆"、虚拟场景"书豆村"，以小书豆的寻宝之旅串接起各期亲子阅读活动，为小朋友们准备了一系列主题式实验书袋，并通过前期调研和数据分析调整推介方法和内容，以改变部分小朋友阅读偏食的习惯，鼓励他们探索不同类型的书籍，通过场景构建和寻宝游戏等创新方式呈现儿童图书馆馆藏，协助 3 ～ 8 岁的儿童及家长善用香港地区公共图书馆丰富的阅读资源。

二、厦门市图书馆少儿阅读推广服务活动

（一）红色经典阅读活动

厦门市少年儿童图书馆每年都会根据厦门市红领巾读书读报奖章的活动方案开展相关的经典阅读推广。活动安排紧紧围绕党的时代精神，深化新时代中国特色社会主义教育，促进校园文化活动来开展。

"红读"活动围绕主旋律，紧扣主题，组织开展了丰富多彩的活动，成果显著：一是组织开展了"携手新时代，共筑中国梦"全市中小学生征文暨演讲与讲故事比赛。读书比赛活动得到各区教育局及各单位领导的高度重视，参与人多，覆盖面广，并得到厦门旅游广播的协助，在该频作赛事道循环播报，厦门日报也对比赛结果作专版宣传，扩大宣传效果。活动受到"红读"各单位和参赛单位的好评和肯定。二是举办"新时代、新征程—改革开放四十周年"厦门市小学生朗诵夏令营。三是举办"改革开放四十年—厦门市中小学生电子绘本创作大赛"，并选送作品参加全国比赛荣获佳绩。四是举办"纪念改革开放 40 周年——2018 年厦门市中小学校经典诵读比赛"。比赛组织有序，节目精彩，反响热烈。全年的"红读"比赛活动得到各区教育局及各单位领导的高度重视，参与人多，覆盖面广，涵盖六个区及直属中小学校，影响广泛，已成为厦门市最重要的读书竞赛活动。受到"红读"各单位和参赛单位的好评和肯定。此外还定期走进校园巡回演讲，对广大少年儿童进行主题教育，在广大中小学生中深入开展社会主义核心价值观教育活动，广泛掀起读书热潮，形成浓厚的阅读氛围，激励更多的中小学生积极参加红色经典读书活动。该活动的目的在于提升儿童的红色经典阅读兴趣，指导中小学生儿童深入了解中国改革开放以来取得的举世瞩目的重大成就和翻天覆地的巨大变化，引导少年儿童

努力学习，刻苦钻研，不忘初心、牢记使命，继续前进；促进校园文化活动的开展，同时也丰富了厦门市中小学儿童的寒暑假生活。

此项活动借助了新媒体如微信公众号等平台推广了儿童经典阅读，让更多的厦门市民了解到红色经典阅读活动。并且在厦门市少年儿童图书馆官方网站特色专栏有很多关于红色经典阅读的报道，可见本馆在此项阅读推广活动上投入了很多人力物力，也形成了本馆特色。同时厦门市少年儿童图书馆积极与各中小学合作推广红色经典阅读，让中小学生在学习之余能够了解到经典作品，红色经典作品也是经典作品里面一个重要组成部分，他们见证了中国历史的发展，使时代的见证得以留存下来。也很好地促进了中小学生从此热爱经典阅读，培养了阅读经典的习惯。与此同时，图书馆与学校合作、借助新媒体平台，吸引了很多新面孔参与进了红色经典阅读推广活动，不再是只有固定的读者，推动了儿童经典阅读推广发展进程，儿童家长社会对儿童经典阅读也更加重视。

（二）"故宫的二十四节气亲子读书会"活动

2019 年 4 月起，厦门市少年儿童图书馆"故事妈妈"和故宫鼓浪屿外国文物馆每月合作组织一场"故宫里的二十四节气"亲子读书会，故事妈妈将带领孩子们一起走进故宫鼓浪屿外国文物馆，开展幼童读书会活动，阅读历史经典、亲近文化传统！我们把书中出现的故宫建筑、太和殿顶的脊兽、中国传统节日、诗词典故等元素融入节气故事和活动游戏互动中，使读书会集知识、趣味于一体，为亲子家庭打造一个共同学习了解节令传统和文化历史的平台，期以增强儿童的文化自信，夯实文脉传承的基础，再者进一步加强了厦门市少年儿童图书馆儿童经典阅读推广的工作。厦门市少年儿童图书馆的故事妈妈们已是低幼儿童读书分享的达人了，她们以静制动、声情并貌，和孩子们一起生动再现中华传统文化的魅力——二十四节气之谷雨和对应的七十二物候。二十四节气、七十二物候的内容，主要参考了《逸周书时训解》这本经典类书籍。它依立春至大寒二十四节气顺序阐释每个节气的天气变化和应出现的物候现象。二十四个节气的每个名称都包含丰富的含义，突出了此期间的气象条件和变化。既让儿童学习到书本中的知识，又很好地以讲故事的形式推广了经典阅读。

（三）经典阅读推广与社会实践相结合

厦门市少年儿童图书馆与故宫鼓浪屿外国文物馆联合开展的由故宫博物院宣传教育部编辑的《哇！故宫的二十四节气》为主的亲子经典读书分享会，以家长读书分享，孩子互动体验的方式相结合，并以厦门紫禁书院《我的家在紫禁城》展览为活动场地，将图书中出现的故宫建筑、太和殿上的脊兽、中国传统节日、诗词典故等元素融入节气故事和活动体验中，使读书会集知识、趣味、游戏为一体，为亲子家庭打造一个文化历史和传统节气相融合的平台，加强了少年儿童文化自信心，促进了文脉的传承，很好地推广了儿童经典阅读。此项儿童经典阅读推广活动主要由辅导部馆员组织策划，首先策划活动，其次发布活动公告并统计儿童活动报名，最后与故事妈妈一起在故宫博物院开展亲子经典读书分享会，相比于在图书馆内开展的儿童经典阅读推广活动，需要花费更多的人力物力。

此项活动参与程度非常高，很多厦门市民积极参与，不仅宣扬了故宫文化，将经典作品以读书分享会的形式展现出来，而且融入了做手工等趣味互动项目，让这些苦涩难懂的传统经典作品以多种通俗易懂的方式传递给孩子，开辟了一项独特有趣的儿童经典阅读方式，值得其他公共图书馆参考借鉴。同时，故事妈妈也是厦门市少年儿童图书馆多年发展下来的一个特色项目，此次能够跟儿童经典阅读推广完美地糅合和在一起，同时加入了孩子们的社会实践，让孩子亲身经历体验经典，更具有儿童经典阅读推广价值。

三、上海图书馆少儿阅读推广服务活动

（一）"上海童话节"活动

"上海童话节"是上海地区经典的少儿品牌活动，以创新阅读推广方式，让孩子在阅读中感受快乐为活动宗旨，目前已有1500余所学校及民间阅读组织联合参与，至今已举办七届。活动从"六一"开始，一直持续到暑期结束，活动围绕亲子朗读、名家讲堂、书画比赛、少儿编程、摄影展览、书香漂流等主题开展近千场活动，涵盖"听、说、读、写"，形式多样、书香萦绕，吸引全市150万余名少年儿童参与。"名家进图书馆"是童话节的传统项目，为儿童与作家搭建交流平台，创造分享阅读经验的机会。此外，"上海童话节"还推出《新阅读起跑线》推荐书目供读者免费取阅，给图书馆、学校、家庭提供童书遴选服务，提高了优质童书的影响力。

（二）"亲子故事会"项目

作为"全国家庭亲子阅读体验基地"的文化都市，上海地区的妈妈们已深深领悟到，在幼年时培养良好的阅读习惯，将使孩子终身受益。在家长们积极倡导、社会力量大力支持下，上海亲子阅读推广团队日益壮大。"故事妈妈讲故事"是由故事妈妈工作室志愿者团队发起的，服务对象为3～6岁孩子家庭，目前已成功举办490期活动。在故事妈妈们声情并茂的演绎下，配以与绘本故事相匹配的服饰和背景音乐，激发孩子探索世界的欲望，并沉醉于快乐的阅读之旅。"迪士尼亲子故事会"项目是由上海迪士尼度假区企业和浦东图书馆合作举办的亲子活动，由企业方负责布置故事场景、提供玩偶服装和卡通图书。迪士尼卡通的经典形象，加上明星演员的助兴，令活动场面十分活跃，深深地将迪士尼故事的神奇魔力带进无数家庭。

（三）"亲子朗读声音档案征集"活动

"亲子朗读声音档案"征集活动是"上海童话节"的特色活动之一，参加对象为 3 ～ 12 岁的儿童家庭，可选择合适的故事、书信或美文，录制成音频参加比赛，入围百强的亲子朗读音频，将在网络电台等多媒体平台播出，并被刻录成光盘永久收藏。亲子共读，是孩子成长中最珍贵的记忆，活动举办至今，已吸引了包括上海以外的浙江、江苏、安徽等长三角地区超过 6 万个家庭参加了征集活动。"亲子朗读"犹如文字的"扩音器"，能激活其更长久的生命力，为阅读提供了一种声色俱全的传播方式。

四、深圳图书馆少儿阅读推广服务活动

（一）"爱阅公益基金"项目

深圳市"爱阅公益基金会"成立于 2011 年，以"凝聚社会力量提升儿童阅读品质"为愿景，引导孩子养成终身阅读的习惯。基金会现执行项目有 3 个：

1. "阅芽计划"项目

以国外发达早期阅读项目为借鉴，为深圳市 0 ～ 6 岁儿童免费发放阅芽包，给儿童提供阅读指导服务，让早期阅读的理念深入到每个家庭，目前已发放阅芽包 101270 份，成立阅读推广空间 20 个。

2. 书目项目

包括"爱阅童书 100""小学图书馆基本配备书目"和"爱阅婴幼儿阅读书目"，从作品的价值、视野、趣味等多角度评价和筛选图书，书目成果已成为教育局、公益机构、小学图书馆采购图书的重要参考依据。

3. 乡村阅读儿童资助项目

捐建"乡村小学图书馆"297 所，将 80 余万册优质童书送到乡村小学，让更多乡村和流动儿童享受阅读的乐趣。

（二）中小学图书馆"常青藤"计划

深圳中小学图书馆"常青藤"计划项目，是由深圳市少年儿童图书馆主导，联合各中小学图书馆加盟，利用 ILAS 系统、数字资源阅读平台、自助借还机等现代化技术设备，整合公共文化与教育资源，实现电子资源共建共享平台、纸质资源通借通还平台、阅读推广平台以及学习交流平台，将阅读推广带进校园，目前已超过 150 所学校加入了"常青藤"计划。为了解青少年的阅读状况，促进学生提升阅读素养，深圳市少年儿童图书馆主导推出"阅读榜"平台，通过这个平台可实时掌握学生的阅读兴趣和阅读水平。"阅读榜"平台除了提供丰富的阅读资源外，还具有书目推荐、专业指导、答题互动、成绩榜单等智慧化综合功能，为推动校园文化建设，创造了优越的阅读条件。

（三）"少儿智慧银行"项目

"少儿智慧银行"项目是依托深圳"图书馆之城"服务平台，在 2015 年推出的新型少儿阅读推广服务项目，旨在鼓励少儿读者通过阅读储蓄方式增长智慧，目前全市在册少儿读者已达 28 万人。为树立阅读标杆，吸引儿童阅读，"少儿智慧银行"项目推出一系列的阅读活动，其中深具趣味的"小博士百科知识挑战赛"活动最受欢迎，活动采用线上限时答题、线下换位抢答的对决赛制，题目涉及天文地理、科学常识、文化艺术、体育时政等内容，整个环节扣人心弦、新颖有趣，吸引众多小读者前来参加挑战。"少儿智慧银行"每年对全市 3～13 岁的少儿读者的借阅数据进行统计挖掘，提供各年龄段文献借阅量、最受欢迎书目和阅读积分等详细数据，并根据读者的借阅信息，分析其阅读行为。读者可通过借阅图书、参与活动和加入志愿服务等阅读行为获得相应的阅读积分，阅读积分可以兑换礼品、文具和获得参赛资格等。"少儿智慧银行"项目以阅读积分方式激励读者，积极引导广大少年儿童养成主动阅读的良好习惯。

五、辽宁省图书馆少儿阅读推广服务活动

"童阅乌托邦"少儿公益活动是由辽宁省图书馆举办的少儿阅读推广活动，主要是针对 3～8 岁的儿童及家长，主要以幼儿戏剧游戏、国学坊、玩具总动员、指尖创意阅读和四维绘本阅读等五项常规活动进行展开。戏剧游戏主要是以讲述戏剧内容加上互动的形式进行开展，是目前较为火爆的一种活动形式，该活动充分展示了幼儿在活动中的主体性，深受孩子们和家长的喜爱。国学坊主要以内容讲述，加以游戏互动进行，让孩子们理解中国的传统文化，比如 2017 年的《二十四节气的小讲堂》，为小朋友讲解了二十四节气，让儿童深入了解什么是二十四节气。

玩具总动员主要是在玩具体验馆里举行，以亲子互动的形式体验各种游戏，如乐高超级英雄、卡通人物创新拼等。指尖创意阅读是由早期的"我爱涂涂画"演变而来的，此活动主要以手工、绘画等形式与阅读进行结合，让儿童在眼动手动脑动的过程中，全身心的感受多元的阅读体验，激发孩子的阅读兴趣和创造力，并加深孩子了解美学与阅读。四维绘本阅读也就是让儿童全方位的感受阅读，比如通过听、看、读和做绘本等体验绘本阅读，让孩子们掌握简单的阅读技巧，通过四维阅读体验绘本阅读的快乐。

"童阅乌托邦"少儿公益活动主要是在周末进行举行，每周会提前发布公告消息，进行预约报名参加。以上活动都以公益性进行，不收取任何费用。该项活动从 2008 年开始到现在，已经开展了活动千余次，5 万多的家庭受益。2016 年，该项活动入选为本年度基层文化志愿服务活动百个典型案例。在 2017 年 4 月 28 日，辽宁省文化厅现为辽宁省文化和旅游厅发布公告，第 14 届 IFLA Biblibre 国际营销奖获奖者，表彰组织实施富于创意并注重应用效果的营销项目或活动的图书馆及其它信息机构。辽宁省图书馆的"童阅乌托邦"少儿公益活动从全世界的 65 个申请项目中脱颖而出，被评委提名为 10 个最富于启发性的项目之一。可见，"童阅乌托邦"少儿公益品牌活动在辽宁省图书馆的少儿阅读推广服务事业中有着重要的

作用，影响深远，受到广大读者的一致认可。

六、山东省公共图书馆少儿阅读推广服务活动

（一）山东省公共图书馆少儿阅读推广服务活动的类型与特点

1.活动的类型

（1）少儿诗歌诵读大赛

山东省公共图书馆针对儿童读者设计了诗歌诵读大赛，几乎每年都会举办诗歌诵读比赛，吸引更多的儿童以及家长报名参与公共图书馆举办的活动，另外济南市图书馆、枣庄市图书馆、东营市图书馆以及菏泽市图书馆等均针对儿童举办了不同类型的诗歌诵读比赛，致力于激发儿童的阅读兴趣以及家长参与的兴趣，取得了较好的效果。

（2）亲子阅读

山东省公共图书馆针对少儿阅读推广制定了亲子阅读活动。亲子阅读也被称为亲子共读，是指将书作为媒介，依据阅读的方式让家长与孩子一起分享阅读的过程以及成果，在阅读中可以带给孩子快乐和勇气，让儿童与家长共同参与到阅读活动中，以此来提升儿童的阅读兴趣和能力，如烟台市图书馆和临沂市图书馆均多次举办亲子阅读活动。

（3）书评

虽然各地图书馆举办书评活动类型较多，然而淄博市图书馆独具特色，针对儿童的阅读特征以及疫情带来的影响，设计了微书评的阅读活动，让家长带领儿童在线上即可参与极具乐趣的微书评阅读活动。

（4）征文

山东省公共图书馆针对少儿阅读推广活动推出了征文活动，其中，针对幼儿园儿童设定了图画征文活动，针对小学儿童设计了读书感悟等征文活动。通过征文活动激发儿童的阅读欲望，在不断地阅读和写作中提升儿童阅读水平，从而提升图书馆的阅读推广效果。如淄博市图书馆、潍坊市图书馆以及滨州市图书馆等举办征文活动来提升儿童阅读水平。

（5）游戏阅读

游戏阅读是图书馆根据儿童的爱玩特征设计游戏类型的阅读推广活动，以此来达到吸引儿童阅读兴趣的目标，如烟台市图书馆针对儿童特点设计了 AR 阅读以及 DIY 阅读体验等活动，日照市图书馆针对儿童的兴趣特征打造了乐高游戏阅读活动。

（6）讲故事

采用讲故事的方式，加以运用特殊的服装道具来辅助演讲，带领儿童一起阅读，成为许多图书馆选择的少儿阅读推广活动类型之一。如济南市图书馆和德州市图书馆等均采用故事会等方式开展少儿阅读推广活动。

（7）讲座

图书馆针对儿童阅读特点和阅读需求邀请相关专家定期开展讲座活动，举办好书分享、儿童艺术教育等讲座，更好地吸引儿童和家长参与到阅读活动中，如山东省图书馆和滨州市图书馆等采用讲座的方式来开展少儿阅读推广活动。

（8）流动图书馆

由于城市偏远地区的阅读资源较为匮乏，图书馆依托自身的优势将图书资源定期输送到偏远地区和学校，用巡回流动的方式为更多的儿童提供阅读服务，如日照市图书馆应用流动图书馆的方式使图书走进校园。

（9）影片欣赏

影片欣赏是指为儿童提供动画等类型的影片，让儿童对阅读产生浓厚兴趣，并且在观看电影或动画后，儿童根据阅读感想相互之间展开交流和讨论，不断提升归纳总结能力以及表达能力，如淄博市图书馆采用影片欣赏方式取得了较好的少儿阅读推广活动效果。

2.活动的特点

（1）科学化和长期性

儿童在不同的成长时期，阅读性质和阅读能力各不相同且差距较大。山东省公共图书馆综合考虑儿童读者的阅读水平、心智、兴趣爱好等方面，为不同的儿童提供不同的和有针对性的读物并制定科学的阅读计划，以此来有效提高儿童的阅读能力，这体现了山东省公共图书馆在开展少儿阅读推广活动时遵循了分级阅读理论。例如山东省图书馆响应国家号召，制定全民阅读计划，针对适龄儿童创建不同的阅读计划，如针对12岁以下的儿童建立了幼儿绘本以及小学科普读物等分级阅读模式。少儿阅读推广活动的开展遵循长远性的特征，现阶段，山东省公共图书馆在少儿阅读推广活动中，根据国家全民阅读的发展需求构建了持续性的儿童阅读计划，根据儿童阅读的特点和需求制定长期系统性的阅读计划，使儿童可以在不同年龄段实现长期系统性地阅读。

（2）社会性

山东省公共图书馆与其他省份的图书馆类似，均是由国家制定的系统化的社会工程，致力于通过图书馆的力量满足读者日常阅读等需求。山东省公共图书馆将儿童阅读融入社会活动，并且结合目前儿童的阅读兴趣以及阅读状况开展。山东省公共图书馆在儿童节、国庆节等节日举办红色阅读故事会以及诵读经典等活动，如滨州市图书馆针对儿童读者开展诵读经典活动，日照市图书馆举办古籍知识走进小学等少儿阅读推广活动，通过诸多社会性活动的开展来促进少儿阅读推广活动的全面融合发展。

（3）兴趣化

山东省公共图书馆在少儿阅读推广活动中注重阅读的兴趣化。儿童较成人而言，更具活泼爱玩等特征，在日常生活中更为注重兴趣的满足和身心的愉悦。山东省公共图书馆为了满足和提高儿童的兴趣制定了游戏、VR等趣味性的阅读推广活动，展现出少儿阅读推广活动的兴趣化特征。如为了提升儿童阅读的兴趣，山东省图书馆举办了少儿元宵灯谜会，烟台市图书馆举办了亲子家庭AR以及DIY体验阅读活动，日照市图书馆举办了乐高游戏阅读推广活动，均通过各种各样的兴趣化活动激发儿童的阅读兴趣，从而达到少儿阅读推广的目的。

（4）多元化

山东省公共图书馆开展的少儿阅读推广活动具有丰富多样的活动内容和形式，从多个角度出发将儿童阅读图书作为载体，并通过对网络资源的开发进一步丰富阅读资源，呈现出多元化的特点。例如山东省各图书馆在儿童阅读资源开发中建立图书流动计划，不仅针对不同年龄段的儿童制定定期更新图书的计划，而且与其他图书馆建立线上和线下战略合作，实现阅读书籍的互相借阅，从而最大程度地扩宽馆藏，为儿童提供尽可能充足的阅读书籍。

（5）儒家文化的地域特色

山东被称为齐鲁大地，作为孔孟之乡和儒家文化的发源地，典籍丰富，在公共图书馆的文化内涵发展上具有积极推动作用，山东省公共图书馆立足齐鲁文化，尤其注重和弘扬古籍文化，讲好山东故事，并举办一系列阅读推广活动，包括齐鲁文明之光绘本以及古籍沙龙等活动，为儿童传习经典、掌握齐鲁文化提供了广阔的平台和机会。

（二）山东省内少年儿童图书馆的少儿阅读推广服务活动

除了公共图书馆开展少儿阅读推广活动以外，烟台市和济南市还设有单独的少年儿童图书馆，专门面向儿童开展阅读推广服务。其中烟台少年儿童图书馆因开展了多种多样的少儿阅读推广活动而倍受欢迎，山东省少年儿童图书馆因其设有青少年借阅室、低幼借阅室两个借阅服务区，是倡导早期阅读、开展亲子阅读的重要基地而众所闻名，这两个少年儿童图书馆是山东省内规模较大、发展较好、图书资源较全且好评度较高的少儿图书馆。

烟台少年儿童图书馆秉持"全民阅读，儿童先行"的理念，以崭新的面貌为港城少年儿童读者提供优质贴心的服务，打造少年儿童读者温馨舒适的精神家园和心灵港湾。烟台少年儿童图书馆设有图书自助借阅室、报刊阅览室、少儿体验室、少儿活动室等多个开放窗口，主要服务窗口全年免费开放。图书馆为儿童读者精心定制了富有童趣的书架、沙发及各式家具，上架 3 万余册少儿新书和 200 多种期刊，配备 VR 活动及 3D 互动立体书体验设备，安装自助办证机和图书借还机等现代化设施，并根据儿童的特点打造了主题阅览专区。总馆一楼是儿童绘本区，专为 0 ～ 6 岁学龄前儿童提供服务，定位为集绘本借、阅、绘本讲读故事会和幼儿阅读体验活动于一体的儿童借阅区。根据读者要求，开放绘本外借服务，满足部分家长和幼儿将绘本带到馆外阅读的需求。少儿馆新馆定位于面向小学及以上年龄段少年儿童（中小学生）提供服务，包括书刊借阅和举办各类阅读推广活动等。新馆、老馆同步服务，互为补充，共同满足不同年龄段少儿读者的需求。烟台少年儿童图书馆自开放以来，开展多种多样的少儿阅读推广活动，包括"爱不释书"系列体验活动、亲子故事会、少儿编程培训课程、少儿古籍拓印体验活动等，吸引众多儿童读者的参与，不断提升少儿阅读推广效果。

山东省少年儿童图书馆隶属于山东省图书馆，馆舍面积近 6000 平方米，目前是山东省最大的专门为 0～16 岁的少年儿童及家长提供文献信息服务、文化服务、教育服务和休闲娱乐服务的省级公共文化服务机构。山东省少年儿童图书馆以打造"优秀儿童文献资源收藏、传播与阅读推广基地、青少年素质教育与实践基地、数字化科技展示与体验基地、中小学生课外文化活动与才艺展示基地"建设为发展目标，积极倡导与推动儿童和青少年阅读，助力儿童素质提升。山东省少年儿童图书馆通过邀请专家来培训"故事爸妈"，培训家长讲故事及阅读指导的知识及技巧，同时开设智慧父母公益讲座，为亲子阅读与家庭教育的广泛开展提供良好的资源基础，开展了"会说话的绘本"绘本故事会、亲子阅读公益培训、儿童阅读大家谈、读写艺术名家讲堂、阅读推广进校园、服务进社区等类型丰富的少儿阅读推广活动，在推动儿童及青少年阅读方面发挥出积极的作用。

七、西安市公共图书馆少儿阅读推广服务活动

（一）完善图书馆少儿阅读推广服务体系建设

陕西省图书馆的少年儿童分馆，馆舍面积近 800 平方米，现有少儿类报刊 260 多种，各类少儿图书约 11 万册，是陕西省的一座现代化少儿图书馆。少儿馆开设有绘本借阅区、儿童借阅区、少年借阅区，全部实行现

代化的计算机管理，此外少儿馆还经常举办寓教于乐的少儿活动和开展形式多样的少儿公益性培训，例如，蒲公英绘本故事屋、蒲公英小剧场、巧手生花公益手工课堂、书宝小课堂、爱探索科学微实验活动、秦韵国学堂等，2019 年又开始了"我最喜爱的童书"阅读推广活动，儿童的阅读兴趣高涨。西安市图书馆也分别设置了儿童借阅区和少儿阅读推广活动区域，依托丰富的馆藏资源，常年举办少儿阅读推广活动，例如，洋洋妈妈讲故事、英语绘本故事、绘本故事展演等活动，以此来鼓励儿童多读书、读好书。这充分实现了少儿图书馆与青少年读者的互动，充分展示少儿图书馆的魅力。长安区图书馆系国家县级一级图书馆，现总建筑面积 5467 平方米，总藏书量近 14 万册，电子图书 10 万册，期刊 291 种，报刊 140 种，座席 450 个，服务区域内无线全覆盖，内设综合借阅区、盲人借阅区、政府公开信息查询、少儿阅览区、读者休息区等 8 个服务功能区域。其中少儿阅览区基础设施完善，并且还会定期举办"手拉手绘本故事屋"和"科学少年·乐趣无边"等儿童公益系列活动。

（二）举办各种少儿阅读推广活动

西安市公共图书馆在开展少儿阅读推广活动时主要有以下这四种模式。

1."儿童故事会"模式

西安市公共图书馆大部分都设立了儿童借阅区，会定期举办一些儿童故事会等相关阅读推广活动，活动的形式多样、主题丰富，各个图书馆都会根据自身的情况和特点制定每年的阅读推广计划和目标，加强儿童阅读素质的培养。省图少年馆每周的阅读活动的主题都有所不同，而且丰富多彩，例如："蒲公英"绘本故事屋、书宝小课堂等，孩子们都非常喜欢每次的阅读活动，阅读兴趣很浓，此外还举办了各种有关儿童的阅读讲座来扩大推广效果，儿童的阅读习惯逐渐被培养起来。西安市公共图书馆定期举办洋洋妈讲故事和绘本故事展演等活动来丰富少儿阅读推广的内容，使少儿阅读推广更加趣味性，更好地激发儿童的阅读兴趣。

2. "图书馆＋学校"模式

"图书馆＋学校"模式，是当地图书馆和当地学校积极合作，举办一些阅读活动，例如图书馆给学校免费赠书、邀请学生参观图书馆、图书馆和学校联合举办朗读挑战比赛、举办知识讲座等形式，通过这些活动让孩子们喜欢阅读、爱上阅读，培养孩子们的阅读习惯的一种模式。目前，中国很多图书馆都在采用这种推广模式，包括西安市一些公共图书馆也会采用这种模式，让更多的学生走进图书馆，在图书馆里扩展自己的知识面，使自己成为图书馆一名忠实的读者。

3. "社区图书馆"模式

随着互联网的快速发展，数字阅读和移动阅读也随之产生，这给喜欢阅读的读者带来了很大的便利，因为这两种阅读方式不受时间和空间的限制，随时随地都可以阅读。然而还是有一些读者喜欢传统的阅读方式即纸质图书，这对于公共图书馆其受时间和空间限制的特点提出了挑战，于是社区图书馆应运而生，所谓社区图书馆是为一定地域内的所有居民服务的具有公益性、教育性、休闲性等特征的文献信息集散场所。在西安市的几个社区，院内多了一座淡绿色的建筑，钢结构的墙体还配以大面积透明玻璃，格外引人注目，这就是新建的社区智慧图书馆。该图书馆根据社区地方有限的特点，将大一点的设计为 12 米长，3 米宽，36 平方米的面积，小一点的设计为长 8 米，宽 3 米，24 平方米的面积。建筑部分主要以钢结构为主，做成后的形态像个集装箱，这种智慧图书馆，内部设施齐全，有应急灯、空调、换气扇、电子借阅机、电子阅览屏、灭火器等。书架上装有 2000 至 3000 册图书，供读者借阅。这里 24 小时无人看守，只要用身份证办理一个借书证，就可以随时免费借阅。一般每次只能借两本书，时间为一个月，如果一个月没有看完，可办理延续即可，图书一般 3 个月调换一次，保证居民以及儿童有新书可读。公共图书馆和社区图书馆为总馆和分馆的服务模式，社区图书馆提供 24 小时全天候自助服务，按照"统一标识、统一标准、统一配置"的要求建立社区图书馆，社区图书馆里有自助借还设备、网络和数字服务设备，阅读环境优美、服务方式创新，立足打造优质的、现代化的学习空间。

4."官网和微媒体"模式

在互联网时代，西安市公共图书馆积极利用微信、微博、官网进行儿童阅读活动的推广。例如陕西省图书馆少儿馆，运用自己的官方微信、微博和官方网站进行宣传，发布一些有关图书馆的公告。微博、微信具有及时性，所以图书馆会在微博、微信上发布公告和通知、国家法定节假日开馆时间、讲座展览预告、少儿分馆亲子阅读互动介绍等读者活动信息，还有系统升级、停水停电等紧急通知，并取得了非常不错的效果。陕西省图书馆少儿馆建立阅读推广专栏，每次做完推广活动就会在网站上发布一些有关活动内容的动态，专栏动态不断更新活动内容，例如新书、本月的少儿活动内容等，通过这种方式让更多的读者了解目前馆里的推广活动。每月的阅读账单也会通过微信、官网向读者推送，希望更多的读者来借阅，每个月还会选出一个"读者之星"即每个月借阅量最高的读者，目的是希望越来越多读者来馆借阅，这样大幅度提升了少儿阅读推广的效果。

第六章　图书馆少儿阅读推广服务模式创新研究

第一节 图书馆少儿绘本阅读推广

一、绘本概述

（一）绘本的定义

绘本，也称"图画书"，是一种由图画和文字有机融合的儿童读物（本文研究的是绘本与儿童阅读推广，因此，所涉及的"绘本"专指儿童绘本，成人绘本不包含在内）。

加拿大儿童文学学者培利·诺德曼（Perry Nordlman）认为，绘本是通过一系列图画与少量文字的结合甚至完全没有文字的配合来传达信息、讲述故事的艺术形式，"图"不是"文"的附属品，而是阐述内容的另一种语言；瑞典儿童文学学者玛丽亚·尼古拉耶娃（Maria Nikolajeva）和美国学者卡罗·斯考特（Carole Scott）认为，绘本是通过语言文字和视觉图片之间的相互关系，共同叙述故事情节的图书类型。

日本绘本专家松居直指出，绘本并不是指配备多幅插图的儿童书，而是一种利用图画和文字的相互关系，以超越性的表现手法来表现单纯的图画或单独的文字都难以表达的内涵的特定的儿童读物形式。

台湾儿童文学家、儿童图画书企划委员苏振明将"绘本"定义为：以图画表现主题的书；浙江师范大学儿童文学研究专家彭懿认为，图画和文字这两种媒介通过交织和互动共同讲述一个故事，这种综合性的艺术产物就是绘本，绘本是图文合奏的书本。

以上种种界定表明，绘本是一种特殊的读物形式，通过"图"与"文"相互配合、相辅相成，讲述一个故事、表现一种哲理。绘本中的图画不是配图、插图，不是文字的附属品，而是作为书本的主体呈现，与文字"平起平坐"，甚至占据了更加重要的位置。

（二）绘本的特征

绘本由于图文结合的表现形式，赋予了阅读更加生动、形象和鲜明的体验。实际上，以图像和文字的互相渗透作为表现形式的读物，除了绘本之外还有很多，例如插图类书籍、连环画、漫画等等，与这几类图书相比，绘本具备一些独特的性质。

（1）视觉性

绘本通过图画这种视觉性的语言展现情节。绘本中的图画占据了绝大部分版面，只看图画也能明白作者讲了什么故事、想说明什么道理。文字与图画互相配合，通过寥寥数语描绘图中人物的心理状态或者介绍故事中的人物名称、对话，达到完整表述的效果。而插图类书籍中文字的篇幅远远超过了图像，图像的存在只是为了举例或者点缀，对于儿童阅读来说，大段大段的文字显得过于苍白和枯燥，插图类书籍中的图片穿插于文字当中，使得文字叙述的内容更加真实形象，如果去掉插图，对书本内容的影响也不大。总之，绘本最大的特征就是以图表义的视觉性效果，只看图画也能看懂绘本。

（2）松散性

绘本当中图画与文字的编排没有固定的形式和位置，文字只出现在需要补充说明的地方，起到画龙点睛的作用。有时候绘本甚至会采用镜头的方法表现主题，类似于蒙太奇效果，图画与文字通过一种特殊的方式联结着，与连环画相比，绘本显得更加悠闲和松散。在连环画中，每一页的图片均配以一定的文字，类似于章回小说，并且一直采用"上图下文"这种相对严肃呆板的编排方式。

（3）哲理性

绘本通过图画和文字讲述故事，这一点与漫画很类似。不同的是，漫画的情节性更突出，形式与结构都更为复杂和严谨，通过对话框展现人物对话。绘本当中的文字比较简练，情节性不如漫画那样跌宕起伏，却在寥寥数语间引人深思，把人生的哲理暗含在简单轻松的图画中，适合儿童的启蒙教育和深层次阅读。

（三）绘本的分类

广义的绘本包括成人绘本儿童绘本甚至玩具书等，狭义的绘本则专指儿童绘本。

1. 按形式分类

儿童绘本按形式分类，可以分为许多不同的种类，具体包含玩具书、数数书、概念书、字母书、折叠书、立体书等等。随着出版行业的发展脚步逐渐加快，少儿绘本的打开和阅读形式也越来越丰富多彩，更全面多角度地契合儿童身心发展特点，更能抓住少儿的好奇心和兴趣点，吸引着小读者们打开绘本、阅读绘本进而爱上绘本。

2. 按内容深度分类

少儿绘本按内容的深刻程度分类，可以划分为不同级别的绘本图书，有些出版机构会以儿童具体年龄段为根据，围绕他们的不同生理、心理特点进行图书的设计，以便满足各个儿童有关阅读方面的需求。目前，许多公共图书馆是按照小读者的年龄进行分区和对绘本进行分类上架。这样的分类方式可以让小读者和家长很容易根据自己的年龄和心理特征来找到适合自己的绘本，缺点是许多绘本到底属于哪个年龄层次很难界定区分，并且找检索也比较麻烦。

3. 按主题分类

绘本按主题分类，可以分为通识教育类、行为规范类、自我探索类、心灵成长类等等。目前许多公共图书馆是按照《中国图书馆图书分类法》的 22 大类来对少儿绘本进行分类和上架。即 A 列宁主义、马克思主义、邓小平理论、毛泽东思想；B 宗教、哲学；C 社会科学总论；D 法律、政治；E 军事；F 经济；G 文化、教育、体育、科学；H 文字、语言；I 文学；J 艺术；K 历史、地理；N 自然科学总论；O 数理科学和化学；P 天文学、地球科学；Q 生物科学；R 卫生、医药；S 农业科学；T 工业技术；U 交通运输；V 航天、航空；X 环境科学、劳动保护科学（安全科学）；Z 综合性图书。其中 I 类文学类绘本一般是公共图书馆藏书量最多的也是出版量最多的，其中 I3 类亚洲文学、I5 类欧洲文学和 17 类美洲文学的绘本数量占比最高，也是备受出版机构推崇和家长及小读者的青睐。G 类、H 类、J 类、K 类、P 类、Q 类、Z 类等也是借阅量较大的绘本书种类。

这样的分类和上架方式有了利于检索和查找，使家长和小读者能够按所需内容类型快速找到自己所需的绘本，缺点是同类绘本数量多、内容广，需要逐本打开翻阅才能知道该本书适不适合自己的年龄层次和心智水平，需要图书馆工作人员的阅读指导和建议。

（四）绘本对儿童成长的启蒙意义

绘本阅读与绘本教育让识字不多的儿童通过图画故事认识自我、认识世界，绘本中活泼明快的生动画面、浓郁芬芳的生活气息、栩栩如生的人物形象等，让儿童有身临其境之感。通过阅读绘本，孩子们体验到生活中的真善美，切身感受到羡慕、紧张、快乐等情绪，充分调动他们的好奇心与求知欲，培养阅读的良好习惯和学习经验，预防和修正他们的负面情绪、习惯和心态，对儿童的成长具有重要的启蒙意义。

1. 绘本阅读是快乐的游戏

对儿童来说，绘本阅读不是枯燥的学习过程，而是像玩玩具一样有趣的休闲游戏，绘本中的形象在孩子们眼中不是虚构出来的人物，而是有生命、会说话、会思考的真实存在，德国著名儿童文学大师雅诺什《不莱梅的音乐家》讲述了被主人赶出家门的老驴、老狗、老猫和老公鸡组成乐团结伴前往不莱梅的故事。四只小动物在路上又累又饿，遇到一屋子强盗，它们齐声怪叫，一起从窗户冲了进去，把强盗吓坏了，撒腿就往外跑……动物们冲进屋后，开始享用美餐，并打跑了折回来试探虚实强盗探子哥瑞克，从此音乐家们在房子里住了下来，过上了幸福的生活。这部绘本中跌宕起伏的故事情节深深吸引了小读者的目光，开始对动物们充满同情，遇到强盗时为他们紧张，赶跑强盗时哈哈大笑，再遇强盗又捏了一把汗，最后大团圆结局充满温情。在阅读绘本的时候，儿童具有强烈的代入感，好像自己就是故事中的主角，获得丰富的、有趣的体验。

2.绘本促进儿童多种能力的发展

（1）审美意识

绘本通过四种审美元素的有机结合培养儿童的审美意识，即多姿多彩的视觉影像的传递、图文结合的多维表现手法、写实与幻想的无缝对接以及艺术创造的隐喻性。美国儿童文学作家李欧·李奥尼《自己的颜色》中的小变色龙，为了拥有自己唯一的颜色，春天到秋天都坚韧地趴在一片叶子上，可是希望破灭了——树叶由绿色变成了黄色。然而，另外一只变色龙的出现，让故事一下子明亮起来：只要有一个朋友始终步调一致地陪伴，不管颜色怎么变，至少还有一个跟自己是一样的！绘本中出现了绿色的鹦鹉、红色的金鱼、灰色的大象、粉红色的猪，还有五彩缤纷的变色龙随着环境的变化不断变色，线条流畅、旁白简洁，体现了一种先进的视觉艺术。

绘本当中的图画既有故事性的起承转合，有细节化的特写，又有宽阔的视野，画面上一气呵成，充满鲜活的生命力。绘本强调视觉性的冲击，图画版面大、色彩鲜丽，构图采用强烈的对比关系，富有视觉性的图画使得故事中的人物性格更加鲜明和丰满，激发儿童的阅读欲望，使其注意力集中在故事情节上。绘本阅读能培养儿童分辨美丑的基本能力，是儿童的审美能力甚至绘画模仿技能的平台。

（2）想象力

想象力既是儿童的天性，又可以从后天直接、间接的真实体验中得来，体验的事物和情感越丰富，想象的东西就越新颖。绘本打开了儿童对陌生世界的探索，使其产生许多特殊、新奇的想法，为儿童提供了现实生活中无法体验的素材，跨越现实的束缚，为儿童呈现一个充满惊喜的奇妙世界。成年人不能够看到的、不能够想到的、不能够说出来的，都可以通过绘本描述和呈现出来。

例如美国绘本作家朱迪·巴瑞特文《阴天有时下肉丸》，吧唧吧唧小镇是个神奇的小镇，刮风下雨的时候从天而降的是各种美味的食物。可是突然有一天，天气变坏了，肉丸、汉堡、薯条、水果堆满了小镇，人们不知道该怎么办了……天上还会掉下什么好吃的？面对过多的食物人们怎么办？儿童想象力的翅膀在每一页用线条勾勒得非常逼真的美食中打开了。一部好的绘本，会给读者预留大块的想象空间，读者能够根据绘本的整体形态和意境，对故事情节展开丰富的联想和猜测，有时候还会在画面中特意强调一些细节，引导儿童对故事进行延伸和扩充。绘本能让儿童的想象力和创造力得以自由发挥，同时图文品质也直接决定了儿童想象力的品质。

（3）语言能力

对绘本的阅读，不仅仅是对图画的欣赏、对故事情节的追逐，同时也是对简单文字的认知。儿童能从绘本中接触更多文字，丰富自己的词汇量，体会语言之美。另一方面，儿童一旦体会到绘本的趣味，就会不断提出自己心中的疑惑和想法，教师和家长以丰富的语言作出响应，无形中能促进儿童语言沟通能力和自我表达能力。如在读到《月亮的味道》，儿童会第一时间提出疑惑，月亮能有什么味道？读到《风到哪里去了》，儿童也会跟随书中的小男孩不断追问风到哪里去了，在一问一答中循序渐进地知道世上物质不灭的道理。

（4）生活经验

绘本的内容包罗万象，它不仅仅是讲述一个故事、传授一点知识，而是涉及天文、地理、人文、自然等方面，有讲亲情友情的、讲机智勇敢的、讲自然环境的、讲生命尊严的、讲追逐梦想的、讲坚持自我的……题材多种多样，对阅历不多、生活经验有限的儿童而言，不仅仅提供了阅读的快乐体验，也提供了百科全书一样充满观察性、感受性、思考性的认知学习经验和生活经验。

日本绘本大师岩村和朗的经典代表作《14只老鼠》讲述了在由爷爷、奶奶、爸爸、妈妈和十个孩子组成的老鼠大家庭中，所有的家庭成员互相关心和爱护，团结一致对抗困难、建设家园的故事，融合了自然之美与亲情之爱；瑞士约克·史坦纳《森林大熊》中的大熊醒来发现森林不见了，面前只有工厂，最后以一个凄凉的画面结束，在儿童心里建立起保护环境的强烈诉求；美国儿童文学家罗伯特·麦克洛斯基《让路给小鸭子》被称为"最仁慈的书"，描绘了一个警察拦下所有车辆，护送一排鸭子过马路的温情故事，培养儿童善良的心性以及与自然和谐相处的意识。

（5）阅读能力

阅读能力是指自主阅读的意识和技能，0-8岁是每个人阅读能力形成并巩固的关键时期。每个人的阅读生涯都是从绘本开始的，因此绘本的阅读是培养儿童阅读能力的第一步。由于儿童自身特点，绘本阅读不是一个个体行为，而要通过家长和教师的引导，培养自觉的阅读意识、良好的阅读习惯和有效的阅读技巧。在这个导读的过程中，需要把握一个"度"，如果干涉过多，不利于儿童独立思考，难以形成自主阅读能力；如果主导过少，儿童也很容易因为看不懂而对阅读失去兴趣。

在儿童的绘本阅读过程中，家长和教师可以通过多种形式有意识地培养儿童的自主阅读能力，例如设计一些推理性的问题，帮助儿童在阅读过程中有意识地观察图画中各种人物、事物的变化和联系，并通过解答问题来推测故事情节的发展和获得阅读的成就感；利用适时的介入和退出方式，一步步地提升儿童自主阅读的快乐；利用先读图再读文字最后图文结合并复述故事的方式培养儿童"深阅读"的阅读技巧等。

3. 绘本是"童心阅疗"的精神阵地

阅读能让读者对问题、挫折产生新的认知，提供走出困境的新思路，一直被认为是一种积极有效的心理治疗方式。1802年美国医学界就有人建议用"阅读治疗"的方式改善病人的心理状况。阅读治疗就是由图书馆馆员、心理咨询师等，针对读者的实际问题，针对性地选择适当读物，供读者阅读，并且在阅读过程中提供引导、交流和帮助，减轻读者的生理痛苦、排除心理障碍，以调整读者情绪和心理状态，重建其行为模式。

阅读治疗不仅仅是一种心理治疗手段，更加是一种心理保健手段。儿童心智不成熟，产生重大心理疾病的概率很小，进行"临床性阅读治疗"，即针对具体症状展开针对性的阅读治疗的概率就很小，因此儿童的阅读治疗大多是"发展性阅读治疗"，即通过儿童的日常行为预见他们可能的情绪变化、心理发展以及遭遇的问题，通过阅读相关读物使他们对自己有更明确的认知和期望值，强调预防和发展的作用。儿童的阅读能力和理解能力决定了绘本对于"童心阅疗"的核心作用。

例如，多数儿童缺乏耐性，对一件事情的关注度和持续性很低，做一件事情可能不超过十分钟，完不成就干脆放弃了。图书馆馆员针对这种情况，用德国绘本《犟龟》作为阅读治疗的媒介，和家长、孩子一起阅读并试着一起讨论，当孩子做不完事情想放弃的时候，家长便问："陶陶（《犟龟》主人公）如果遇到这种情况，他会怎么做呢？"孩子回想绘本内容，对比自己的行为，自然而然会模仿这只倔强乌龟的坚持精神。台湾大学的陈书梅教授将绘本的童心阅疗作用分为三个层次，即"认同"、"净化"和"领悟"，精确地概括了绘本在阅读治疗过程中对儿童身心发育的多重效用。通过阅读消化绘本讲述的故事内容，儿童找出故事主角其相似之处，明确虚拟人物和现实人物的情绪困扰问题之间的异同点，产生认同感；接着，儿童跳出阅读故事的框架，思考和归纳故事人物经历的问题，体验故事主角的情绪感受，进行情绪控制和自我省察，达到净化的作用；最后，儿童比较自己在面对相似问题时，与故事主角间所采取的办法的不同之处，从而进行自我修正和模仿性的自我应用，达到领悟、治疗和预防的效用。

二、公共图书馆开展少儿绘本阅读推广的必要性及可行性

（一）必要性分析

《公共图书馆宣言》（联合国教科文组织颁布）中，明确要求：要从小对儿童阅读习惯进行培养、强化，激发将其想象力和创造力，国际图联也针对婴儿、学步儿童进一步制定了图书馆服务指南，要求图书馆在服务婴幼儿方面的重视程度应当同等于服务于成人的重视程度。著名教育学家杜

威先生也指出，"儿童能力初期萌芽极为关键，在儿童初期自然趋向引导下，能将其基本习惯固定，并将其未来能力趋向确定。"根据国外在分组跟踪研究方面的数据得知，儿童阶段良好学习能力、阅读习惯养成之后，相对于并未对阅读能力培养予以重视的人而言，18 岁之后可降低 70% 的犯罪率，就业率高达 96%，且会呈现出高于社会评价指标的生存状态和生命质量。如此一来不难发现，公共图书馆绘本阅读推广活动开展的重要性、必要性。

2018 年起正式实施的《中华人民共和国公共图书馆法》第二章第三十四条中明确指出，由政府主导设立的公共图书馆需要落实少年儿童阅览区域的设置，以少年儿童特点为根据合理进行专业人员的配备，并面向儿童开展阅读指导、社会教育活动，同时向学校有关课外活动提供支持，个别地区倘若具备条件，可独自进行少年儿童图书馆的设立。由此可见，从国外到国内，都将少年儿童的阅读推广工作的重要性放到了前所未有的新高度上。绘本阅读推广应作为儿童阅读推广工作的突破口和排头兵。

（二）可行性分析

儿童的阅读推广主要依赖家庭、学校和图书馆三大系统的配合和协调。而公共图书馆最大的特征即具备良好环境、馆藏资源丰富，导读馆员可为读者供给针对性服务等，更利于进行儿童绘本阅读推广工作的开展。

1.广博的绘本阅读资源

普通家庭想要大量的收藏绘本，在经济上具有一定的压力，因为绘本的价格相对于其他童书价格较高。公共图书馆的采购员，因需深入绘本图书市场进行相关书籍的采购，故而也就更明白儿童都对什么样的读物更感兴趣，从而对本馆儿童读者年龄、性格特征、阅读爱好等多项特征展开分析，在购书费用有限的情况下，确定适合不同年龄阶段的绘本采购比例，品种分配，以及绘本分类上架。有针对性和选择性地采购国内外优秀绘本，使图书馆拥有多样且海量的绘本阅读资源。

2. 优良的绘本阅读环境

阅读质量受环境的影响较大，若要保证阅读效果，在儿童阅读时，应注意为其提供轻松自由、舒适安静的阅读环境，让他们更愿意在这一环境下进行阅读。公共图书馆儿童绘本阅读区阅读环境都具备安全、舒适、开放等优势与特征，且具备布局合理的功能区的划分：儿童绘本阅读区又被细分为手工区、阅读区、亲子共读区等多个类别；在装饰方面也强调个体化，主要结合儿童心理特征选择对应的风格，尽可能地营造良好集体阅读气氛。

3. 丰富的绘本阅读活动

绘本讲读与阅读拓展活动属于公共图书馆绘本阅读的两种主要形式，其中的阅读拓展活动可采取的举措相当多，典型的如绘本自编自画、结合绘本进行手工操作、绘本剧编演等。绘本讲读实质即是根据绘本内容进行内容讲读，使读者体会到其中的乐趣，使得阅读积极性被激发，确保阅读习惯能慢慢养成，并能经常到图书馆阅读区开展阅读行为。开展阅读拓展活动的目的即让小读者们的注意力得到集中，更愿意到图书馆进行书籍阅读，而不会对图书馆产生排斥行为，于潜移默化中对绘本阅读更感兴趣，最终爱上读书。

三、公共图书馆少儿绘本阅读推广策略建议

（一）完善图书馆少儿绘本资源建设与管理

公共图书馆完善绘本资源建设与管理是进行阅读推广和提供优质绘本阅读服务的基础。公共图书馆需要打造良好的阅读环境，完善绘本采购和荐购渠道，采购和收藏包括双语绘本在内的各种，并对绘本进行科学的分类和管理以针对不同年龄的少儿读者，以便于读者检索和查找，同时公共图书馆还应当通过在图书馆公众号、微信交流群和馆内海报等方式加强兑优秀绘本书目的推荐。

1.完善绘本采购渠道，科学采购绘本

据调查，70%以上的读者表示希望公共图书馆可以采购优质的绘本，部分读者表示希望图书馆可以丰富绘本的种类，并希望图书馆可以提供绘本荐购服务，因此公共图书馆有必要采购和收藏数量充足、题材多元化的优秀绘本以满足少儿读者的不同需求。图书馆应当拓宽绘本采购渠道，不单从书商提供的采购书单中选择绘本，还可以从绘本论坛，优秀绘本公众号，书评网站了解当下流行的优秀绘本书目；可以从网络书店采购，也可以直接从国外图书网上书店购买优秀的外文绘本，还可以通过读者荐购的形式，满足不同读者的需求。图书馆应当科学采购绘本，了解读者的需求，对于广受欢迎、借阅量高的绘本适当增加副本，减少采购借阅量少的绘本。优秀的绘本作品可以使孩子爱上阅读，有助于少儿身心健康成长。图书馆就增加馆内绘本馆藏是做好少儿绘本阅读推广这项服务的基础。图书可以大力采购收藏国内外优秀绘本奖，如美国凯迪克大奖、安徒生大奖、英国格林威大奖等的优秀绘本，通过各种渠道购置国内原创优秀绘本，丰富绘本类型，采购多语种、双语绘本。还可以制作数字绘本，增加收藏数字绘本资源。比如广州图书馆的亲子绘本阅读馆就馆藏了绘本文献共12万册，其中重点收藏获得过安徒生大奖、丰子恺图画书奖、凯迪克大奖等国际大奖的绘本，将如蒲蒲兰、爱心树等国内著名出版社出版的绘本全部收藏。

公共图书馆应当加大对绘本的采购力度，通过国内外各种绘本网站获取更多优质绘本书目信息并进行科学采购。除了优化图书馆的绘本配置外，还可以开展阅读分级，如按少儿年龄段划分少儿阅览室，把绘本按年龄阶层进行排架，同时配置相应的绘本阅读指导资源，使家长也可以不断地学习进步，通过合理科学配置绘本资源使越来越多的少儿读者和家长愿意走进图书馆。

2.加强馆藏绘本管理

调查中我们发现，有部分读者表示在图书馆系统中检索绘本后却在书架上找不到或者很难找到，因此公共图书馆需要在建设丰富绘本资源的基础上对绘本进行科学分类和管理，可以通过绘本主题内容进行分类，也可以通过针对不同的年龄阶段进行分类，还可以通过绘本的形式来进行分类。在绘本内容方面，可以将绘本分为日常生活主题类，如生活主题绘本、科普类绘本、教育主题绘本、情绪管理类绘本、意志培养类绘本；思考意识类，如想象类绘本、空间类绘本、意识形态类绘本；文化类，如种族绘本、各地文化绘本；启发心智类，如创意绘本、游戏绘本。通过绘本的形式可以将绘本分为立体书绘本，翻翻书绘本，手偶书绘本，音效绘本等等。通过针对不同的年龄阶段对绘本进行分类可以方便不同年龄阶段的少儿读者找到自己需要的绘本。比如广州图书馆将绘本按不同国别地区设置了"港澳台地区绘本""蒲蒲兰绘本""英文原版绘本"等专架，为少儿和成人提供了更加方便的绘本借阅服务。江阴市图书馆儿童绘本馆为不分年龄层次的读者提供分级借阅服务，专门针对少儿年龄、身心和阅读差异的特点，将绘本展览、亲子阅读活动、语言教学、阅读指导、绘本故事会集合于一体。

　　除了对绘本进行合理的分类外，图书馆还应当对绘本进行合理的编排和放置，及时把读者归还的绘本重新整理上架，方便读者在图书馆系统中检索到绘本后轻松地找到绘本。

　　3. 重视绘本书目推荐

　　调查中，很多读者希望公共图书馆可以推荐绘本数目，因此公共图书馆可以各种有效方式制作和派发吸引少儿的优秀绘本书目单。绘本书目单要符合少儿具有强烈的好奇心、喜爱颜色鲜艳的事物、喜欢亲自动手参的特性，使书目单在吸引儿童的同时，也能成为家长指导少儿阅读的资料。在少儿绘本阅读活动中派发绘本书目单，可以使绘本阅读推广取得更好的效果。一些图书馆为推广少儿绘本阅读采用了各种各样的方法。其中，制作绘本书目单是推广少儿绘本阅读的有效方法，获得了少儿和家长的一致好评。制作绘本书目单是为了吸引少儿，因此书目单必须符合少儿的特性，让少儿在玩乐中潜移默化地获取书本的知识，领略到绘本阅读的乐趣。

书目单通过两个步骤提高少儿阅读需要：一是制作精美的绘本书目单；二是成功发放绘本书目单。手工绘本书目单是进行了包装、设计的书目单。书目单内容包括书目推荐和指导孩子阅读等内容，并印刷在色彩鲜艳的图片上。书单内容包括推荐书目的主题及推荐理由；如何阅读和欣赏绘本；在亲子阅读中，家长该如何指导孩子阅读绘本等内容。可以通过现场派发方式派发绘本书目单，图书馆员还可以教少儿读者自己动手制作书目单，让他们获得参与感，从而对书目单产生兴趣，并且在书目单查找更多的绘本进行阅读，体验阅读的乐趣。图书馆也可以通过网络渠道，比如通过微信公众号，读者交流群、图书馆官方网站等渠道发布书单信息。此外，图书馆可以在网站和公众号上设立了反馈栏目，以接收孩子和家长的反馈意见，搭建良好交流的平台。手工绘本书目单符合少儿喜欢新奇事物、愿意亲自动手参与的特性。图书馆可以巧妙地利用绘本书目单，让孩子在玩乐中体验到阅读的乐趣，从而爱上阅读。

（二）为少儿读者量身打造阅读环境

图书馆为儿童准备布置充满童趣的阅览室是儿童阅读硬环境建造的第一步，在图书馆专门开辟出一个开放的空间，配备专门的小书架、小桌椅、沙发、抱枕、玩具等，收藏并实时更新国内外精美绘本，创立绘本展示厅、绘本朗读场、绘本创作教室、绘本表演剧场、绘本主题游戏屋等单元。还可以效仿日本的梦创造绘本馆、上海的蒲蒲兰绘本馆，通过变幻的图形、多彩的色调、立体的雕塑等，将图书馆的绘本单元打造成一个超现实的充满幻想和乐趣的精神乐园。

图书馆工作人员还应当让儿童在阅读中感受到宽松自由的气氛，从心理上感到平等舒适，同时为孩子提供科学的阅读指导，营造开放、宽松的阅读心理环境。图书馆对儿童阅读推广的举措还需要家长的积极配合，对儿童的早期阅读行为表示关注、兴趣和赞赏，维持儿童的阅读兴趣。同时，图书馆根据儿童的年龄特点，开展多等级、多渠道、多媒体的阅读活动，把生活阅读、课内阅读、课外阅读有机地结合起来，并延伸开展观看电影、语言游戏等活动，促进儿童阅读能力和语言能力发展。

（三）创新活动方式

1.知识讲座

绘本阅读推广的讲座按照对象可分为针对成人的绘本知识讲座、针对儿童的绘本文学讲座和同时面对家长、儿童的亲子共读主题讲座。例如，扬州少儿图书馆邀请著名儿童教育专家卢勤做"倾听孩子心声"讲座，分享研究儿童及家长心理健康的心得，结合古今中外家庭早期教育和阅读教育的生动案例，为家长树立儿童阅读、阅读教育理念；首都图书馆与蒲蒲兰绘本馆合作举办"绘本与亲子关系"系列讲座，邀请绘本研究专家崔维燕、儿童发展研究员小巫、阅读推广人林静、儿童读物编辑白爱宝等为家长和儿童做了"在绘本中反思育儿""亲子共读的乐趣""绘本中的亲子沟通""绘本与孩子的情感发展"等主题讲座，认为绘本不是简单的快乐阅读，更是教育，并分享在绘本阅读过程中增进亲子关系的好方法；湖南省少年儿童图书馆邀请德国公共图书馆馆员联盟主席 Birgit Dankert 先生向家长和儿童讲解了绘本传统在德国的发展情况，介绍了德国绘本的一些样本和著名绘本创作艺术家，论述了绘本阅读在识字教育、文化教育和社会教育方面的重要性。

2.故事会

绘本故事会就是由馆员以讲故事的方式带领儿童阅读绘本，"讲故事"不是"读课本"式的文字复述行为，一方面以生动的口头语言、肢体语言描绘绘本中的故事情节，一方面指读绘本中的书面文字，帮助儿童初步建立图画、书面文字和口头语言之间的对应关系。在故事会活动当中，可适当播放背景音乐，使得儿童尽快进入状态；采用半圆形的围坐方式，增进儿童与馆员、儿童之间的亲近感和互动性；馆员在讲故事过程中经常抛出问题，引导儿童展开思考和想象；提倡小朋友复述故事，并加入竞赛环节、提供小奖品，提高儿童参与热情。

3. 角色扮演

角色扮演是指扮演文学作品、动漫作品或者游戏角色的行为，在绘本阅读的角色扮演中，儿童被赋予绘本中讲述的一个假定的角色，按照自己的理解、角色的设定和情节的发展重现书中情节，由其余的参与者记录并评价角色扮演者的表现，加深所有参加者对该绘本的思考和挖掘，达到"深阅读"效果。

角色扮演的环节可放在讲故事的环节后面。馆员要设计好主题及场景，按照绘本中描述的环境布置活动场地，选择进行角色扮演的绘本要让儿童在表演过程中有话可说、有事可做，例如对话内容比较多的绘本；本着自主自愿的原则挑选进行表演的读者，给予他们最大的鼓励，让他们充分表现出自己的才能，充分展现出绘本所要表现的理念；馆员要积极准备道具，模拟场景尽可能逼真，提高儿童对扮演的兴趣和欲望；馆员在角色扮演中的作用还体现在让儿童充分发挥想象力和主体积极性，让他们通过相互交流展开绘本阅读，儿童在表演过程中可能超出预先设计的情节，而这些超越对于他们是十分有趣的，对于他们阅读能力提高也很有价值；最后，馆员在儿童角色扮演活动中要带领作为"观众"的儿童对作为"演员"的儿童恰当地做出反馈和评价，甚至可以让儿童组队分别表演，促进儿童提高语言表达能力，营造一种和谐、积极、热情的阅读气氛。

4. 亲子共读

基于绘本的亲子共读，就是以绘本和阅读为纽带，家长和儿童一起阅读，并且分享阅读感受。亲子共读为家长创造与孩子沟通的机会，加深幼儿对父爱、母爱的体验，促进他们的身心健康；亲子共读分享阅读绘本的乐趣和感动，培养儿童对阅读的兴趣；亲子共读让家长和儿童共同阅读、学习和成长；亲子共读在轻松的气氛中提高儿童的阅读能力，积累和发展语言，开发智力，发展创造性思维，并且给儿童带来愉悦、智慧、希望、勇气和信心。

图书馆开展绘本亲子共读服务，指导家长更好地与儿童共读绘本，引导儿童在家长的带领下发现阅读的乐趣。与家长建立有效沟通，引起家长对亲子共读的重视；组织家长和儿童进行亲子比读、角色反串、趣味游戏等活动；成立亲子共读读书会，方便家长之间共享优秀绘本资源和共读经验；提供亲子共读书单；设计"亲子共读卡"记录绘本阅读的一点一滴，记录家长和儿童在共读过程中的不断进步和成长；开设以家庭为参与单元的诗歌朗诵、绘本漂流、有奖竞猜等阅读延伸活动；成立亲子共读研究小组，专门研究亲子共读相关理论和实践。图书馆的阅读氛围浓烈，阅读资料广泛且新颖，阅读方法科学而系统，阅读形式多样且灵活，并且具备很高的社会认可度。

5.绘本创作

"成就感"是对儿童最好的激励，在绘本阅读过程中，鼓励儿童从绘本故事当中汲取知识营养，发挥想象力和创造力，按照既定主题或者自定主题进行绘本创作，让儿童充满成就感，大大提高儿童对绘本阅读的兴趣和热情，也培养了儿童的口头、书面语言表达能力，将他们抽象的形象思维转化为具象的图像，反映出绘本阅读的成效。

儿童创作绘本的形式不拘一格：根据已读绘本的人物原型对原故事加以改编或者设计一个崭新的故事；根据图书馆馆员设计好的既定主题，或者由每个参加活动的儿童自己选择感兴趣的主题，根据主题编故事，在馆员的帮助下设计构图和着色，完成画稿。绘本画稿完成之后，组织小读者们展示自己的图画、讲述自己创作的故事，互相交流讨论，由馆员进行鼓励性评价。绘本创作也可采取团队合作的方式，在活动当中所有人齐心协力完成同一个作品，不仅鼓励集思广益，也培养了儿童团结合作的集体精神。

此外，图书馆还可举办一系列的绘本创作征集比赛活动，激发儿童对绘本阅读和绘本创作的兴趣，例如绘本故事接力赛、绘本创编征集、绘本作品展览等，并为儿童提供个性化的绘本创作环境。

（四）增强公共图书馆少儿绘本阅读影响力

1.丰富绘本阅读推广方式

在图书馆全年推广的工作中，几乎都能够看到少儿阅读推广活动，但其却并未有较高的社会认识和参与度。所以，公共图书馆需从而传统思维中突破出来，积极进行调查研究，努力改变老套无效的活动。

（1）创造品牌化活动

公共图书馆要有与全社会合作的胆识，大胆引入社会力量办活动，在开展活动时选择合作或者品牌输出的方式，对选秀类活动，又或是知识抢答类活动模式予以借鉴或运用，结合商业策划和公益活动。在策划时将品牌设计理念引入进来，品牌化既可让图书馆的知名度大幅提升，也可获得更高的美誉度，达到读者预期，将其响应活动的积极性激发出来。同时应为整个绘本阅读推广活动设计形象，比如设计一个生动活泼的吉祥物，定期开展不同主题但同一模式的常规化活动，使之深入人心，让儿童和家长形成习惯。

（2）利用新技术和数字资源

公共图书馆要善于将一些新技术利用起来，全方位开展活动，让线上线下联动传播成功实现。如深圳图书馆联合"哪吒看书"举办了"跟着绘本游丝路——亲自数字阅读活动"通过对电子绘本的讲解和演示，展示丝路历史、丝路路线图、风俗地貌等。如果儿童阅读绘本由专业图书馆员指导，阅读效果会更好。而香港公共图书馆便对"网上讨论区"予以了设立，鼓励读书会成员通过互联网和导师进行讨论交流，使彼此之间的沟通联系进一步加强。

（3）增加馆员与读者的互动

榜样具有巨大的力量，因而公共图书馆需寻找读书榜样，将阅读"达人"找出来。以点带面，让阅读小达人带动更多的小读者。阅读推广工作者的责任就像一个老师。正确的领导能激发孩子们真正理解图画书中的每一个元素。正确、权威的阅读和引导技巧可以帮助学生把握绘本的精髓，促进孩子想象力和创造力的释放，避免思维方式固化。

2.拓宽绘本阅读推广渠道

当前，中国社会的主要矛盾已经转化为人民日益增长的美好生活的需要和不平衡不充分的发展之间的矛盾。现阶段，四级公共图书馆系统（国家、省（区）、市、县）已在中国建立起来，但从总体上来说，随着人民精神文化需求的不断提高，其不论是数量还是质量都不理想。这正是中国社会主要矛盾在图书馆领域的主要体现。

作为社区居民身边的文化中心，社区图书馆和阅览室具有非常广的辐射面，可很好地普及大众的阅读理念，为其示范正确的阅读行为，让诸多家庭漠视儿童早期阅读的情况得到明显改善，使之将早期阅读理念树立起来。亲子阅读可以使婴幼儿的情绪发展得到稳定，让儿童的依恋心理得到满足，让他们感到外部环境的安全和心灵的安全，可将儿童多元潜能激发出来，对其社会性发展起到积极促进作用。同时，亲子共读绘本也能够创设良好的家庭关系情境，营造和谐温馨的气氛，增强儿童和家长的幸福感。因此社区图书馆一定要重视少儿原生家庭的阅读指导，在工作计划中纳入指导家长以家庭为阵地进行亲子共读这一项目。受个体能力的影响，儿童并不是图书馆的常规使用者，所以推广人员一定要定期为家长答疑解惑，将阅读材料与阅读方法等方面的指导提供给家长。指导父母开展亲子阅读时利用，合作式、对话式和互动式等策略，把儿童的阅读兴趣激发出来，实现亲子之间的有效互动和交流。

而在占中国人口大多数的农村地区，儿童的阅读情况却不容乐观，大量农家书屋不仅缺乏种类齐全的少儿绘本和其他童书，更是缺乏具备专业知识的图书馆员，使大量的农村地区的儿童无法获得与城市儿童或发达地区儿童相同的阅读机会和阅读指导。在中国普遍实行的总分馆体制下，区县级图书馆可以为村镇级图书馆提供培训、辅导和技术、资源支持，而这又往往受到一个地区经济发展水平、财政支持力度和当地对文化事业重视程度、思想观念、文化习俗等因素的制约。因此各村镇图书馆的总馆不仅要加大支持和帮扶力度，定期组织针对农家书屋图书馆员的培训活动、按各地村镇儿童数量提供绘本资源、组织阅读推广馆员到农家书屋调研指导并开展活动，还要培养农家书屋的自建能力，辅助其逐渐依靠自身力量开展少儿绘本阅读推广活动并建立激励反馈机制，使其发展科学化常态化。还要引入社会力量，吸引企业和基金项目的资金支持，引发公益团体的重视和全社会的关注。

（五）加强绘本阅读推广人才队伍建设

1.加强馆员培训

推进公共图书馆绘本阅读推广工作离不开具有儿童教育专业知识背景，又有丰富阅读推广经验的人才。优秀的人才是图书馆绘本阅读服务发展的关键。公共图书馆应该高度重视引进和培养专业人才，对少儿阅读推广团队进行科学的管理，加强开展馆员专业知识和业务知识培训，不断提高馆员的综合素质；另一方面，公共图书馆可以招募具有相关专业背景和丰富少儿阅读推广经验的志愿者，以弥补馆员知识结构和经验方面的缺欠。公共图书馆可以实施"走出去"和"请进来"策略，支持本馆绘本馆馆员到先进的地方去学习、交流和深造，邀请国内外成功的少儿绘本阅读推广人来馆开展讲座和培训，培养出一批少儿绘本阅读推广人才队伍。

2.建立绘本阅读推广志愿队伍

人员不足是制约公共图书馆绘本阅读推广的重要因素，目前公共图书馆由于资金和编制的限制，不可能通过招聘大量正式馆员的来补充图书馆少儿阅读推广人员的不足，在调查中笔者发现部分读者有意愿参加到图书馆的绘本阅读绘本工作中来，因此图书馆可以招募热爱少儿绘本阅读推广的志愿者加入图书馆少儿阅读推广团队。少儿阅读志愿者可以来自社会各界，比如教师、绘本馆工作人员、早教人员或家庭主妇等，他们的专业知识和经验可以帮助图书馆提升服务质量。公共图书馆应加大力度，招募更多的少儿绘本阅读志愿者，建设强大的少儿绘本阅读推广志愿者队伍。目前，有些公共图书馆已经建立起自己的志愿者队伍，比如上海的"绘本阅读推广公益组织"，北京的"浦蒲兰绘本馆"，合肥的"快乐童年公益阅读坊"，温州的"毛毛虫上书房"，还有深圳的"三叶草故事家族"，"公益小书房"等。江阴市图书馆聘请幼儿园教师作为"种子老师"。为鼓励更多的家长和孩子参加，绘本馆成立了"种子妈妈故事团"，招募爱绘本，擅于讲述绘本故事的志愿者，该馆还推出了"幸福阅读启航"种子伙伴的选拔活动，精心挑选了 8 位优秀小志愿者。通过扩大志愿者队伍，小读者们可以听到图书馆员、幼儿园老师讲的故事，还能听到他们的父母和朋友们讲述的故事。将有志于参与到少儿绘本阅读推广的家长、志愿者组织起来，图书馆可以把他们培训成故事爸妈、故事哥哥姐姐。通过他们的示范作用，带动身边更多的人关注到少儿绘本阅读，加入绘本推广的行列。公共图书馆可以学习借鉴国内、外优秀图书馆的成功经验培训图书馆员和家长读者，提高家长读者对绘本讲述技巧的了解，掌握选择、讲述少儿绘本的相关知识和技巧，通过培训让他们能够胜任故事馆员、故事爸妈，可以良好的管理少儿绘本阅读活动，还可以通过各种奖励和赠送方式激发家长读者参与到少儿绘本阅读推广的积极性。

（六）建立多方合作机制

1. 图书馆与书店绘本馆合作

作为一种民间图书馆，绘本馆以城市儿童为主要服务对象，并向其提供文化服务，多以会员制的形式来达到创收的目的。近年来城市人口的大量增长、儿童早期教育和启蒙阅读的需求增大、公共文化资源的缺失和地域分布不均等现状促进了民营绘本馆的产生。目前许多城市绘本馆的数量甚至要远远高于公共图书馆的数量。在一定程度上，绘本馆既类似于社区图书馆，但二者也又不同之处，绘本馆因为得到了诸多民间力量的资助，所以在办馆方式呈现出多样化的特点，一些绘本馆以儿童早教为服务特色。民营绘本馆的出现既能够对儿童的阅读兴趣予以培养，让公共图书馆服务的缺陷得到有效弥补，促进社区文化氛围的提升，还能够将一定的交流空间提供给家长，使之交流育儿经验。

在全民阅读的大背景下，绘本馆等民间公益儿童阅读组织逐渐兴起，并和公共图书馆之间建立了良好合作关系，二者之间经常开展少儿阅读推广活动。作为官方推广阅读活动的一个重要阵地，公共图书馆在诸多方面均具有非常大的优势，包括馆内环境、软硬件设施、文献资源、人才资源等，而民间形成的阅读团体具有非常强的生命力，灵活的形式，并拥有自己的志愿者团队，因而二者的合作是可行的，且对双方也有极大的帮助。

诸如故事会、读书会、培训班、公益讲座、绘本剧表演等均是二者经常选择的合作形式。公益儿童阅读组织和公共图书馆的合作范围对双方在合作中的权利义务进行了规范，使之尽量把各自的优势发挥出来，长远有序地进行合作。

图书馆应该具备开放的理念，走向共赢的道路，积极与绘本馆交流学习，进一步参与其中，扩大自身影响范围。对街道与社区的图书馆来说，必须注重合作，打造更加完善的合作平台，将自身的主导作用体现出来。为了保证图书馆这项工作的正常进行，需要由专门的部门进行负责，通过做好统筹规划工作，让阅读推广活动在开展中取得更好的效果。图书馆中所有员工也要转变思想意识，发挥出自己才能，积极地提出自己的意见，不断改进阅读推广活动的内容，创新其形式，并做好宣传工作，将已有的带动效应体现出来。公共图书馆要也要拓宽合作渠道，可以与民间公益阅读组织加强合作，形成更多影响力强的项目，体现出品牌辐射带动效果。如在儿童阅读品牌打造中，应该保证其内容与形式具备较强的吸引力，能够引起儿童的兴趣，并与实际生活加强联系。此外，图书馆在开展阅读推广活动时应该循序渐进，不能半途而废，不断地在活动开展中进行创新，灵活运用多种形式，保证其能够形成长久吸引力。

2. 图书馆与学校合作

图书馆要和幼儿园、小学等加强联系，一起开展绘本资源推送工作，带动更多儿童参与到绘本阅读活动中。图书馆可以从当地已有幼儿园、小学校情况出发，通过对合作协议的签订实现文献资源共享，让儿童接触到更多的绘本资源。图书馆可以与幼儿园及小学校合作共建阅读基地，将阅读课长期定期地开在图书馆内，充分利用馆内绘本资源和人力资源优势，图书馆工作人员也可以适时深入到幼儿园、小学校与儿童一起进行阅读，并邀请幼儿及其家长到图书馆参观。以上合作能让绘本资源得到进一步利用，同时也有利于幼儿园及小学教师开展教学活动，更有利于儿童在绘本阅读中感受快乐、积累知识、提升阅读能力和语言素养。

3.各图书馆之间加强合作

目前中国已有许多城市实现了本市内各个图书馆图书的通借通还，然而联合开展阅读推广活动的图书馆却很少见，跨地区的合作则更为少见。各类型各级别图书馆之间要加强绘本阅读推广工作的横向交流和互鉴互动，构建少儿绘本阅读推广研究和服务的共享平台。

图书馆要想让绘本阅读推广活动正常进行，应该找到突破点，针对可以通过打造儿童阅读推广图书馆联盟的方式，对各图书馆进行统一部署，让广大儿童享受到更好的服务。同时也要积极加快总分馆建设步伐，注重对流通站的建设，并采取阵地服务、社区活动以及送书上门等措施。要充分认识到儿童读者是主要服务对象，在阅读推广活动进行中，应该注重共享数字资源，让儿童有更多阅读的机会，逐步实现自身思维能力的发展，也促进儿童的健康成长。

4.图书馆与公众人物合作

（1）名人效应

名人的出现所达成的引人注意、强化事物、扩大影响的效应，或人们模仿名人的心理现象统称为名人效应。名人效应对生活的各个方面都有深远的影响，在少儿绘本推广中的应用主要通过宣传推广来实现。如知名演员邓超曾在其个人微博上发布了其在幼儿园为小朋友们讲绘本的视频，其中包括《是谁嗯嗯在我头上》等多本广受好评的儿童绘本。这一行为引发了大量关注并极大地带动了绘本阅读。名人效应可以促进图书馆图书的阅读和推广，它能够发动更多人进行阅读。同时图书馆服务上有着越来越多的功能，图书与资源不断增多，越能够发挥出名人社会效应。在自身影响了增强后，将有更多读者参与进来，也让图书馆进行阅读推广活动有可靠基础条件。

（2）广泛合作

图书馆在开展少儿绘本阅读推广工作中，可以广泛向社会各界征求建议，可以让阅读推广工作有良好的群众基础，保证活动的顺利开展，取得更大的效果，进一步促使全民阅读水平的提升。在名人效应的影响下，图书馆增强了对广大读者的吸引力也有利于维持自身的社会形象，通过利用这种方法，还能够让图书馆有更多方面的支持，包括社会各界的基金捐赠和图书捐赠等。对此今后图书馆在开展阅读推广的过程中，应该将名人的作用充分体现出来，形成更明显的名人效应，使少儿绘本的推广能够健康有序地进行。

四、公共图书馆少儿绘本阅读推广案例

（一）广州图书馆绘本阅读推广

广州图书馆打造了"亲子绘本阅读馆"服务阵地，服务对象集中于0岁至小学低年级的儿童及家长、绘本爱好者。馆内设咨询总台、自助借还区、玩具图书馆、小剧场、婴幼儿区、绘本区等6个区域，通过馆藏文献、空间造型、环境装饰营造亲子悦读功能空间。亲子绘本阅读馆拥有馆藏文献12万册，重点入藏一系列获得"凯迪克大奖""国际安徒生大奖""丰子恺儿童图画书奖"等国内外大奖的绘本；同时收录知名童书品牌，如爱心树、启发、蒲蒲兰、麦克米伦、乐乐趣等机构出版的绘本。

广州图书馆十分注重绘本阅读指导人员的专业化培训，侧重导读员知识体系及人文情怀的培养。绘本阅读指导人员都经过精心挑选进入课题组，轮流担任导读员。他们阅读积累深厚，对绘本有较精准的判断和选择能力，善于发掘绘本的内在价值，并能够迅速应对和解决儿童及家长阅读过程中遇到的各种问题。

广州图书馆注重绘本阅读实践活动的组织与开展，通过亲子读书会、绘本制作、开展社会培训等形式推广绘本阅读。现阶段，儿童绘本阅读的推广形式主要以"爱绘本、爱阅读"亲子读书会为主，该活动每周六举行一次，内容包括绘本故事分享、个人才艺表演、延伸活动、亲子阅读、家长培训等方面。每场活动限20个家庭，时长约2小时且预留30分钟进行亲子共读。活动一般由馆员担任主持人，有时邀请出版社编辑、"故事妈妈"、大学生志愿者、外国志愿者帮忙主持。根据绘本主题，每期活动的

主持人精心设计一系列内容，与儿童及家长就故事情节、人物性格等展开讨论，分享各自看法，体验不同情感。活动中，主持人利用表演、绘画、音乐等形式和音频、视频等技术，尽量把绘本故事展现得更为生动有趣。在绘本故事讲述中，主持人往往会赋予绘本新的生命力及思考方向，或培养儿童的生活能力，或引导儿童积极健康的情感发展。如在绘本故事《爱心树》中谈到了"爱与接纳"；在《獾的礼物》中，深入探讨"意义和价值"；在《逃家小兔》中，教导孩子学会"爱与尊重"等。主持人还会利用巧妙的提问来了解孩子的想法，并尝试着引导孩子逐步学会去倾听他人的观点。亲子读书会尊重孩子注意力时间短的天性及发展规律，采用"静－动－静"的策略：充分抓住孩子专注力最为集中的开场20分钟时间讲述故事内容，以"讲"和"朗读"相结合的方式，吸引孩子的注意力；之后配以短暂的休息或小组游戏，让孩子"动"起来；最后再回归到"静"的状态，通过诸如"小小故事家""小小辩论家""小小梦想家"等形式让孩子重温故事情节。每期亲子读书会活动，亲子家庭不仅能够共同分享绘本故事的乐趣，还可以参与富有创意的主题阅读延伸活动。例如通过绘本故事演绎舞台情景剧，由儿童表演"我是小小图书管理员"等。这些延伸活动能让孩子更加热爱绘本阅读，同时也提高了他们各方面的技能。亲子读书会为家长搭建了一个相互学习与交流的专门平台。组织"阅读策略沙龙，能促进家长分享经验和交流互动，相互学习、借鉴，共同探讨阅读技巧活动保证了亲子家庭的定期聚会，为提升亲子伴读效果提供空间，为亲子关系提供机会，为家长间分享感悟提供条件。

　　"让阅读动起来——绘本DIY"的创新实践，是将绘本DIY、你创作我收藏、从纸质绘本到数字绘本这3个层次有机地结合起来，建立起完善的绘本制作系统，极大地激发了儿童对阅读及动手的兴趣。组织社会培训则促进了绘本阅读推广工作走出图书馆，深入到广州市的各县、区级图书馆，走进幼儿园及中、小学校，发动社会各界人士参与进来，使绘本阅读活动的影响力推向全省甚至全国。

（二）温州市少年儿童图书馆绘本阅读推广

2008 年 2 月，温州少儿图书馆成立了"毛毛虫上书房"阅读推广研究小组，小组成员由几位年轻的图书馆员和小学幼儿园老师组成。本项目的目的是让每一位孩子都爱上读书，团队成员通过定期的儿童阅读课程，通过手工活动、游戏活动、表演活动、音乐欣赏等活动的方式引导孩子们从绘本中学习知识，体验阅读的乐趣。为了营造良好的绘本阅读环境，温州市少年儿童图书馆还专门设置了绘本区，配备了适合幼儿的彩色桌椅和舒适、可爱的软凳和软垫，为少儿读者营造安全和舒适温馨的绘本阅读环境。与此同时还开展了亲子比读、游戏与智力活动、亲子阅读卡等一系列丰富多彩的绘本阅读活动鼓励家长和小孩共同参加到绘本阅读活动中来，此外温州市少年儿童图书馆还对家长进行绘本阅读指导技巧培训，使家长掌握一定的绘本讲述技巧，帮助孩子更快地理解知识，享受绘本阅读的快乐。

（三）江阴市图书馆绘本阅读推广

江阴市图书馆长期以来一直致力于儿童阅读，在促进儿童阅读方面积累了大量的实践经验。陈蓉馆长曾说过，"让阅读成为孩子的老师，让简单的阅读生动多样，是我馆在加强儿童阅读的重要目标，提高儿童的阅读率和图书利用率，从而培养少儿良好的阅读习惯。"江阴市图书馆以此作为目标，推出了一系列少儿阅读推广实践。其中最有特色的是，江阴市图书馆成立了全国首家儿童绘本馆。该绘本馆是以"绘本"为主题打造的儿童绘本借阅区。该儿童绘本馆于 2009 年 6 月正式向公众开放，该绘本馆为不分年龄层次的读者提供分级借阅服务，专门针对少儿年龄、身心和阅读差异的特点，将绘本展览、亲子阅读活动、语言教学、阅读指导、绘本故事会集合于一体。绘本馆以"幸福生活从阅读开始"为理念，以"温馨的阅读幸福的种子"为主题，开展了"幸福的种子"少儿阅读推广行动。江阴市图书馆在绘本馆为的基础上作，推出了多项阅读活动。"苗苗故事会"是江阴市图书馆绘本馆的一项特别阅读活动。此活动通过绘本故事会、绘本剧表演、音乐视频播放等方式，让孩子在丰富的阅读活动中获得启发。为了提高阅读宣传活动的质量，绘本馆不仅培养专门的图书馆员，还聘请幼儿园教师作为"种子老师"。为鼓励更多的家长和孩子参加，绘本馆成立了"种子妈妈故事团"，招募爱绘本，擅于讲述绘本故事的志愿者。2011 年夏季，该馆推出了"幸福阅读启航"种子伙伴的选拔活动，精心挑选了 8 位优秀小志愿者。在接下来的"苗苗故事会"中，小读者们可以听到图书馆员、幼儿园老师讲的故事，还能听到他们的父母和朋友们讲述的故事。

此外，"亲子绘本读演坊"是由该绘本馆推出的另一个品牌活动。这项活动采取了亲子阅读的形式，小读者们以家庭为单位报名参加。每个家庭都需要挑选一个精彩的绘本故事，家庭成员扮演不同角色，以绘本剧的形式在少儿读者们面前表演。该活动是对绘本故事的演绎，让孩子在故事中担当主角。通过"阅读"和"表演"的结合，让孩子们在自己诠释中，体会到绘本故事中各种人物的心情，使他们能够更好地理解绘本故事中的道理。为了提高绘本阅读效果，该馆推出的"童心在阅读中飞翔"儿童绘本剧大赛，吸引了全市各个幼儿园和小学参加。为方便给家长们提供一个交流的平台，绘本馆开设了"种子妈妈阅读俱乐部"博客和微博，旨在通过图书馆的阅读宣传活动吸引家长们认识到儿童阅读促进儿童发展的重要作用。

（四）广西壮族自治区图书馆"阅·悦"互动故事会活动

"阅·悦"互动故事会是广西壮族自治区图书馆从 2011 年年底开始举办的低幼儿童阅读活动，深受儿童读者及家长的喜爱，成为该馆的品牌少儿阅读活动。

"阅·悦"互动故事会主要针对 3 ～ 6 岁的儿童及家长，以绘本的形式进行展开。由于这个阶段的儿童天性好动，对新鲜事充满着好奇，通常对动态的事物非常感兴趣，而对静态的事物没有那么大的兴趣。该馆针对这一阶段的儿童特性，与社会机构进行合作，把"阅·悦"互动故事会策划成一个可供小读者听、讲、演、玩，主要是为了让孩子在整个过程中都能体会到阅读的快乐。

在故事会开始之前，会有指导老师先带领儿童进行热身活动，比如动动手指头、大家一起跳跳舞等等，指导老师会播放相应的轻快活泼的音乐进行暖场，吸引孩子们的注意力。热身活动结束之后，指导老师会引领者大家跟着绘本去旅行，在这个过程中，指导老师会根据绘本的内容进行提问，以至于带领小朋友进行思考，深入阅读中去，讲故事结束后，指导老师会引导小朋友们根据自己对故事的理解进行复述一遍，加深孩子们对故事的理解，也可以锻炼孩子们的语言表达能力。通常这个环节结束后，还会举行一系列与本次绘本故事内容相关的游戏，比如根据绘本故事进行角色扮演或者手工制作、做游戏等等，内容非常丰富。在这一场故事会里，孩子们不仅可以锻炼了思维能力、语言表达能力、才艺能力，还丰富了他们的情感生活，让孩子们在智力、动手能力和协作方面都有了提高。更重要的是，孩子们在这样的互动故事会上可以获得阅读的快乐。

"阅·悦"互动故事会从 2011 年开始到现在，从来不间断的举行，是该馆的一项长期举办的品牌活动。在 2014 年，"阅·悦"互动故事会还被评为"文化志愿服务推进年"系列活动示范项目。这说明该活动的举办的影响较好，卓有成效。

（五）大连市少年儿童图书馆绘本阅读推广

2017 年，大连市少年儿童图书馆整合资源打造了"绘·阅读"绘本阅读推广项目，从绘本资源的贮藏、阅读环境的创设、主题活动的确立、活动流程的设计、推广方式的选择以及宣传引导措施的制定等方面入手，形成了具有本馆特色的绘本阅读推广模式。

1. 丰富的馆藏绘本资源

大连市少年儿童图书馆拥有优质、丰富的馆藏绘本资源，绘本采购直接对接出版社，严格把控绘本质量。该馆依据儿童心理发展特征采购有关少儿生活习惯、情绪培养以及阅读习惯养成等内容的绘本，如：凯迪克奖绘本、凯特·格林纳威奖绘本、国际安徒生奖绘本、丰子恺儿童图画书奖绘本、信谊儿童图画书奖绘本，以及中国原创绘本、科普绘本等，放置在低幼借阅区和绘本阅览室供小读者任意挑选。此外，该馆的明德英文阅览室还有 20 余万册英文原版绘本，且每周都有新书上架。低幼借阅区和明德英文阅览室的绘本可以外借，绘本阅览室的绘本不可外借，只能馆内阅读。绘本按照《中国图书馆图书分类法》进行分类和标引，通过棕、绿、橙、蓝、紫、红等颜色的色标加以区分，方便读者快速找到心仪的绘本。

2. 舒适的绘本阅览环境

阅读是一种多感官的综合体验过程，温馨舒适的阅读环境和阅读氛围会潜移默化地暗示和引导读者。由于低年龄段的儿童阅读主要以听为主，喜欢鲜艳明快的颜色、多变的造型和丰富的图案，同时还喜欢自由自在的阅读方式，因此，2016 年大连市少年儿童图书馆对低幼借阅区和绘本阅览室进行了升级改造，采用绿色环保材料在墙面上绘制了多彩卡通图案，使整个空间显得可爱明快，同时购置了颜色鲜艳、造型有趣的儿童沙发、软垫等，为小读者营造了安全舒适的阅读环境。

3. "绘·阅读"绘本阅读推广项目实践

（1）以馆内阵地活动为抓手，通过多种形式开展绘本阅读推广活动。大连市少年儿童图书馆打造了集故事会、手工坊、大讲堂以及小主播于一体的"绘·阅读"绘本阅读推广系列活动，设有"绘·乐故事会""绘·课室""绘·工坊""绘·讲堂""绘·声"等专项活动。其中，"绘·乐故事会"活动主要针对 3 ～ 6 岁低幼儿童，活动内容除绘本故事讲读外，还包括识字、专注力训练、数学启蒙、童谣诵读等；"绘·课室"活动主要针对 7 ～ 9 岁低年级学生，将绘本阅读与课堂阅读相结合，通过儿童散文诗、阅读理解、思维导图绘制等方式拓展绘本阅读的受众群体；"绘·工坊"活动主要针对低幼儿童和家长，通过绘本故事开展科普、手工制作、亲子游戏等活动；"绘·讲堂"活动主要针对家长，邀请儿童文学作家、儿童教育专家、儿童阅读推广人等举办家庭绘本阅读专题讲座及绘本家庭分享会等；"绘·声"小主播训练营活动在每年寒暑假举办，对小主播的基本发声、讲故事的技巧和方法等进行培训。

（2）以大型品牌活动为载体，扩大绘本阅读覆盖面。自 2018 年开始，大连市少年儿童图书馆以"让阅读成为习惯，每天家庭亲子阅读 20 分钟"为主题，每年举办一次"七彩绘本·照亮童年"绘本嘉年华系列活动，面向全市幼儿园和中小学开展一系列绘本阅读推广活动，如绘本剧大赛、获奖优秀绘本剧作品展演、原创绘本征集以及经典绘本讲读进校园等，将亲子共读的理念传递给每一个孩子和家长，让阅读进入每一个家庭。

（3）以新媒体技术为手段，多角度开展绘本阅读活动。自媒体的广泛应用促进了新型阅读方式的出现，如听读、视频化阅读以及线上互动阅读方式等。大连市少年儿童图书馆充分利用新媒体阅读方便快捷的优势，在微信公众号推出了"芳草地有声绘本故事"栏目，将绘本阅读推广人精心挑选的通俗易懂且教育意义深刻的绘本故事录制为有声故事向读者推送。该馆还建立了读者微信群和 QQ 群，在群里开设"芳草地绘本微课堂"，邀请知名阅读推广人和教育专家等为家长讲授绘本知识、绘本阅读技巧以及亲子阅读方法等。

（4）以馆社合作为基础，共同开展绘本阅读推广活动。大连市少年儿童图书馆联合社会力量，邀请绘本馆、出版社及著名绘本阅读推广人等加入芳草地绘本讲师团，共同组织绘本阅读活动，如：大连电台主播、亲子阅读推广人格格姐姐，大连市青豆童书馆特邀顾问小静以及大连市蜗牛家中英文绘本馆创始人海斓老师等，都会不定期走进大连市少年儿童图书馆的"绘·乐故事会"。社会力量为绘本阅读推广活动注入了新鲜活力，不仅丰富了活动内容，还提升了服务效能。

（六）金华市少年儿童图书馆绘本阅读推广

1. 精心营造舒心的阅读环境

金华市少儿图书馆少儿部在布局上就专门选择了全馆最好的空间设置

成绘本馆和低幼阅览室，四周的装饰多美术造型，各种卡通人物画像，新颖明快。在书架、桌椅的设计选购不仅是五颜六色、错落有致充满了活泼，而且也十分符合小读者的身高特征。配置的投影仪则播放着国内外各种精美绘本图片，为孩子们讲解绘本的历史。另外考虑到孩子们好动的天性，还专门设置了游戏室，配置一些益智玩具与迷你体育设施。金华市少儿图书馆独特的装饰风格就像收藏的绘本书一样，具有强烈的个性美感和艺术气息，让孩子们更有兴趣走进少儿部，亲近绘本书，吸收绘本的"营养"，并且由绘本爱上阅读。

2. 精挑细选，做好绘本采购

少儿图书馆绘本的采购应该以题材多元、品质占优、功能多样为原则，确保各个年龄段的孩子都能在绘本馆找到适合自己的绘本图书，鉴于不同年龄段儿童的不同的生理和心理特点，金华市少儿图书馆有一支良好的搜集、甄别、处理、加工的专业化队伍，凭借自己在图书管理学上丰富的经验指导不同年龄段的幼儿个性化的阅读。从绘本的选购到上架的各个流程上都有明确区分，如针对 1 ～ 15 个月的婴儿和 35 个月以内的学步幼儿，准备是硬板、布绒等不易撕烂材料环保的绘本图书；为 3 ～ 5 岁的儿童准备的是以内容详实有趣的立体书为主；6 到 7 岁的儿童正处在从读图到读文字的过渡期，则选择文字相对多一些的，故事主题更丰富、内涵相对深刻一些的，或者具有一定的科学性和知识性的绘本。

3. 精心策划绘本阅读衍生活动

（1）充分利用图书馆的绘本资源和平台属性，开展绘本讲读和亲子阅读活动。每次活动都有众多的低幼儿童和家长参加，活动先由图书馆两名教育专业的志愿者为孩子们送上了绘声绘色的绘本讲座，然后展开互动活动，请小朋友上台讲自己熟知的绘本故事，充分展现了孩子们的童趣，现场气氛热烈，充满了欢笑。

（2）单纯的固定化活动虽然深受欢迎，但时间久了也会不可避免地出现吸引力下降的问题，需要创新以不断地丰富活动内涵。为此，金华市少儿图书馆在每次活动中总会想方设法地穿插各种趣味性强的子活动。比如邀请金华市非物质文化遗产传承人、高级工艺师詹东明先生演示剪纸技艺，教小朋友们简单地手工剪纸，发挥出各自的奇思妙想；茜茜手工课、幼儿绘画大赛则旨在发挥小朋友们的思维创作和的动手能力；台湾绘本展，更是将引人入胜、异彩纷呈的台湾绘本以展览的形式展现在读者面前。图书馆还特别邀请了著名儿童文学家、绘本作家保冬妮老师给家长们上了一堂以"中外经典绘本赏析与比较"为主题的公益讲座，推广中国优秀原创绘本，领略中国本土的文化和艺术，同时为家长如何帮孩子挑选图书提供参考与指导。各种延伸活动的开展，更好的增进了与儿童读者的距离，增强了儿童读者的黏性，也使图书馆的活动更加具有特色。

（3）作为少儿图书馆的连接属性，图书流通站一直建设的重点。金华市少儿图书馆主动跟学校和幼儿园联系合作，将优质的绘本资源带入到校园，在市区授牌成立了三家绘本图书流通站，配以定期上门更新、开展各项活动的服务制度，巩固和壮大了"金华市少儿馆图书流通站"这座与校园"营养贯通"的长效服务平台。将金华市少儿图书馆的招牌活动带入校园，开展儿童作家进校园活动，和孩子们互动交流，增加了儿童作家和少儿读者的联系，让少儿读者在学校幼儿园也一样能享受到图书馆的优质服务。

第二节　图书馆少儿阅读的家庭参与模式

一、家庭参与的内涵与作用

（一）家庭参与的内涵

"家庭参与"的英文表达是"family engagement"或"family involvement"，其涵义是家长及家庭成员的参与。在早期少儿教育领域，家庭参与是指将家庭有系统地纳入促进少儿发展、学习和健康的活动和计划中。为了将家庭参与整合到整个幼儿系统和计划中，计划提供者和学校必须让家庭成为必不可少的合作伙伴，同时向其提供鼓励少儿学习和发展、培养家庭与员工之间积极关系以及支持家庭参与的服务。在教育学领域，家庭参与是指父母和学校工作人员协同工作，以支持和改善少儿和青少年的学习、发展和健康。家庭参与学校教育是教育界与家庭共同的责任，学校等教育组织通过有意义的方式与家长互动，并且家长对其子女和青少年的学习和发展予以大力支持。在本研究中，家庭参与是指家长及家庭成员通过各种方式参与到少儿阅读中，以促进少儿阅读能力的发展。

（二）家庭参与少儿阅读的作用

家庭参与少儿阅读对于少儿的发展具有积极影响，主要包括：

第一，有利于少儿树立正确的三观。"家庭参与"这个词不仅仅局限于家长及其他家庭成员对少儿的物质生活和学校活动的支持，它也渗透于少儿的学习成长全过程，家庭参与少儿阅读是最直接且有效帮助少儿成长的方式。对于尚未形成稳定的世界观、人生观、价值观并且正处于接受教育的关键时期的少儿来说，学校里的时间只占据了他们醒着的时间的20%，学习既发生在学校里，也发生在学校之外，就像"随时随地学习"一样，当少儿有机会在各种空间，包括在家里、学校和公共图书馆中探索和发现他们的阅读兴趣时，可以通过阅读快速了解世界，进而树立正确的三观，而阅读的内容则需要家长进行一定程度的引导。

第二，有利于形成和谐友好的家庭氛围。在美国"家庭参与"是一项获得普遍实行的教育政策，也就是说，家庭参与对少儿发展的重要性获得了美国教育界的认可。研究表明，家庭对少儿阅读的参与程度越高，家庭教育越民主，家庭氛围越融洽。

第三，有利于少儿认知发展。少儿阶段是少儿认知、心理塑造和发展的关键时期，由于少儿的阅读理解能力有限，因此对于少儿来说，很难通过独立阅读来发展完整的认知，需要家长参与其中，通过沟通引导对文中涉及的人物动机、社会现象和文明礼貌等相关社会性知识重点强调，或让孩子进行判断对错，或让孩子体会分析，以此促进少儿社会认知的发展。

综上所述，家庭参与对于少儿阅读具有不可替代的引领作用，为了少儿获得更好的发展，家长应该能够了解和掌握少儿不同阶段的心理发展特点，并且根据各个阶段少儿的所拥有的阅读理解能力及其所能接受的阅读方法，为其制定一系列具有针对性的阅读计划，科学地参与指导少儿阅读，培养其阅读素养。家庭参与不仅是家庭和学校的责任，作为支持少儿学习和发展的公共图书馆对促进家庭参与少儿阅读更是具有义不容辞的责任和义务。

二、家庭参与少儿阅读理论依据

（一）"阅读循环圈"理论

英国当代著名的青少年文学大师艾登·钱伯斯（Aidan Chambers）在经过长期的少儿阅读研究后，提出了"阅读循环圈"理论。他认为，少儿阅读是由 4 项重要内容组成，即：选择、阅读、回应和有协助能力的大人。钱伯斯的阅读循环圈揭示了少儿阅读的过程，提出每次阅读都是在经历一定的循环过程，其间的每一个环节都牵动着一个结果。该循环圈主要由选书、阅读与回应三个过程构成，每个过程都包含一些要素。"阅读循环圈"理论验证了家庭成员以及图书馆馆员在少儿阅读中所起到的重要作用，他们是少儿阅读循环的中心点，起到推动并且辅助循环进行的作用，家长的阅读习惯、阅读态度以及对少儿阅读的引导能力，对培养少儿阅读素养是十分重要的。因此图书馆引导和家庭参与对于少儿阅读来说是必不可少的。

（二）"脚手架"理论

美国著名的心理学家和教育学家布鲁纳提出的"脚手架"理论亦可作为图书馆引导家庭参与少儿阅读的理论指导。"脚手架"理论是在对西方心理学产生过重要影响的心理学家维果茨基（Lev Vygotsky）的"最近发展区"理论的基础上提出来的。"最近发展区"的理论认为少儿阅读素养发展是存在两种水平的，一种是少儿现在自己所拥有的阅读水平，即少儿在独立阅读时通过自己现有的阅读素养去理解阅读内容的水平，另一种是少儿即将或者可能达到的发展水平，即少儿在家长或者馆员等其他成年人的辅助下可以达到的阅读能力，也可以称之为少儿在获得协助后从而激发获得的潜力，而两者之间存在的区域的差距——即最近发展区。"脚手架"一词是从建筑领域借用过来的，其涵义也同"脚手架"在建筑中所起到的作用一样——辅助支持。"脚手架"理论是指少儿在学习新知识时，需要得到外界的支持和资源，外部的这些助力就如同脚手架一般支持着少儿的能力发展，但随着其在此领域的学习不断进步与深入，对外界的依赖程度会逐渐减退，变得越来越独立。从本质上来说，"脚手架"理论认为独立学习与在外界帮助下学习存在显著差异。

对于家庭参与少儿阅读来说，家庭的作用就相当于脚手架，在少儿尚未形成良好阅读素养的时候，需要借助家庭的力量成长进步，在家长的参与辅助下，少儿可以跨越"最近发展区"，从而获得更高的阅读素养以及学习能力。图书馆应该充分认识到此理论的规律，引导家庭对少儿进行参与式教育，将为孩子提供阅读支持与培养其精神独立相结合，培养其阅读兴趣，最大限度激发孩子的阅读潜能。

三、公共图书馆少儿阅读家庭参与模式构建策略

（一）制定家庭参与指南

虽然家长对参与少儿阅读的认同感较高，但中国目前缺乏一套完整的家庭参与指南，因此，公共图书馆界应该牵头建立一套系统的家庭参与指南来指导家长如何通过科学合理的参与有效地提高少儿的阅读素养。公共图书馆界应该邀请心理学、教育学等领域相关专业人士和具有较高权威的图书馆学前辈一同制定该指南。指南可以涵盖国家以及各个地区推出的

与少儿发展相关的政策文件、少儿阅读学习资源、家长培训指导资源等相关资源；此外，指南还应对少儿在各个时期各项能力发展的平均水平、心理发展特点等加以阐述，并根据其发展特点制定相应的培养标准并提供相应的阅读学习资源供家长和少儿参考学习。对于居住在乡村以及文化程度较低的大多数家长来说，不了解少儿发展过程中的心理变化过程以及能力获得与提升，更不知道如何去参与少儿阅读。因此，可以通过阅读家庭参与指南的内容，参照指南的标准在适当的阶段培养孩子应当具备的相应能力。

（二）完善家庭参与阅读资源体系

公共图书馆可以从少儿阅读资源、家庭指导资源、外部机构培训资源的建设入手，做好家庭参与少儿阅读资源体系的构建。

1.少儿阅读资源建设

少儿的社会认知尚未发展完全，缺乏自主辨别阅读内容好坏的能力，根据"阅读循环圈"理论，在少儿的阅读过程中需要家长和馆员协助挑选合适的阅读内容。在信息资源数量激增的今天，面对着令人眼花缭乱的各种类型读本，很多家长由于个人学历等因素的限制，缺乏对信息的甄别筛选能力，不会为少儿挑选优质阅读资源，以乡村地区尤为明显，由于公共文化资源以及家长自身学历水平等等各方面因素的限制，很多家长不会为少儿选择合适其阅读的资源。作为公共文化服务主要机构的公共图书馆有责任和义务向公众提供优质阅读资源。因此，为更好地向家庭参与少儿阅读提供服务，公共图书馆应该加强对少儿阅读资源的建设。虽然现在处在一个互联网高速发展的数字阅读时代，但数字阅读不会完全取代纸质阅读，二者是协同共生的，因此少儿阅读资源的建设应主要包括纸质资源和电子资源的建设。

公共图书馆应该广泛开展少儿书目推介工作，严格把控少儿图书采购质量，严格按照教育部要求，参考全国少年少儿阅读推广服务平台的推荐书目，认真筛选思想健康、有影响力的阅读刊物。图书馆应该培养专业的少儿馆员对少儿图书进行整理分类，设置少儿阅读专栏，将幼儿识图认字、经典国学启蒙、近代名家名篇、国外经典名著等图书按适读年龄进行分级推荐，减免了不会为孩子选书的家长的烦恼，同时使不同年龄段小读者的阅读内容更加丰富。不同阶段的少儿具有不同心理特点，公共图书馆可以根据少儿的心理发展特点对图书等阅读资源进行分类，为家庭制定分级阅读的书单，向不同年龄的少儿提供符合其接收能力和心理发展的阅读资源。

除纸质资源外，公共图书馆还应加强对数据库等电子资源的建设，可以按适用年龄、年级等维度向少儿及家长提供不同种类的资源供其阅览学习，使访问电子资源的少儿及家长能快速找到适合阅览的在线资源。图书馆购买的资源质量相对来说都具有较高的质量保障，但可能不够全面，而网络资源足够丰富但质量良莠不齐。因此，公共图书馆可以安排专门的家庭服务馆员为用户筛选提供优秀的网络资源，同时可以向有需求的家庭检索提供其所需的高质量的网络资源。

2.家庭指导资源建设

公共图书馆开展少儿阅读的家庭参与服务的服务对象是少儿及其家庭，因此公共图书馆的资源还应满足家长的需求。在家长参与少儿阅读的过程中，最初遇到也是最多遇到的问题就是如何科学有效地参与到少儿的阅读过程中，很多家长不知道如何与孩子开展亲子阅读更不知如引导孩子阅读，尤其对于乡村地区的家长来说，他们的学历以及工作性质等因素都对其参与少儿阅读产生了限制。因此，公共图书馆应该根据家长对少儿阅读的参与能力的高低对相关指导资源进行分类、分级。

（1）对于城市地区的家庭：其对公共图书馆的需求相对较高，公共图书馆可以搜集整合包含育儿、心理、家庭教育等领域的相关图书及在线资源，为其参与少儿阅读提供科学的理论指导；此外，公共图书馆还可以开展相关培训课程，邀请教育学专家、心理学专家等专业人士开展家庭指导讲座并录制课程，制作家庭指导系列课程，供家长访问学习。

（2）对于乡村地区的家庭：其对公共图书馆的需求相对较为基础，在面向城市地区家庭指导资源建设的基础上，公共图书馆可以通过乡镇图书馆以及农家书屋专门向乡村地区家庭提供较为基础性的少儿阅读指导书单供其阅览学习，还可以通过微信公众号、图书馆网站等网络平台向其提供扫盲课程。

3.外部机构培训资源建设

中小学、幼儿园、社会阅读组织等图书馆外部机构可以为公共图书馆提供很好的助力，中小学与幼儿园本身就担负着教育职能，通过其向少儿及家长宣传培养少儿阅读素养、家庭参与少儿阅读的重要性比其他任何途径的宣传都具有更高的效率和威信力。公共图书馆应该专门向学校等教育组织提供家庭参与少儿阅读的指导资源，通过他们向家庭提供阅读指导以及家庭参与少儿阅读的重要性的宣传引导。此外，公共图书馆还可以向社会公益组织提供家庭参与少儿阅读的培训资源，通过其向家长提供指导与帮助。

（三）改造家庭参与少儿阅读的空间

阅读空间的营造影响少儿的阅读体验，少儿内心世界丰富多彩，亲子活动的对象多为年龄3–8岁的低龄少儿，这一年龄段的少儿往往对色彩比较敏感，喜欢五彩斑斓的事物，在色彩明丽的环境中阅读更能加深他们的阅读理解。目前，中国大多数亲子阅读空间的设置缺乏科学性与吸引性，存在着阅读空间单调、色调单一、少儿心理契合度低等问题，因此公共图书馆要根据少儿的兴趣、爱好等因素营造契合少儿身心发展的全方位多元化阅读环境，并利用互联网技术打造线上虚拟阅读空间，打破时间空间限制，让家长少儿能够随时随地体验亲子阅读。此外，公共图书馆不应该局限于传统的阅读空间改造，还应跟紧时代的发展脚步，建造供亲子手工、亲子游戏的游戏空间，供开展家庭教育、家长培训的活动空间，供家长交流、分享经验的休闲空间等多元化空间。

（四）搭建家庭交流平台

公共图书馆拥有丰富的信息资源，可以为家庭搭建平台，用于亲子阅读经验交流以及图书交换。

1. 家庭间信息交流平台

公共图书馆可以为少儿家庭搭建信息交流的平台，家长们可以通过该平台分享亲子阅读、少儿教育的经验。平台不拘泥于线下，也可以通过微博、微信公众号、短视频等自媒体平台，由图书馆设置平台管理员，对家长提问较多的问题进行话题讨论，家长也可以通过该平台进行提问与经验分享。公共图书馆还可以定期请有良好亲子阅读经验的家长向其他家长分享经验、交流心得。此外，公共图书馆可以邀请少儿教育学、心理学的专家莅临平台为家长提供理论指导与问题解答。

2. 家庭间图书交换平台

公共图书馆不仅可以搭建信息交流。经验分享平台，还可以向家长提供图书交换平台，少儿的图书需求量较高，很多图书买回家看完就闲置了，公共图书馆可以为少儿家庭提供图书交换平台，家长把闲置的图书带到公共图书馆，图书馆可以利用馆内的图书消毒柜对拿过来的图书进行消毒，以此保障图书的卫生质量，消毒之后的图书统一放到图书交换区，家长可以从图书交换区带走相同数量的其他图书。既提升了资源利用率又避免了资源浪费，一举两得。

（五）开展家庭参与少儿阅读的服务

公共图书馆本质上是一个服务行业，公共图书馆向家庭提供的服务内容是否具有吸引力决定了其是否能够获得读者的响应。因此公共图书馆应该开展并不断完善其服务内容，通过家庭亲子阅读活动，家长培训服务，协助家长培养少儿的阅读兴趣，引领家庭参与少儿阅读的观念，向家庭提供"网约书"服务等一系手段打造公共图书馆少儿阅读的家庭参与服务品牌。

1. 开展家庭亲子阅读活动

（1）开展亲子阅读打卡活动

科学实验证明 21 天能够养成一个习惯，公共图书馆可以通过开展亲子阅读 21 天打卡活动来引导家庭形成亲子阅读的习惯，对完成打卡的家庭提供奖励来鼓励家庭的参与。除了打卡类活动，公共图书馆还可以开展家庭讲故事大赛、阅读夏令营等种类丰富的活动来鼓励家庭开展亲子阅读。

（2）指导家庭进行亲子手工

培养少儿的动手能力有助于少儿大脑的开发，因此公共图书馆应该让家长意识到少儿手工的重要性，鼓励家长和孩子一起进行亲子手工的制作。公共图书馆可以通过微博、微信等公众号平台定期推送手工指导课程，使家长和少儿可以在家里一起做手工，既培养了少儿的动手能力，又促进了亲子关系。除了线上课程指导，公共图书馆也可以开展线下亲子手工大赛，不仅丰富了家庭的业余活动，还增加了图书馆的客流量。

（3）向家庭提供亲子游戏

亲子游戏是家长参与少儿阅读最容易的方式，孩子爱玩的天性使其对游戏有着天生的青睐，少儿在与家长进行亲子游戏过程中的收获不容小觑，公共图书馆可以搜集亲子游戏视频教程资源供家长学习，有能力的图书馆也可以自己设计亲子游戏，还可以利用周末时间举办亲子游戏比赛，来锻炼家庭协作能力。

2. 向家长提供教育培训服务

很多家长能够认识到培养少儿阅读素养的重要性，对于参与孩子阅读的积极性也较高，但可能缺乏科学的参与方式以及科学的家庭教育方法。因此，公共图书馆应根据家庭特点向家长提供专业的家庭教育讲座、每个阶段少儿的心理特点等培训课程，指导其科学合理地参与少儿的阅读与教育中。

3.协助家长培养少儿阅读兴趣

（1）通过家长的阅读行为引导少儿的阅读兴趣

良好的教育环境和阅读氛围，丰富的文化资源，家长老师的正确引导是培养少儿阅读兴趣的先决条件，家长的阅读频率对少儿阅读兴趣的培养有显著性影响。因此公共图书馆员应该从鼓励家长培养阅读习惯入手，通过家长的阅读行为潜移默化地影响少儿阅读兴趣的提升；此外，图书馆还可以和学校合作，通过学校老师来引导鼓励少儿进行阅读，进而培养其阅读兴趣。

（2）通过少儿的心理特点引导其阅读兴趣

不同年龄段的少儿的心理特点发展的不同导致其对读物类型的兴趣也有所不同，比如低年级少儿喜欢带有图片、色彩丰富的读物，因此家长可以引导孩子阅读绘本、动漫类读物；高年级的少儿喜欢故事情节多过于色彩图片，因此可以向其推荐童话、科幻类读物。图书馆应协助家长深入了解孩子的内心，了解其心理特点，根据少儿的喜好来培养其阅读兴趣。

4.引领家庭参与少儿阅读的观念

虽然目前大多数家长有参与少儿阅读的意识，但还是有部分家长参与意识薄弱、参与度不显著。公共图书馆应通过自身的努力以及学校等教育部门的协助来引领家庭参与少儿阅读的观念，唤醒家长对少儿阅读能力培养的重视。公共图书馆可以通过组织亲子阅读、亲子手工、亲子游戏等一系列亲子活动与服务打造亲子文化品牌，提高家庭参与的影响力、建造家庭参与的风向标，提升家庭参与少儿阅读的意识。公共图书馆也可以和中小学及幼儿园合作，为其提供流动图书馆车，由学校来宣传家庭参与少儿阅读的重要意义、鼓励家长参与到少儿的阅读中，公共图书馆可以根据学校反馈的阅读需求向其提供阅读资源流动站，使少儿可以在学校就能实现图书借还。

5.向家庭提供"网约书"服务

在这个网络购物盛行的时代，阅读的"网约"需求也应该被满足。因此，公共图书馆应该推出"网约书"服务，少儿和家长可以在网上下单想借阅的图书，由公共图书馆员接单并找到该图书并通过快递寄到少儿家中，阅览完的图书可以通过快递寄回图书馆或者自行送回图书馆，使少儿及家长可以足不出户就能阅读图书馆的图书。对于因为上班而没时间带孩子去图书馆看书借书的家长来说，"网约书"节省了其去图书馆的时间成本，在没时间带孩子去图书馆的时候也能借阅图书馆的图书；对于乡村地区以及偏远郊区的家长来说，"网约书"服务增加了其利用公共图书馆资源的机会，提升了公共图书馆资源与服务的均等化，提升了公共图书馆的资源利用率。

（六）打造专业的家庭参与服务人员队伍

家庭参与少儿阅读服务的开展不仅要依靠受过专业培训的图书馆员，还要打造专业的志愿者团队为服务提供助力，图书馆员虽然具有较高的专业性，但毕竟力量有限，经过专业培训的具有不同学历及工作背景的志愿者可以帮馆员分担压力，向家庭提供更具新意的服务。但是，不论是图书馆员还是志愿者，都应该接受专业的培训指导才能开展更具有专业性的服务。

1. 对图书馆员进行专业培训

服务开展的质量取决于图书馆员能力的高低，中国公共图书馆对馆员培训的重视程度不够，缺乏主动意识、系统的培训计划和有效内容，培训需求调查不足，培训方法单一。国外图书馆十分重视拓展馆员的专业知识、技能和素质，形成制度化、规范化、有章可循的培训方案体系。因此，中国公共图书馆要对指导家庭参与少儿阅读的馆员进行集中培训，强化组织与管理，丰富培训内容和形式，重视培训考核与效果评估，重视馆员的心理契约建设，使馆员具有更专业的能力提供家庭服务。

2. 打造专业的志愿者团队

公共图书馆可以以民间公益组织"三叶草"故事家族为启示，打造专业的志愿者团队，引入大学生、教师、孩子的父母等不同领域的志愿者，通过为其提供免费培训，颁发实践证明、能力认证证书等方式来吸纳志愿者，既可以减轻馆员的压力，又可以凭借志愿者丰富的专业背景为家庭参与服务提供新想法。

（七）加强与外部机构的合作

促进少儿阅读的家庭参与不能单方面依靠公共图书馆自身的力量，中小学、幼儿园、社会阅读组织等图书馆外部机构对少儿的阅读能力发展亦具有不可推卸的责任，学校在与家长沟通方面具有显著优势。因此，公共图书馆可以加强与学校的联系，和学校老师联手培养少儿的阅读素养并鼓励家长一同参与到少儿阅读中。此外，还可以同社会阅读组织联合推出亲子故事等活动，通过招募培训志愿者的方式，向家庭提供亲子故事培训等服务。

第三节　馆校合作模式下的图书馆少儿阅读推广

一、馆校合作概述

（一）馆校合作的含义

馆校合作是一种特殊的教学形式，它的目的在于合作双方就某一方面达成共识。王乐（2016）认为"馆校合作就是场馆和学校为了相同的教育目标而进行的一类教学活动"。曾静灵（2020）认为"馆校合作是指公共图书馆利用丰富的馆藏资源优势，通过与学校图书馆合作，开展联合阅读推广活动"。霍嘉西（2018）认为"馆校合作就是让我们的学校与博物馆、科技场所等文化机构都参与到一个有序、互补且相互关联的体系，各取所长，实现了以学校文化教育为主、场馆文化教育为辅的一种协同发展模式"。

总结上述观点，可将公共图书馆与学校之间的馆校合作定义为：学校与公共图书馆双方为达成同一目标，互相利用双方资源，实现互利共赢的一种合作形式。

（二）馆校合作的参与模式

虽然公共图书馆与学校在阅读推广领域有着共同的服务对象——少儿，但是由于二者隶属于不同的行政体系，工作方式、工作思路存在一定差异，因此合作过程中需要双方不断地磨合、探索，总结出双方均能认可并接受的阅读推广模式。目前馆校合作少儿阅读推广的模式有3种：一是公共图书馆主导，学校配合完成；二是学校主导，公共图书馆配合完成；三是上级行政主管部门（如教育系统、文化系统）统一部署，图书馆与学校共同承办。可以看出，公共图书馆在馆校合作中持比较积极的态度，相比之下，学校则相对被动。

由此可见，馆校合作过程中，主要的责任主体与行为主体是图书馆，学校在馆校合作少儿阅读推广实践中缺乏主动性，现有合作的目的主要是完成行政主管部门交办的任务。事实上，任何主体开展少儿阅读推广活动，其出发点都应该是帮助儿童养成阅读习惯，提高儿童阅读率，偏离了这一基本目标，不仅阅读推广的效果难以保证，双方合作关系的建立及维系也会受到极大的影响。

（三）馆校合作的类型

馆校合作的类型主要有两种：

1. 配合型

主要是组织学生对公共图书馆进行参观和访问，这是目前国内公共图书馆与学校合作采用最多的一种方式。一般是由学校组织，教师带领学生到公共图书馆进行走马观花式的参观，双方缺少深入的沟通与交流，前期设计、规划、导引不充分，参观结束后，两者又回到最初的隔离状态。这种合作方式具有短期性、临时性，并且是一方提供服务，另一方接受服务，不具有互惠性。虽然这种合作方式使学生对公共图书馆有了初步、直

观的感性认识，但是无法有效满足学生的阅读需求，也不利于扩大图书馆
的社会影响。

2. 协作型

这种合作方式大多受行政力量的干预，需要在固定的时间和空间完成
任务，为了完成各自的任务，双方进行积极的沟通与交流，但是活动结束
双方的协作关系也随之终止。该类型的馆校合作一般表现为受政策影响双
方在重大节日举办一些少儿阅读推广活动。这种合作关系具有偶然性、非
自愿性，并且合作次数有限，合作关系不稳定。只有少数公共图书馆与学
校保持稳定、持续的合作关系。

二、少儿阅读推广中馆校合作的必要性

公共图书馆建立馆校合作阅读推广机制不仅符合联合国教科文组织的
倡仪，也符合《公共图书馆法》的内在要求，更适应新时代公共图书馆发
展的实际需要，具有重要意义。

联合国科教文组织《中小学图书馆宣言》指出，中小学图书馆是保证
学校青少年儿童阅读教育的一项不可缺少的事业，中小学校应当建立一所
出色的图书馆，它不仅能够配合学校的教育大纲，促进教育事业发展，也
能够扩大资源服务，增强学生获取知识渠道，还能够引导学生养成图书馆
阅读习惯和终身利用图书馆能力。联合国教科文组织《公共图书馆宣言》
称："公共图书馆应该在人人享有平等利用的基础上，不分年龄、种族、性
别、宗教信仰、国籍、语言或社会地位，向所有的人提供服务。"图书馆
服务是平等、共享、不分年龄的，服务过程中儿童优先，要求中小学必须
提供完善的图书馆，保障青少年儿童的基本阅读需要。而学校资源毕竟有
限，加强与公共图书馆的合作，利用公共图书馆资源可以更有效地服务少
年儿童读者，所以公共图书馆的馆校合作是一条有效途径，公共图书馆开
展馆校合作具有重要意义。中国《公共图书馆法》提出，公共图书馆是社
会主义公共文化服务体系的重要组成部分，应当将推动、引导、服务全民
阅读作为重要任务，公共图书馆应当在提升全民阅读中扮演重要角色。面

向青少年儿童推广阅读是公共图书馆的重要使命。九年义务教育的普及和发展，保障了青少年儿童的受教育权力，学校成了青少年儿童的主要聚集地，为了更好地服务青少年儿童学生，国家鼓励和支持公共图书馆加强与学校图书馆的交流与合作，通过联合服务的形式提高学校图书馆服务能力。可见，馆校合作符合《公共图书馆法》的内在要求。

三、馆校合作模式下图书馆阅读推广存在的问题

（一）合作模式单一，缺乏长效合作机制

当前，合作模式单一、资源对接不通畅、缺乏有效的合作平台是少年儿童图书馆开展馆校合作阅读推广存在的主要问题。一方面，馆校之间的合作内容多局限于文献资源共享和业务指导方面，合作渠道有待进一步拓宽，以全国或全省为平台的阅读推广评价机制尚未建立，难以发挥社会力量参与公共服务的巨大潜能；另一方面，虽然共建共享理念早已在互网络时代成为各行业的发展共识，但中国少年儿童图书馆开展阅读推广活动依然缺乏多方合作共建，社会力量在少儿阅读推广中的占比不大，图书馆主要还是依靠自身力量开展阅读推广活动。此外，馆校合作点不够广泛，中小学校与公共图书馆合作开展阅读推广的成效不尽相同，以杭州图书馆少儿分馆为例，目前只有部分学校与该馆实现了一定范围内的"跨校借阅""跨馆借阅"等图书借阅功能，数字资源输入校园仍存在一定的阻碍，致使数字资源不能充分发挥其价值。

（二）推广活动内容单调，缺乏新意

坚持常年持续开展阅读推广活动是取得较好推广效果的前提，但当前一些少年儿童图书馆多是在固定节日开展针对性很强的阅读推广活动，内容比较单调，且缺乏系统性，没有依据小读者的实际阅读需求进行深层次的思考和挖掘，致使阅读推广活动对小读者缺乏吸引力。以杭州图书馆少儿分馆为例，该馆开展的馆校合作阅读推广，主要是结合一些重大节日设

计活动主题和内容，同时活动密度也不够，缺少常规性阅读推广活动，没有形成系统的阅读推广体系，陷入读者参与度不高的窘境。

（三）读者参与度低，阅读推广成效不高

公共图书馆在公共文化服务中起着组织、协调、引导、配合的作用，但一些少年儿童图书馆开展阅读推广活动仅从本馆工作计划出发，没有充分考虑小读者的阅读需求和行为习惯，而忽视读者需求的阅读推广是很难取得好的推广效果的。阅读推广的价值体现在读者能够通过活动培养良好的阅读习惯以及获得所需的文化知识，但当前少年儿童图书馆开展的馆校合作阅读推广活动除模式单一、内容单调外，还存在阅读推广对象不够广泛、重儿童轻少年等现象，严重影响了读者的阅读体验，难以达到预期的推广成效。馆校合作模式下开展的阅读推广活动应涵盖所有热爱阅读的群体，只要读者有需求，少儿儿童图书馆就应该为他们提供参与渠道，不应厚此薄彼，而应最大限度地满足不同阅读群体的阅读需求。

四、馆校合作模式下少年儿童图书馆阅读推广策略

（一）建立文献资源互通机制

建立文献资源互通机制是消除馆校合作阻碍、提高阅读推广成效的有效措施之一。少年儿童图书馆馆藏文献种类多，内容丰富，与中小学实现资源互通能为师生带来更好的阅读体验，为阅读推广活动的开展提供更多的资源途径。少年儿童图书馆要优化馆藏配置，充分发挥资源共建共享作用，在读者需求的基础上，依托馆藏特色资源开展形式多样、丰富多彩的阅读推广活动，让活动参与者成为阅读推广活动的主角，以促进阅读和引导阅读为目标，更好地激发中小学生的阅读热情，同时，图书馆员要熟悉学校课程，配合学校教学计划，挖掘更多的馆校之间的合作点，使阅读推广活动进校园常态化。

（二）制定有效合作机制

馆校合作阅读推广活动能够扩大活动范围和规模，吸引更多读者参与阅读。在馆校合作模式下，少年儿童图书馆要开发总分馆阅读合作模式，以馆藏资源为核心，与合作方商议并确定合作点，形成持续稳定的合作模式，并在实施过程中相互监督，以项目创品牌，以品牌推项目，形成良性循环，为长期合作打下良好基础。少年儿童图书馆应凭借丰富的馆藏资源和专业的服务能力，为中小学校开展各类阅读推广提供资源和服务支撑，通过"馆校通借""阅读漂流"等活动方式提升图书馆资源的利用率，最大限度地发挥图书的价值。

（三）创建数字化阅读交流平台

数字化资源凭借存储量大、更新速度快、携带方便等特点赢得了读者的青睐，少年儿童图书馆应意识到数字化阅读的重要性，以科技赋能阅读，引导学生正确利用互联网开展阅读。少年儿童图书馆在馆校合作阅读推广中引入互联网实时互动功能，实时交流阅读信息和体验，不仅能使读者的阅读互动感更强，受众面更广泛，而且还能降低阅读推广的成本。少年儿童图书馆和学校通过互联网联系得更加紧密，增加共识，共同开发和利用网络资源，为学生的数字化阅读保驾护航，不断提升他们的阅读兴趣。少年儿童图书馆还要建立以学生为中心的知识共享平台，拓宽学生与图书馆、学校与图书馆、商家与图书馆之间的交流渠道，充分考虑学生读者的需求，把他们的满意度列入图书馆工作评价体系，以此促进馆校合作阅读推广的长远发展。

（四）提升服务水平

第一，制定人才激励机制。适当的人才激励机制可以避免馆员与教师产生消极情绪，激发合作团队的主动性，提升团队的服务水平。第二，实施合作品牌化战略。运用便捷、专业、创新的宣传平台与营销渠道形成自己的合作品牌，为维护品牌的形象与声誉，可以督促团队提高自己的服务质量。第三，馆校合作行业联盟。带动同行业人员加入馆校合作队伍，形成馆校合作行业联盟，在相互学习借鉴的同时，同行业间的竞争也会激发团队的创造力，不断改进服务，提升服务水平。

五、馆校合作阅读推广案例

（一）安徽省公共图书馆

1.合肥市少儿图书馆

（1）书香满校园——校园分馆建设

校内分馆建设是合肥市少儿图书馆的特色活动，合肥市少儿图书馆也是安徽省内在学校建设分馆最多的图书馆。校园分馆建设即图书馆与校方签订协议，在校内设立图书馆分馆。馆内图书资源丰富，会定期更换图书并且有专门的分馆管理老师，极大地方便了学生阅读，为他们提供了良好的阅读条件。合肥市少儿图书馆 2006 年起开始建设分馆，目前在省内共在 8 家学校设立了分馆，馆内图书总量均达到 1000 册以上，其中最大的分馆为合肥常春藤实验学校分馆，馆内中英文图书、绘本、低幼画册等各类图书的总馆藏量达到了 15000 册。并且馆内还实现了通借通还，这使得读者借书还书变得更容易，减轻了读者跨校区阅读的负担，使图书馆的图书资源得到了充分的利用。

（2）文化扶贫——汽车图书馆

汽车图书馆是 2005 年起开办的品牌项目，主要的推广群体是革命老区、学校、医院、社区、留守儿童等五类群体，目前已经形成了"情暖童心悦享书香""绘本巴士进乡村""文化暖心，阅读推广到你身边"三个系列主题。汽车图书馆开进革命老区、贫困山区，是文化扶贫的一种形式。这些学校常年严重缺乏少儿图书。通过与这些学校合作，图书馆进入校园为山区的孩子们送去大量的少儿书籍，在一定程度上能缓解贫困地区书本匮乏的问题，输送了精神之营养，为孩子们的阅读起步打下了基础。在过去的五年内合肥市少图一共在 10 所偏远学校举办过阅读推广活动，通过给学校捐赠图书、建设图书流通点等多种方式来缓解学校的图书匮乏问题。图书流通点的图书相对校园分馆来说比较少，平均都在几百册左右，但是会定期更换图书。在过去的五年中，合肥市少儿图书馆曾在长丰县李圩小学、平和希望小学、岳西县天堂镇前冲小学、白沙小学等四所学校设立图书流通点，极大地缓解了山区孩童图书匮乏的困境。并且还会与学校共同举办读书节活动，例如在春泰可希望小学举办第一届《让读书成为习惯》读书节活动；在桃花潭希望小学开展馆员讲座；在岳西县天堂镇前冲小学为该校学生开展"为爱启航"家庭教育类讲座——如何培养阅读兴趣等活动，这样的活动让农村的孩子们在阅读中体验到新的乐趣，并营造了乐于阅读的学校环境。除了进入学校开展活动外，合肥市少儿图书馆还联合合肥工业大学邀请 20 名六安革命老区的贫困孩子来到省城合肥，参观合工大的校馆史、图书馆，这种与大学图书馆合作的方式，能够让孩子们体会到不同于公共图书馆的读书氛围，激发起孩子们阅读的自觉性和热情。

2. 安庆市少儿图书馆

（1）免费借阅证进校园活动

此活动的主要形式为图书馆进入校园，为校内学生发放免费借阅证从而实行阅读推广活动。安庆市图书馆曾在市公园小学、安庆市绿地实验学校为学生发放借阅证，这两次发放的借阅证数量虽然不是很多，公园小学主要是针对四年级共 5 个班的学生发放借阅证，绿地实验学校是针对上学期评选出的"阅读之星"发放免费借阅，但此活动旨在激发学生进入图书馆阅读的兴趣，图书馆的知名度在某种程度上有所上升，并能更好地发扬图书馆的社会教育功能。相对于线上宣传而言，这种线下进校园邀请学生进入图书馆参与阅读活动的宣传方式能够给学生们的心中留下更为深刻的印象。

（2）阅读进校园，建设馆校合作阅读实践基地

安庆市图书馆在过去的五年中共建立了绿地实验学校、十里中心小

学、公园小学三个馆校合作阅读实践基地，其中绿地实验学校是包括小学、中学的 9 年制学校，另两所均为小学。建立馆校合作基地后，图书馆会承担起校外活动实践基地的职责，优先满足签订了合作合约的学校参观场馆及教育活动的需求，并且还会组织学校教师进行培训，帮助学校的各科老师熟悉掌握场馆学习的规律及方法，积极组织各类图书馆进校园活动。此外图书馆还可以依托本馆的资源优势，参与到学校课程拓展及课堂内容的编制中，为学校学生提供丰富的教育资源，所以说建立实践基地能够充分整合学校与图书馆的资源。安庆市图书馆充分发挥了实践基地的优势，在建立基地后多次与这些学校共同举办活动，且多为系列活动，例如，如与绿地实验学校、公园小学举办"周末悦读会"这种读书系列活动。其中在 2017 年内同绿地实验学校举办四次读书活动，在 2019 年内与公园小学合作开展 3 次周末悦读会活动、1 次社会实践活动，社会实践活动以了解图书馆的职能，参观阅览室为辅，体验借阅工作、整理图书为主。这种参观图书馆＋具体实践相结合的方式，更能够理论联系实际，让学生们了解到图书馆的各个活动内容，既能培养阅读兴趣，又能锻炼自身独立性，并且安庆市少儿图书馆在三所学校都设立了图书借阅点。

（二）嘉兴市图书馆

1. 馆校共建智慧书房

2021 年 6 月 16 日，嘉兴市茶园小学智慧书房开馆，这是嘉兴市首家"馆校共建"书房项目，是社会公共阅读服务和学校阅读服务有机结合的创新融合，也是对"馆校合作"新模式的积极探索。智慧书房位于校内，但开设对外入口，实现对外开放，是连接校内外的一条纽带。内馆面积约 270 平方米，配备户外花园约 200 平方米，拥有藏书 6000 余册，包含人文类、社科类、茶特色、巴金专栏等。馆校共建智慧书房，坚持学校与社会、学校与家庭、个体与群体相结合，是最大程度发挥场馆的教育功能、辐射功能和连带功能的有效方式。

2. 馆校合办品牌活动

（1）"图书馆第一课"阅读指导课。"图书馆第一课"是嘉兴市图书馆总分馆服务体系于 2017 年 1 月启动，针对学龄前儿童、中小学生开展的阅读指导课程。通过将图书馆的各项服务内容，以一堂生动的推介课的形式送进校园，让学生对图书馆产生直观的认识，再邀请小读者们走进图书馆亲身体验。除开展入馆教育外，还发放各级阅读礼包，开展作家进校园、数字图书馆阅读体验、信息素养教育等多项活动。"图书馆第一课"作为嘉兴市图书馆的一项重要阅读推广项目，通过馆校合作方式把图书馆的纸质资源、数字资源、新技术、新服务和新体验带进校园。

（2）"嘉兴有意思"地方文化阅读推介。嘉兴市图书馆于 2019 年推出"嘉兴有意思"项目，围绕嘉兴方言、历史、民俗、古桥、古迹等系列内容，多元化推动地方文化阅读，传承嘉兴地方文化。通过和学校联合主办"红色文化有意思""长虹桥边有意思""小镇文化有意思""社会科学有意思"等"嘉兴有意思"系列主题活动，向孩子们生动讲述嘉兴故事。

（3）"金平湖慧阅读"智慧书房效能提升。这是平湖市图书馆的综合性阅读推广品牌，通过多个子品牌深化馆校合作。"慧阅读—好书推荐"，由图书馆与当地电视台合作，邀请幼儿园、中小学校长、学生、地方文化名人等录制好书推荐视频，通过文旅微信公众号、视频号、图书馆微信公众号，每周一期公开发布。"慧阅读"–"宝·藏"书院文创展示，通过向学校征集学生原创作品，结合智慧书房特色进行微展览，让学校美育成果走出校园，向社会公众展示；"慧阅读"–主题活动，如"书房＋非遗"，开展"剪纸""叶雕""西瓜灯文化"等主题活动，吸引学生读者参与；"慧阅读"–文创开发，将本土传统文化注入阅读，推出"遇书芳"礼盒、"平湖老味道"笔记本、文化创意衫、帆布袋等作品，作为馆校合作活动的独特奖品，受到孩子们的普遍欢迎。

第四节　图书馆少儿分级阅读推广

一、分级阅读的概念

分级阅读是一种针对不同年龄段少儿发展特征之间存在的差异性而提出的阅读指导方式。其主要特征是依据该年龄段少儿的思维特性、心智水平、认知能力和社会化程度甄别并选择推荐阅读书目，使书籍的主题、篇幅、难度等契合少儿阅读需求和发展需要。在几十年的发展历程中，由英美等西方发达国家率先提出并推广实践的分级阅读已被广泛认可为是一种科学有效的阅读范式，可以按照少儿在不同的年龄阶段的智力水平和心理发育程度，为其定制兼具科学性和实践性的阅读计划；为不同年龄段的孩子供给不同的读物，提供针对性的阅读材料。

二、各年龄段少儿阅读需求分析

（一）0～3周岁儿童阅读需求分析

0～3岁是儿童正智力发育的黄金时期，也是儿童动作行为快速发展时期，这一阶段的儿童读物应以启智为主，鼓励儿童通过感知来探索世界获取新知，促进大脑和智力发展。此时的儿童无法独立阅读文字，注意力极易分散，而且对于父母依赖性较强，阅读需要充分依靠家庭陪伴和引导，因而一些内容简单的有声读物或是含有基础动手操作的亲子读物更满足该阶段儿童的阅读需求。此外，这一时期的儿童视觉能力逐步提升，美丑意识开始形成，例如绘本这类图案丰富、色彩鲜艳的读物更易吸引儿童的注意力，激发儿童阅读兴趣，帮助儿童提升观察力和控制力。在内容方面，0～3岁儿童处于启蒙初期，需要阅读的图书内容主要应当为一些日常生活相关的事物图片等，如动物、交通工具、水果蔬菜等，以帮助其提升基础认知水平。

（二）3～6周岁儿童阅读需求分析

3～6岁儿童由于理智感的发生求知欲和好奇心旺盛，自我意识也逐步凸显，此时的儿童会有明显的喜欢提问和进行智力游戏的外在表现，并且会因为得到满意的答案或独立解决问题而感到内心愉悦；此外这一阶段儿童已经拥有了一定的通识能力，因而不同于0～3岁儿童，该阶段的儿童可以尝试阅读童话故事或是神话传说类的书籍，一些包含智力游戏、含有解密元素的或是以提出问题再加以解答形式的图书更是符合他们的阅读需求，既能满足他们的求知欲和好奇心，又能促进理智感的发展。

（三）6-12周岁儿童阅读需求分析

6～12岁的儿童几乎已全部正式迈入学校，生活环境的变化要求他们学会一些简单的社会相处方法和做事行为准则，此时单纯的内容有趣的图书已不能完全满足他们社会性成长需求，因而可以引导其阅读一些既富含趣味性又包含启发意味的寓言故事。此外，这一时期的儿童以培养学习能力、学习知识为主要目的。随着年级的升高，与日常生活事物相关的基础性知识和其身心发展水平已不再相匹配，因而在选择阅读资源时可以向所学学科的方向倾斜，课外读物也可以适当增加科普类图书的比重。

（四）12～15周岁儿童阅读需求分析

正值青春期的12～15岁儿童无论是在生理上还是在心理上无疑都在经历着巨大的变化，自身的差异、同性间的差异、异性间的差异让正处于敏感时期的他们更易困惑与焦躁。此时的儿童心理上渴求成熟，主观意愿上不愿与家长交流，对突如其来的变化不懂得如何正确处理，常压抑自身情绪，尤其是对于生理变化较早或是较晚发生的儿童以及因内分泌产生外表变化却又关注自身形象的儿童而言，如果未能及时进行合理引导则极易产生自卑情绪。对于这一阶段的儿童，一些能为他们解除青春期焦虑的性别教育和生理发展教育相关的资源是极为有必要的。

（五）15 ～ 18 周岁儿童阅读需求分析

对于 15 ～ 18 岁的儿童来说，高中时期既是决定升学的关键学习期又是个人独立走向社会的准备期。生理的基本成熟使他们有机会享受与成年人同等的对待方式，心理的半成熟又让他们不得不因面对更多的抉择而陷入更为复杂的内心世界。处于这种时期的他们身心发展不平衡，既面临着高强度学习的压力又需要抵御来自娱乐、交往等外界的诱惑，而随着内心世界逐渐复杂带来的独立意识的发展，他们反抗父母的管束，选择隐藏内心活动，动机更具有隐蔽性难以被教师、家长及时准确捕获。因而这一时期的儿童除了需要阅读学习辅导相关方面的书籍还需要一些能辅助其认知社会、适应社会的相关信息资源和利于其规划自身发展的指导性书籍。

三、图书馆少儿分级阅读推广存在的问题

（一）活动宣传推广力度不足

活动推广大致可以分为线上和线下两种推广模式，虽有部分图书馆拥有较多阅读推广渠道但普遍存在着线上推广渠道单一的问题，网站建设不完善、平台信息更新慢甚至是有公众号无内容的情况屡屡出现，这就让家长和儿童难以在足不出户的情况下及时有效地获取活动相关信息，致使其如果想要主动参与图书馆推出的相关活动就不得不频繁浏览图书馆主页或是直接到馆访问，这种相对单一的推广渠道对于本身活动参与积极性就不够高的一些家长和儿童来说无疑会再次降低其参与积极性。同时较少平台的推广模式也意味着较高的吸引新读者的难度，现在许多中青年人和儿童群体分散布局在多个不同的互联网平台之上且在工作休闲之余就会利用手机习惯性刷新和浏览 QQ、微博、微信公众号内的内容，而网页由于缺乏一定的推送机制且访问方式较为烦琐、页面内容较多，并不易推送新内容，间接导致潜在参与群体会错过某些活动，难以达成分级阅读推广的预

期效益。

（二）分级率较低

划分目标人群是阅读推广的重要前提，而在此基础上进行进一步划分是分级阅读推广的首要任务。在由公共图书馆组织的阅读推广活动中，活动目标群体通常会设置为所有人、未成年人、成年人、特定读者这四类，其中未成年人又会按年龄段进行再次细分，特定读者又可包括老年群体、视障群体、女性群体等。据调查，大部分图书馆分级程度差距较大且普遍分级率较低；大多数图书馆针对 6～12 岁儿童开展的相应活动较为丰富，但对于处于 0～3 岁和 15～18 岁的这两种较低年龄段和较高年龄段儿童的阅读推广活动偏少。

（三）活动形式缺乏创新性

缺乏创新意识就容易使推广活动无吸引力，部分图书馆虽然活动组织频率较高，但服务类型趋同，缺乏形式的创新性，活动形式仅限于开设讲座、故事会、竞赛答题等几种常见类型。

（四）合作范围较窄

目前，中国图书馆正积极尝试与外界展开阅读推广活动合作，总体来说合作对象十分多样，但存在着单独个体合作类型较少的情况，并且合作频次普遍较低。如厦门少年儿童图书馆，阅读推广活动多为独立承办；深圳少年儿童图书馆活动合作频率虽高，但在活动组办环节中培训中心、深圳市阅读联合会为其最长合作对象，偶有与学校、其他公共图书馆、深圳市文体旅游局、书法家协会、教育科学研究院等机构产生合作关系。多数图书馆很少与媒体报社产生合作，并且除由文化部（现为文化和旅游部）或行业学会领导组织的全国性大型分级阅读推广活动外，各图书馆之间在活动组织时各自为战，互不干涉，致使业界缺少具有影响力、持续性的分级阅读推广项目，进而难以获得活动品牌效应。

四、图书馆少儿分级阅读推广策略

（一）提升分级意识

目前在国内，儿童分级阅读已经逐步受到关注和重视，但就整体而言，分级阅读的观念并未被有效推广和传播，对于分级阅读的概念和具体实施办法，社会仍缺乏较为普遍的了解和认同。因而在现阶段，图书馆实行少儿分级阅读推广的首要策略便是提升相关人员的分级意识，营造阅读分级的氛围。

1. 馆员分级意识

绝大多数图书馆的少儿阅读推广活动都是由本馆内工作人员进行相关事宜的策划，同时在活动实施过程中，相关馆员也承担着整个流程的主导任务，不仅需要为参与活动的儿童提供适合的读物、道具、内容甚至是环境等，还需要保持与儿童或是家长进行沟通，针对在活动过程中出现的问题和疑惑及时给予处理和解答并适度调整活动流程和进度，以期达到最佳的活动效果。可以说，无论是在阅读推广活动的项目策划、过程实施还是在后续的总结反馈过程中，馆员都担任着至关重要的工作，因而想要顺利推行分级阅读推广，成功举办阅读推广活动，使活动达到预期的效果图书馆首先应当对相关工作人员进行分级知识与技能的指导和教育，组织馆员学习和内化分级理念，保证作为组织者、主导者的馆员拥有分级意识。

2. 家长分级意识

在布朗芬布伦纳生态系统之中，家庭是少儿活动和交往最直接的环境，属于最里层的微观系统，与少儿成长发展有着密切的相关性，因而分级阅读的有效推广离不开家长分级意识的建立，家长是否了解分级阅读、能否使家长认可并在日后生活中指导孩子阅读时运用分级阅读的理念也是实行分级阅读推广的关键环节。对此，图书馆可以印刷分级阅读理念、方法等相关资料，通过放置、张贴于馆内或是在活动举办时分发给家长，而考虑到现代年轻父母们获取信息的习惯，人员实力较强和技术相对成熟的图书馆甚至可以考虑建立或完善互联网互动平台，利用微博、微信等实现多平台相关知识的推送以促进家长对于分级观念的形成；也可以适当拓宽活动针对的对象群体，积极开展并鼓励家长群体参与儿童分级阅读的相关讲座，通过邀请专家讲解、馆员研究成果分享和家长间经验交流等形式以加深家长群体对于分级理念的理解。此外，图书馆还可以邀请家长和孩子共同参与亲子阅读活动现场演示并指导家长如何引导孩子阅读、如何为孩子挑选适合的读物，鼓励家长针对孩子的阅读水平为孩子制定阅读计划、建立阅读档案，在实践中培养家长的儿童分级阅读意识，并提升其指导儿童阅读的能力。

同时，图书馆还需要增强社会弱势群体家庭对儿童阅读重要性的认知，主动承担起改善社会弱势群体家庭儿童阅读条件的责任，通过选送志愿者、赠送图书、家长培训和幼师讲座等方式向弱势群体家庭宣传儿童分级阅读推广的重要意义。

（二）优化分级人员结构

如果将图书馆视作少儿分级阅读活动时的微观系统，那根据布朗芬布伦纳生态系统理论，馆员与少儿读者或是家长这类微系统之间的联系则可被称为分级阅读推广活动中的中间系统，其中积极的联系可实现优化发展，非积极的联系则会带来消极的结果。换言之，作为活动组织主体的馆员的素质与分级阅读推广的实际效果密切相关。对此图书馆可从馆员专业结构和学历结构这两方面入手进行优化调整。

1.专业结构

图书馆应当快速优化调整现有的馆员专业结构，加强专业儿童分级阅读推广人员的培养工作并增设分级阅读推广岗位，以满足分级阅读推广的人才需要，确保活动的专业性、有效性。如果馆内现有的相关工作人员仅具备图书馆学方面的基础知识，那么图书馆就有必要邀请相关领域的指导人士对馆员进行儿童心理、教育、出版等方面的相应素质培训和知识传授，使之尽快掌握各年龄段儿童的阅读规律及特点，了解并熟悉如何针对不同年龄段的儿童进行分级阅读指导、组织开展分级阅读活动，在学习和加强专业知识的同时培养和提升业务素质能力。此外，在实现儿童分级阅读推广的过程中不仅需要能告诉孩子们什么书有趣、什么书有意义，还需要告诉家长和从事教育等与儿童阅读密切相关的从业者们什么年龄段的孩子们应该读什么类型的书，因而图书馆可以在进行新入职人员招聘时适当放宽专业限制，大胆引进一些对分级阅读和阅读推广有兴趣的、沟通能力较强的求职者作为工作人员。

2.学历结构

除调整馆员的专业结构外，丰富学历结构也是人员优化的重要任务之一。当前绝大多数图书馆将学龄前儿童以三岁为一个阶段设置阅读规划，将学龄期儿童以三至六年为一个阶段来作为活动策划的基础，且常见的阅读推广活动所针对的人群范围普遍为7至15岁这一阶段的儿童，对于年龄较小或是稍大一些的儿童群体，尤其是0至3岁儿童和15岁至18岁的儿童阅读关注度较低。同时，现今图书馆界儿童分级阅读所涉及的年龄跨度普遍较大，考虑到少儿生长过程中各年龄期的差异、儿童个体间的差异性等因素，本着针对性的原则，图书馆在进行分级阅读推广活动前有必要进一步关注少儿年龄段的再次划分，尤其是对于处于快速成长阶段的低龄期儿童，为了实现更为针对性地开展分级阅读推广工作，必须采取更为科学、精准的划分方式。这就要求图书馆的相关工作人员不仅能拥有较强的业务工作能力，还需要具备较强的科研能力，在现阶段进行相关理论的研究，不断完善分级办法和细则，指导分级阅读推广的科学化、合理化发展。因而当前状态下图书馆有必要调整现有馆员的学历结构，引进、增加高层次人才，推进方法论的研究，为阅读推广实践活动提供理论指导。

（三）完善分级资源建设

资源建设一直是图书馆不可回避的问题，也是图书馆进行少儿阅读服务的物质基础。而在推行分级阅读推广、举办阅读推广活动的过程中，图书馆无疑也需要从阅读资源和空间资源这两方面来进行修改和完善。

1. 阅读资源建设

图书馆拥有丰富的馆藏资源因而本身就非常适合作为分级阅读推广的主要阵地。目前中国的公共图书馆几乎都能够保障拥有充足的纸质读物以供儿童选读，但考虑到分级阅读的精细化需求，图书馆还应当在现有的基础上对资源进行进一步的细分，以求尽量能保证到馆的每一阶段的儿童读者都能找到适合自己的一本好书。对此，图书馆可以尝试在坚持提高儿童阅读能力这一原则的基础上建立阅读需求分析小组，深入探讨不同年龄段儿童的阅读规律和需求并及时把握读者阅读兴趣动向，以此来对书籍资源进行适宜的年龄划分，优化藏书结构，实现分级阅读藏书体系的完善。同时，当今社会的儿童阅读资源早已不仅仅局限于图书等纸质资源，各图书馆不但需要实现实体资源的扩充和分级完善，还需要对虚拟数字资源的适宜性做出合理的评估和定级，并在有条件的情况下统一标识方式，主动提醒和告示家长及相关工作者不适宜儿童的内容，以帮助其引导和辅助儿童正确使用多媒体资源。

2. 活动区域建设

图书馆可以根据读者年龄划分阅读区域，对于低幼区域，考虑到低龄儿童大多以家长陪同的方式进行亲子阅读，且在周末的入馆高峰期，到馆人数较多，如果馆内空间布局不合理，家长为孩子读书的声音交错，就极易使得整个空间显得混乱而嘈杂，读者们相互干扰，不利于儿童们养成安静阅读的好习惯。对此，图书馆可以考虑用松散布局的小沙发、小桌椅组合来取代密集型长桌的使用，这样既可以为父母陪伴孩子阅读创造条件，保证每一对亲子阅读的组合能拥有相对独立的空间和较为安逸的阅读环境；又能够顺应低龄儿童行为特征，为活泼好动的小读者们提供更大自由活动的范围，使其有条件在不打扰他人的前提下进行适度的休闲。同理，对于每个年龄段的儿童，图书馆在馆舍区域设计时都应当考虑其阅读特性和行为习惯，大到书架、桌椅等位置的摆放，小到桌椅的形状材质，都应当贴合儿童的需求与习惯。

除以上几点外，图书馆在进行儿童阅读的软硬件建设过程中，还应当关注到部分具有阅读障碍、先天缺陷的这类处于较为弱势地位的儿童的阅读需求，尽力做到为其也能提供均等的阅读感受，甚至考虑到这一群体的特殊性，为其提供更好的阅读服务，如建设专门服务于残障儿童的"无障碍阅览室"，建立或引进数字信息无障碍系统，配备数字项目实验室为代表的智能化阅读辅助设备等，提高特殊儿童群体分级阅读推广的参与度，帮助他们通过充分利用感官也能实现优质资源的触手可及，进而增强阅读推广服务的均等化水平。

（四）建立分级阅读推广合作联盟机制

少儿的阅读状况关系着儿童自身的前途也关系着整体社会的发展，因而推广分级阅读不仅是图书馆的责任，也应当得到社会各界的关注和重视，尤其是在分级阅读推广的初期，图书馆需要借助各方社会力量，例如与教育机构、医疗机构、出版社等多方进行合作。过往经验表明多方合作确实能为推广儿童分级阅读更添一份助力，因而不妨建立合作联盟机制，从馆际、馆校和馆社这三个主要关系入手，尝试建立多边合作。

1. 馆际合作

开展多方协作是建立实施分级阅读体系的有效举措，也是检验、完善和推广分级阅读的重要途径，图书馆可尝试与国内其他少儿馆、公共图书馆建立合作关系。一方面，从严格意义上讲中国至今仍尚未拥有一个较为完备的阅读分级体系，而根据国外阅读分级体系的建立经验，无论是制定测评标准、拟定测评方案、开发研究测评软件抑或是评审分级书目都需要消耗大量的人力物力，而如果各图书馆之间能积极展开合作共建共享分级资源数据库，则有助于提升整个分级体系的建设效率。各类图书馆可先共同明确业务流程，在拟定一致分级标准和分级办法后分摊分级任务，以减轻单个机构的工作压力同时大大减少时间成本。同时，图书馆间通过建立合作关系可以获得更多借阅数据，这也能为分级体系的优化升级提供更为详细的研究数据。另一方面，图书馆间联合共办推广活动更易于形成规模效益，打造活动品牌和知名度，进而使分级阅读赢得更多的社会认知和家长认可。

2. 馆校合作

依据布朗芬布伦纳生态系统理论，对于学龄期的少儿，除家庭外学校是对其影响最大的微系统。因此各地图书馆还可以融入学校活动，将合作对象拓展为各区域内的幼儿园和中小学等，联合学校共同展开阅读推广。这种做法不仅可以增加活动的宣传力度，扩大影响范围，同时还可以通过鼓励学校的老师和孩子的家长参与其中，让图书馆得以吸收更多的社会优秀人才投入分级阅读推广活动的建设中来，从而变相获得更多人才资源，一定程度上可弥补人才缺失的不足。例如图书馆馆员可以与学校老师、学生家长一同建立阅读评估指导小组，让有意愿且有能力的人士参与到阅读指导活动中去。由图书馆向幼儿园、小学、中学有针对性地分别推荐合适的分级读物，以供家长和老师共同选择；或者先由教师根据教学大纲和课程进度共同协商拟定推荐阅读书目，再由图书馆根据分级阅读测评体系对书目进行进一步分级和评估，同时对学生个体的阅读能力做出评级，针对其能力状况制定相应的分级阅读计划，接着由家长监督引导执行，并合理设置阅读考核周期，定期组织相关主体活动以检测儿童的阅读情况。对阅读结果实行实施的评估，以便及时优化调整阅读计划，为下一个周期的阅读安排提供更为合理的指导方针。通过这一过程，老师和家长都可以清楚了解孩子看了什么级别的书、对于图书的阅读理解达到了何种程度，有效迎合了教育培养儿童阅读习惯、提升阅读能力的目标，有利于教师更好地将分级阅读与教学结合起来，而图书馆也拥有了更多的案例样本可供不断研究优化现有的分级阅读体系。

3. 馆社合作

分级阅读推广是一项系统性的工程，其中势必会牵扯到政府文化部门、出版行业、教育行业、社会中的每一个家庭及孩子等，需要整个社会承担这一责任。因而除了上文提及的馆际合作与馆校合作，馆社合作也是图书馆实现少儿分级阅读推广过程中可供选择的策略和重要途径之一。组织分级阅读推广活动时，图书馆可以考虑从以下几个方面入手来进行馆社合作。

（1）与出版社合作

一方面读物出版可以说是阅读分级的起始环节，如果出版社能在图书的出版过程中就融入分级阅读的理念，在策划选题之初就能做到精准的定位分级，那么在销售阶段各出版社就能更为便捷有效地针对不同用户群体制定适应的营销策略，从而获得更好的销路，产生更多的经济效益。分级阅读的理念虽在中国发展较晚，但早在 20 世纪 90 年代国内便已有多个出版社推出了自己的分级阅读产品，如"桥梁书""阶梯阅读"等，然而由于宣传力度不够、群众分级意识不足，该类产品并未在当时的社会环境中取得较为理想的成果，而通过与图书馆合作，出版社不仅可以宣传推广自己的产品，增加本社图书的认知度，还可以利用图书馆的采购信息分析了解现阶段各年龄段儿童的阅读需求和阅读偏好，从而指导推出更好的分级阅读产品。另一方面，图书馆通过与出版社共同建立信息共享平台能够快速获取最新的出版信息，而从源头开始的书目分级也更有利于图书馆进行后续的采访编目，制定出各年龄段和年级的推荐读物，实现更为针对性的阅读推广工作。

（2）与社区合作

近年来为有效扩大服务范围，中国大力发展公共文化服务，推行图书馆总分馆制，许多公共图书馆也响应国家号召在社区建立了分馆，而部分地区的图书馆也紧随其后开始了分馆建设，这也使社区合作变得更具可实施性。通过对社区进行走访，图书馆的工作人员更容易将社区内的潜在读者吸引至分级阅读活动中来，同时社区规模的小群体性科学知识普及更便于活动的组织和规划，也更易于获得预期的宣传效果。比如可以尝试在有条件的前提之下定期在社区内开设育儿专题辅导课，为待孕在家的准妈妈们教授备孕期间的禁忌、征兆等，为已有孩子的家长们传授各年龄段儿童的育儿经验等，为社区内的儿童建立快捷还书点和社区图书角等。

第七章　特殊儿童
阅读服务

第一节　特殊儿童简介

一、特殊儿童的概念延伸

根据全国残疾人抽样调查领导小组制定的标准，中国将特殊儿童分为
5 类：视力残疾、听力语言残疾、智力残疾、肢体残疾、精神病残疾。但
此分类并没有完全囊括中国所有的残疾人。美国于 1975 年公布的 PL94-
142 号联邦法令《全体残疾儿童教育法》把特殊儿童分为 11 类，即智力落
后、重听、聋、语言障碍、视觉障碍、重度情感紊乱、畸形损害、其他健
康损害、聋盲、多重障碍和特殊学习缺陷。笔者认为，当今多元化的社会
环境下，对于图书馆来说特殊儿童的定义也应有所扩展。凡是不能正常地
享受阅读权力、需要通过帮助才能获得信息资源的少年儿童，都应该属于
特殊儿童，其大致可分为 4 种类型：心理障碍型儿童群体、经济弱势型儿
童群体、残疾（患病）型儿童群体、边缘少年群体。

（一）心理障碍型儿童群体

这一群体的主要特征表现为有心理障碍、人格发展不健全，主要包括
3 种类型：农村留守儿童、单亲家庭子女和孤儿。

农村留守儿童：他们与父母长期分离、缺乏父母的关爱，加上家庭教
育缺失、学校教育软弱、社会关心不够，许多留守儿童人格发展不健全、
人际交往有障碍。调查显示，80% 以上的留守儿童学习成绩处于中等或偏
下水平，部分还存在逃学和厌学现象。

单亲家庭子女：大部分单亲家庭子女缺少完整的家庭关爱，精神压力
大，往往性格孤僻，意志薄弱，缺乏进取心。

孤儿：或是父母过世，或是被父母抛弃，这些孩子由于亲情的严重缺

失，大多都比较自卑、内向。

（二）经济弱势型儿童群体

指因家庭经济收入微薄而限制了消费生活和消费方式的儿童群体，主要包括农民工子女和城市低保家庭的子女。农民工的工资和福利水平无法与城市工人相比，差距很大。以他们的工资收入水平很难支撑一个家庭在城市的生活。这类儿童因贫困而无法享受应有的教育权和阅读权利，他们更需要学习知识，更需要有人来指导和关心。城市低保家庭，有的是因失业而经济发生困难，有的是因病致贫，生活得不到保障，因而影响到孩子的学习和阅读，这些儿童渴望学习，渴望阅读，是阅读推广必须关心的群体之一。

（三）残疾（患病）型儿童群体

残疾儿童主要分为智障和身体残疾两种类型。他们不仅在就学、生活、学习各方面存在着许多困难（而且一定程度上也受到歧视），如果缺少社会的关心和帮助，将难以自立生存。

（四）边缘少年群体

主要是指罪犯的子女和轻微违法犯罪的儿童群体。由于父母犯罪，使其成为特殊的少儿群体，他们甚至得不到救济和扶助。他们或游荡社会，或寄人篱下，由于生活不稳定，得不到应有的关心，教育和引导，很容易产生偏离行为，误入歧途。对他们而言，社会应该创造良好的阅读条件，为他们营造一个健康快乐的成长环境，而阅读推广活动也是一种环境和氛围。轻微违法犯罪儿童，这部分儿童大多缺少父母的关爱和教育，又受社会不良环境的影响，导致部分青少年人格发育上的畸形，走上了过错犯罪的道路，这一部分群体的少年儿童更需要社会的帮助和关注，使其走出人生的阴影。阅读推广不失为一种好方法。

二、公共图书馆特殊儿童阅读权利保障情况

（一）国内立法现状

在中国现有的法律规范中，对特殊儿童阅读权利的保障有相应的规定。《中华人民共和国公共图书馆法》明确了公共图书馆为少年儿童服务的职责，规定公共图书馆应当积极创造条件为残疾人提供适合其需要的文献信息、无障碍设施设备和服务。《中华人民共和国残疾人保障法》第43条明确规定："根据盲人的实际需要，在公共图书馆设立盲文读物、盲人有声读物图书室。"这些法律的规定，为保障特殊儿童阅读权利提供了最基本的立法保障。《公共图书馆服务规范（GB/T28220-2011）》作为国家推荐性标准，对视障阅览室的设置位置和无障碍设施专用标识的设置要求作了明确规范，指出公共图书馆应当注重培养少年儿童的阅读习惯、努力满足残疾人的特殊需求。2019年4月1日起实施的《公共图书馆少年儿童服务规范（GB/T36720-2018）》，对公共图书馆开展少年儿童服务作了细分和延展，也更明确地强调了为特殊儿童平等服务的原则和对建筑布局无障碍化的要求。

（二）具体服务和实施现状

近年，各地图书馆都在推进实施盲人数字阅读推广工程，全国400家公共图书馆设有无障碍阅览室，配置视障读者阅读的盲文书报、盲用电脑等，并配备基于互联网的智能听书机。许多图书馆免费向视障读者提供智能听书机的使用培训及外借服务，并按照规定，设置无障碍通道、无障碍阅览座位和无障碍电梯，配备盲杖、轮椅等基础无障碍辅具等。部分图书馆还会招募志愿者提供导读服务。特殊儿童一般集中在特殊教育学校、社会福利院、医院等机构，部分公共图书馆采取与相关机构合作建立馆外流动点的方式服务特殊儿童。如无锡市图书馆与无锡市特殊教育学校开展合作，依照该校师生的特殊需求，以该馆品牌活动"太阳花开"未成年人心

理健康服务为依托，为该校学生提供心理健康辅导，了解学生心理发展和阅读水平，提供定期送书上门服务。

在特殊儿童阅读活动开展形式方面，公共图书馆也作了不同的尝试。如合肥市少儿图书馆为医院脑瘫患儿讲读绘本故事、送绘本书；重庆图书馆以绘本魔术剧表演的形式，让特殊教育学校的孩子更好地理解绘本故事。

第二节　图书馆特殊儿童阅读服务的意义与现状分析

一、图书馆开展特殊儿童阅读服务的意义

在全民阅读推广中，特殊儿童群体是重点关注的群体，他们参与阅读推广的程度，检验着阅读推广活动的广度和深度，体现着和谐社会的公平和公正，展现着党和政府对特殊儿童的关心和关爱。因此，做好特殊儿童的阅读服务工作、构建特殊儿童阅读推广的服务体系有着重要的现实意义。

（一）开展特殊儿童阅读服务是推动构建和谐社会发展的需要

和谐社会的本质是以人为本。特殊儿童的成长，关系千家万户，关系家庭和社会的和谐稳定，是特别值得关注的问题。特殊儿童作为特殊的弱势群体是社会大家庭的重要组成部分，其素质的高低从侧面反映着社会的文明程度。阅读服务中，应该关注特殊儿童，为他们营造参与阅读活动的环境，在阅读过程中体验和谐的内涵，培养积极乐观的健康性格和人生观，成为建设中国特色社会主义的参与者、建设者和共享者。做好特殊儿童阅读推广工作，需要文化、体育、卫生等诸多部门相互配合、相互支持，需要家长的谆谆教导，需要老师的精心培养，需要我们每个人"捧上一捧土，浇上一杯水"。这是集人力、物力、人文精神、民族精神、政治

信仰等诸多反映社会发展因素于一体的时代产物，而这些积极的、正面的努力，必将推动构建和谐社会的进程。

（二）开展特殊儿童阅读服务是儿童阅读推广的重要组成部分

特殊儿童的阅读生活是儿童阅读重要组成部分。开展阅读推广，向特殊儿童推荐好书，引导阅读，开展种类读书活动，活跃文化生活，既是社会的责任，也是特殊儿童的重要权利，是特殊儿童平等参与社会、实现自身价值的重要途径。促进特殊儿童积极参与各类读书活动和健康文化生活，不仅能够提高特殊儿童综合素质，而且通过阅读这个平台，能让特殊儿童增添生活情趣，陶冶情操，促进身心健康，拓宽生活领域。同时，特殊儿童参与读书活动和文化生活，还可以通过意志和体能的较量，向生命的潜能挑战，培养战胜困难和挫折的勇气。通过阅读推广活动，让他们了解知识，获取知识，使用知识，创造知识，展示人的原始创造力和中国十四亿同胞精神风貌；既培养他们不畏艰难、乐观进取、顽强拼搏的精神以及对人生的深刻理解，又可以激发全民阅读活动的热情，振奋民族精神。

（三）开展特殊儿童阅读服务是特殊儿童健康成长的要求

德国诗人歌德说过：读一本好书，就是和许多高尚的人谈话。向特殊儿童推广好书，进行阅读，启发他们的心智，帮助他们走出困境，解开困惑，增长知识，拓宽眼界。通过读好书，去领略书中的好思想，了解书中高尚的情操和学习书中人的高尚人格，在好书的引导下健康快乐地成长。儿童阅读推广不只是引导阅读，更是培养读书习惯。二十一世纪出版社总编助理魏钢强指出：儿童阅读推广的重要目的是使儿童养成阅读的好习惯，掌握阅读的好方法，拥有阅读的好胃口。特殊儿童养成的好的阅读习惯和方法，将会受益终生，不管是以后的学习、工作还是生活，将会有一个良性的发展。更重要的是通过阅读可激励特殊儿童树立自尊、自信、自强、自立的精神，赢得社会理解、关心、尊重，这对特殊儿童的健康成长有十分重要的作用。

二、图书馆开展特殊儿童阅读服务的现状

（一）图书馆特殊儿童阅读服务发展情况

1.文献服务的灵活性

特殊儿童阅读服务的文献类型从载体上已经突破纸本界限，不仅包括适合特殊儿童的纸质盲文书、大字图画书、触摸书等文献，还包括各种电子书、有声读物、无障碍的视频资源等无阅读障碍的数字资源。例如中国残疾人数字图书馆的"少儿天地"资源，盲人数字阅读推广工程免费出借的听书机资源等。同时图书馆在知识产权下针对特殊儿童文献进行内容的深度挖掘和二次开发，通过编制盲文与汉字对照的检索目录，给视频资源添加字幕等形式来提升文献服务级别，可选择的文献种类更加灵活多样。

2.专属服务空间的出现

近年来，伴随着国家对无障碍工程的重视，已有专门服务于特殊儿童的实体空间出现。2015年9月，广州少儿图书馆专为特殊儿童设置的"爱童馆"开放，它属于独立于主馆的专门分馆，专为盲童、聋哑儿童等特殊儿童提供无障碍阅读服务。2016年6月，湖北省图书馆为特殊群体打造了馆中馆形式的"光明直播室"，通过电台直播功能不仅能让特殊读者聆听有声读物，还能进行音频的录制与分享。

3.志愿服务的常态化

图书馆在为特殊儿童阅读服务中普遍会邀请志愿者加入，他们通过亲身服务、参与策划、培训馆员等形式开展工作，不仅解决了专职或兼职馆员不足的问题，还带来了更多的知识和专业技能。辽宁省图书馆文化志愿团自2003年成立以来在"对面朗读"和"手语世界"两个特殊群体品牌服务中发扬志愿精神，起到了重要作用。

4.活动形式的多样性

公共图书馆在特殊儿童活动形式上进行了积极探索，实践中产生很多容易复制的活动形式：

（1）对面朗读活动

对面朗读活动是日本公共图书馆著名的特殊群体服务项目，形式上已经从"真人图书馆"形式延伸到通过电脑和网络的对面朗读服务。国内省级公共图书馆中开展对面朗读服务较早的图书馆是辽宁省图书馆，涵盖盲人的电话预约朗读，特教学校盲童的现场朗读等多种形式。

（2）无障碍图书馆体验活动

无障碍图书馆体验活动是让特殊儿童亲身体验图书馆的无障碍设施和资源服务，帮助其更好地了解和利用图书馆。如天津图书馆的"残疾人走进图书馆感受书香"系列活动，黑龙江省图书馆的"体验无障碍，书香促融合"系列活动等。

（3）无障碍电影播放活动

无障碍电影一般有视障版和听障版两种，只要有电影设备和资源都可开展，在播放时如有专业人员在旁边辅助讲解效果更佳。据调查，这种活动在辽宁省图书馆、南京图书馆、广东省立中山图书馆、浙江图书馆、上海图书馆等许多国内图书馆都有开展。

（4）举办各种教育讲座和培训

通过举办满足特殊儿童和家长需求的讲座和培训，不仅增长知识，还有助于他们阅读技能和生活技能的提升。如"手语世界"是辽宁省图书馆坚持十多年面向聋哑儿童开展的活动，通过培训班等多种形式服务聋人儿童。

（5）组织阅读沙龙、读书会、故事会

通过沙龙、读书会、故事会的形式将特殊儿童群体和家庭汇聚起来，为他们提供探讨交流平台，促进知识分享。如北京市西城区青少年儿童图书馆携手医学和心理学专家成立了共享阳光残障人读书会，广东省立中山图书馆联合广州盲校举办了"听·爱"故事会。

（6）其他形式活动

图书馆结合特殊儿童的身心特点和需求还举办了朗读、演讲、绘画、征文、听书机借阅、快递送书上门等服务活动。山东省图书馆联合山东广播电台通过朗诵、绘画等形式在 2016 年至 2018 年连续举办面向视障、听障、孤独症儿童的"听见·最美的声音""看见·最美的世界""绘出·最美的未来"等系列活动，获得社会赞誉。

（二）图书馆特殊儿童阅读服务现存问题

1. 相关法律法规需进一步完善

中国的《中华人民共和国公共图书馆法》和《公共图书馆少年儿童阅读服务规范》等业内法规虽对特殊群体服务提出了原则要求，但在特殊儿童阅读服务上仍缺少详细指导，需进一步制定相关服务细则。

2. 专门的馆藏资源有限

当前国内图书馆多是面向视障和听障的成人群体建设资源和配备辅助设备，资源建设与特殊儿童群体脱节，忽视了孤独症、智力障碍等其他类型儿童，文献类型多以传统的纸质为主，无障碍数字资源建设相对落后，同时由于以盲文书为代表的特殊文献采购价格较高，适合特殊儿童阅读的出版物种类较少，导致藏量不足。

3. 专门的服务空间欠缺

中国公共图书馆多设置有少儿阅览区，有的还设置了为盲人服务的残障阅览室，但为特殊儿童阅读服务的专门空间却偏少，普通少儿阅览室和盲人阅览室在规划和专业性上并不是特殊儿童阅读服务的理想空间，同时图书馆内还存在着无障碍设施和辅助标识不完善等问题。

4. 专业的服务人员不足

图书馆的特殊群体服务人员当前主要由图书馆员、志愿者、邀请的特教人员组成。由于特殊儿童的身心缺陷，一般需要特殊的专业性帮扶，而图书馆员在盲文、手语、儿童心理学等方面缺少专业知识，志愿者和特教人员多是临时邀请，缺少长期合作机制。美国图书馆协会（ALA）在 2001 年的《图书馆为残疾人服务》（Library Services For People with Disabilities Policy）第七条中规定在读的图书馆专业学生都需掌握残障读者的服务技术并了解相关法律。中国当前图书馆专业没有明确的残障服务资质要求，服务人员素质参差不齐。

5.服务活动欠缺推广提升

当前图书馆的服务对象多以成人和普通儿童为主，面向特殊儿童群体的服务活动体现出数量少、时长短、质量不高的特点，一些活动只在"世界读书日""全国助残日"等节点临时举办，平日并无开展。各图书馆之间缺少活动经验的交流学习，活动策划上缺少因地制宜的需求调研和设计创新。

第三节　图书馆特殊儿童阅读服务优化策略

一、总体优化策略

（一）加大针对特殊儿童群体的图书馆功能宣传

《公共图书馆少年儿童服务规范》中提到"公共图书馆应通过各种媒介，宣传推广少年儿童服务"。调研发现，一些特殊儿童无论是智力缺陷还是身体残疾，由于各类原因不经常走进公共图书馆，他们被隐藏起来，远离或被安置在学校、机构或是家庭中，家长和特殊儿童对图书馆的功能认识还是传统的借还书。特殊儿童群体是社会的弱势群体，图书馆应主动邀请、吸引特殊儿童参与和互动，加大宣传力度。如通过电视、网络、杂志等进行全媒体宣传，利用楼宇、地铁、商场、游乐场等公共空间进行社区宣传，让大众了解公共图书馆对特殊儿童的优先服务内容，吸引社会对这部分群体的广泛关注和认识，为图书馆特殊儿童服务提供空间、资金、政策等支持，引导他们帮助特殊儿童走进图书馆；与学校、妇联、残联、康复机构、医院、精神卫生所等与特殊儿童密切相关的单位合作，充分利用门户网站、微信公众号和实地宣传栏等平台，通过业务平台建立连接，或直接转载图书馆服务宣传、发放图书馆宣传折页等方式，将图书馆宣传服务渗透到特殊儿童周边的生活、学习的社区中，增强特殊儿童家庭对图书馆的全方位认识；同时，还可以为特殊儿童及家庭订制个性化的宣传片、文创产品、活动项目和服务方式，吸引这部分群体走进图书馆，喜欢图书馆。

（二）公示服务制度，明确优先原则

公共图书馆不应局限于与相关机构简单的一两次合作，而是要努力消除特殊儿童及其家庭对异样眼光的担心，让他们放下戒备，敢于走进公共图书馆接受服务。这就要求公共图书馆对提供的服务项目以及对特殊儿童的倾斜政策予以公示，让特殊儿童及其家庭真正了解到，他们在接受图书馆服务过程中，能够享受到的种种便利。图书馆可在本馆相应的宣传平台以及特殊儿童及其家庭可以接触到的渠道，公示对其优先服务的制度，明确列出特殊服务项目，让特殊儿童及其家庭成员在初次接触图书馆时，就能清楚知晓并切实感受到。同时，图书馆需要加强对用户隐私权的保护措施，以打消特殊儿童家庭的顾虑。优先服务的具体项目包括：不同馆室接待特定类别的特殊儿童年龄予以宽限；特殊儿童及其家长免费使用符合其心智发展水平的馆藏资源；设置特殊儿童专用服务场馆及导读服务岗；利用已有的网借图书和总分馆物流体系提供免费送书上门服务；策划特殊儿童特定类别群体的阅读活动等。

（三）树立平等意识，深化培训内容

全体图书馆员均应树立起平等服务意识，这就需要公共图书馆在日常馆员和相关志愿者培训中将残障读者服务培训内容制度化。还可参考法国国家图书馆的做法，他们不仅依法聘用残障人士作为残障服务人员配置，还在对全体馆员和志愿者进行残障服务培训中，让他们亲身体验身体能力受限的不便感觉，设身处地地完善服务，改进不足。此外，对服务于少年儿童的馆员培训内容还需更有针对性和专业性。馆员不仅需要了解特殊儿童在物理空间方面较普通儿童存在更高要求，也应对特殊儿童及其家庭成

员在心理方面存在的顾虑和特殊需求有清楚认知。

一般来说，特殊儿童家庭对外界的顾虑来自社会的方方面面。作为信息推广平台的公共图书馆，不仅要培训图书馆员、志愿者树立平等服务意识，也应对全体图书馆用户群体做好平等接受服务的宣传工作，让大众消除歧视，对特殊儿童及家庭予以更多的宽容和关爱，理解并支持图书馆为特殊儿童及家庭提供的各项便利服务举措。

（四）建设适合馆藏，设置资源专区

图书馆为特殊儿童提供服务，最基本的便是提供适合其使用的馆藏资源和相对独立的活动场所。不同状况的特殊儿童需求不同，图书馆可通过向专业机构了解或进行合作，建设与特殊儿童需求相匹配的馆藏和配置。如智障儿童感知迟钝、缓慢，需为他们准备色彩明亮、主体鲜明的绘本和体积大、相对醒目的活动物品；听障儿童对文字的理解更依赖现实形态、事物的辅助，立体书、触感书对他们的理解更有促进作用；以动画、小视频的方式呈现就更易于让阅读障碍儿童理解故事的内容。图书馆丰富的数字资源可作为特殊儿童阅读的拓展内容，如江苏省少儿数字图书馆包含丰富的少儿电子读物、有声读物、科普视频，其辖区内的公共图书馆均可加以利用整合，配以合适的视听设备，成为无障碍少儿数字资源。图书馆可在馆藏数字资源中设置专有的无障碍数字资源专区，方便特殊儿童及家庭成员通过网页和移动客户端轻松检索获取。

（五）联合社会力量，获得专业支持

为特殊儿童服务的人员需具备一定的专业知识背景，了解特殊儿童心理、生理需求。图书馆应借助广大的社会力量，以自身为核心，搭建特殊儿童社会服务交流平台，集合特殊教育机构、相关慈善机构、公益性组织、残疾人联合会等多渠道优势，获取广泛的支持，提供更优质、更专业的服务。

公共图书馆可以吸纳具有专业知识的爱心人士及特殊儿童的监护人、

照料人等作为志愿者参与到活动设计、现场服务中。志愿者对特殊儿童的安抚、照顾以及陪伴的经验会让他们更加熟悉特殊儿童的需求，可以成为图书馆顺利运作特殊儿童服务项目的有力帮手，解决图书馆提供相应服务可能面临的技能与人手不足的困难。

（六）结合发展需求，丰富活动项目

公共图书馆可通过调研，掌握本地区特殊儿童构成及分布情况，了解特殊儿童群体特殊的阅读需求、阅读能力，有针对性地设计阅读活动和服务方式。活动项目只有具备丰富的形式、打破常规固化的内容、切实有效的鼓励和帮助，才会吸引特殊儿童及其家庭成员。如中国台湾地区新北市图书馆新庄裕民分馆推出的"狗书童"伴读服务，让受过专业训练的小狗陪伴有学习障碍、阅读障碍、交流障碍的儿童阅读，特殊儿童在面对安静温顺的小狗进行阅读时，消除了成年人陪伴时对他的期望所造成的压力，变得愿意主动阅读，甚至愿意尝试主动与人接触。

图书馆活动项目要充分体现图书馆公益性、公共性的特点，各项少儿阅读活动也应做好无障碍设计和准备，让原本已经丰富多彩的少儿服务大门为特殊儿童敞开。图书馆可定期组织特殊儿童参观活动，让特殊儿童及其家长对图书馆的服务内容、活动项目线上线下的报名渠道、活动参与过程中的设计环节等作充分的了解后，愿意走出自己狭窄的社交圈，主动参与到图书馆的各类活动中。许多特殊儿童具有特别的技能或艺术天赋，如绘画、音乐，图书馆可在活动中设计与主题相结合的展示环节，让公共图书馆不仅成为特殊儿童新的社会生活空间，而且也成为一个为特殊儿童提供无特殊标识的展示平台。

公共图书馆的活动对象不能仅限于特殊儿童本身，还应认识到，提升特殊儿童家长的阅读意识、增强家长的阅读指导能力、为特殊儿童打造家庭阅读氛围，对提高特殊儿童阅读能力有着极为重要的作用，是任何公共文化服务机构都无法替代的。因此，图书馆要利用自身优势，以特殊儿童家长为服务对象，策划阅读指导项目，帮助他们了解孩子的认知与发展

特点，掌握科学的阅读指导方法。图书馆还可以成立特殊儿童家庭阅读委员会，以阅读为核心，为特殊儿童家庭搭建一个交流和学习的平台，让特殊儿童在接受相互间鼓励、指导和支持的阅读氛围中，促进阅读，提升素质。

（七）统筹区域规划，实现资源互补

公共图书馆可以以市区范围为单位，建立区域内图书馆特殊儿童服务网络，做好统筹规划。如中国台湾地区新北市立图书馆的"幸福阅读、学习相伴"课后陪读服务，募集了大专院校、高中生、退休教师以及社会人士组成"陪读天使"，利用全市包括分馆、区馆在内的几十个图书馆服务点，在夜间开放时间，为包括身心障碍学生在内的、在放学后父母无暇照料的弱势学童提供陪读服务，辅导他们的学校课业，照顾他们的课后生活，教他们利用图书馆丰富的免费资源，学习在图书馆查找资料，还为弱势学童解决晚餐问题，减轻了弱势家庭家长的负担。

区域服务网络内各馆也可根据自身条件，重点以一、两类特殊儿童及其家长为服务对象，策划阅读活动，组织馆藏建设，培养专业馆员。各馆间资源相互补充，合力优化服务，保障特殊儿童阅读权利。

二、针对不同类型特殊儿童的阅读服务优化措施

（一）视障儿童阅读服务优化措施

1.侧重有声电子图书的采购

在先进技术的支持下，有声电子图书得到发展，并逐渐成为人们青睐的阅读方式，这样的书籍能够更好地规避视障儿童受到视力限制而出现的阅读障碍问题，更好地满足视障儿童的现实阅读需求。相比于盲文书籍来说，有声电子图书的价格更低，不仅能够支持视障儿童的顺利阅读，还可以为普通读者群体提供更为多样的阅读形式，推动了公共图书馆阅读服务的升级。同时，对于视障儿童来说，该群体中并非所有的儿童个体均掌握

盲文，因此公共图书馆仅对其提供盲文书籍并不能最大限速的满足视障儿童对阅读服务的现实需要。而引入有声电子图书就可以解决相应问题，提升视障儿童的阅读量，培养其阅读兴趣，推动视障儿童更好发展。例如，山东省威海市市图书馆于 2019 年 3 月与市残疾人联合会共同举办了"数字阅读，还你视界"智能听书机发放仪式，在活动现场内领取到听书机的视障儿童可利用这一设备到市图书馆自行办理图书借阅手续，即可凭借借阅卡到图书馆内的"特殊教育阅览区"进行听书活动，这一有声电子图书与听书设备的采购，为视障儿童提供了丰富的文化资源，可大幅提升学生的生活品质，使其获取更多的先进知识，开阔自身视野。

2. 提供网络在线服务

现阶段，互联网、新媒体技术迅速发展，对各个行业的服务模式均产生了不同程度的冲击，公共图书馆也不例外。在这样的背景下，想要进一步实现视障儿童无障碍阅读服务水平的优化，公共图书馆应当积极引入新媒体与互联网技术，为所有读者，特别是视障儿童提供网络在线服务。在此过程中，要求公共图书馆馆员全面了解馆内藏书与文献信息、掌握盲用设备的使用方法。依托微信、QQ 等新媒体社交平台，使用语音的方式与视障儿童展开交流沟通，实现网络在线服务的提供。通过这样的方式，能够及时完成视障儿童问题的回应，并明确其实际阅读需求，提升公共图书馆服务的针对性。

另外，相应馆员可以定期在视障儿童微信群、QQ 群中上传有声电子图书资源，完成好书推荐以及视障儿童现实阅读需要的满足，为视障儿童提供更便利的阅读服务，促使公共图书馆视障儿童无障碍阅读服务的升级。长春市图书馆在优化图书馆服务功能时，积极践行"以人为本"的发展要求，为给视障儿童提供更为人性化的服务，开展了"爱心帮帮团"文学讲座，并建立了帮帮团微信群提供在线有声读物的借阅与传输功能，给视障人群提供了方便，从而在图书馆中营造出了良好的听、读书氛围，使文字表达不再冰冷，切实为视障儿童带去了温暖与精彩。

3.加强无障碍设施建设

为了进一步达到优化视障儿童阅读服务的效果，公共图书馆除了要实施"软件"方面的完善（包括服务模式、服务内容等），还要落实"硬件"的优化建设，即加大无障碍设施的建设力度。具体内容包括：第一，无障碍通道。在公共图书馆内设置无障碍通道，引导视障儿童达到阅览室、卫生间、大门等重点区域，并尽可能与馆外的盲道相连接。第二，阅读条件。结合公共图书馆现实情况引入多功能数码助视器等设备，为视障儿童营造更好的阅读条件与阅读环境；依托无障碍原则展开图书馆网站的设计，提供中国盲人数字图书馆网站的进入端口，确保视障儿童阅读资源的丰富。第三，安全设施。公共图书馆在满足视障儿童现实阅读需求的同时，还要最大程度保障其在馆内的安全，为其提供全面的优质服务。例如，可以在卫生间设置自动化洗手设备与充水装置等，有条件的情况下还可加设紧急呼叫设备；在电梯等区域的功能性按钮中增设盲文点字等。2019年1月浙江省遂昌县在市残联的推动下，积极举办了视障阅览室体验活动，吸引县域内视障儿童到该馆一层视障阅览区进行听书活动。在图书馆工作人员的引领下，视障儿童通过无障碍通道有序到达视障阅览厅，并带其感受了阅览厅内的基础设施如无障碍卫生间、无障碍休息室、无障碍电脑等，同时组织视障儿童感受了无障碍电影，此次活动有效激发了相关儿童的阅读兴趣，为他们打开了新世界的大门，有效提升了相关人群的阅读积极性，切实使图书馆成为视障儿童的精神家园。

4.积极构建视障儿童阅读数据库

公共图书馆可以结合馆内的藏书情况、现实需求构建起视障儿童阅读数据库（图书馆盲人语音平台），在其中上传馆内的磁带、图书、绘本、音视频光盘等资源，将视障儿童感兴趣、最需要的阅读资源转变为数字化形式。依托这一数据库建设，视障儿童可以在不利用任何辅助设备的情况下，远程实现自主"阅读"。

为了适应视障儿童的实际年龄发展特点，应当在数据库中上传大量的有声绘本资源，促使视障儿童可以与普通儿童一样体会到阅读绘本的快乐。相比于普通书籍来说，绘本能够更好地激发视障儿童的阅读兴趣。在此过程中，需要重点落实的工作内容如下。

第一，完全无障碍建设模式。选择更为简单、不受限的软件结构完成数据库建设，如 B/S 架构，促使视障儿童可以在多种电脑终端中登录数据库并获取所需阅读资源。依托数据库的语音提示功能，明显降低了视障儿童使用数据库展开阅读的难度。第二，无障碍人机互动。从按键与操作界面入手，简化数据库的操作流程，保证视障儿童能够在操作键盘方向键与回车键的情况下实现网页操作，保证人机互动的无障碍。第三，提供资源的免费下载服务。保证视障儿童在无需注册为会员（公共图书馆用户）的情况下，可在数据库中获取阅读资源，享受在线的免费阅读服务。第四，配置专属图书馆员。为了更好解决视障儿童在操作数据库中面对的现实问题，公共图书馆应当设置专属图书馆员岗位，对视障儿童提供专项服务。

5. 积极争取吸纳社会扶持

资金不足是影响图书馆视障儿童阅读服务质量的重要因素。为了尽可能消除资金投入问题，推动视障儿童无障碍阅读服务的升级，公共图书馆应当积极争取、吸纳社会支持，并落实自有资金的盘活。此时，除了要加大对视障儿童阅读服务的投入（包括采购有声电子图书资源、馆内设施优化等方面的投资）之外，还需要积极与当地企业合作、与多种慈善与志愿者项目展开竞争，尽可能争取更多的外部资金支持。例如，可以参加公益慈善项目大赛、申报专项扶持资金项目或志愿者服务重点项目等，为公共图书馆的视障儿童无障碍阅读服务全面升级提供更为充足的资金支持。2016 年，和勤公益在众筹网及网信理财的商务平台上发布了"为视障人群募集阅读室"的众筹项目，致力于为偏远地区图书馆建造无障碍阅读平台，给视障儿童带来读书的乐趣，使其与网络信息、计算机软件等更多的进行接触，从而促进其与社会更好的接轨。在阅览室建成后，图书馆工作人员会通过举办线上、线下培训活动，分期对相关人群进行计算机软件使用培训，通过阅读互联网上的海量信息，能够促使孩子们更加全面的认识世界，从而促进其更加健全的成长与发展。

6. 引入志愿者组建服务团队

在视障儿童阅读服务的展开中，需要大量的人力支持，此时，仅仅依靠公共图书馆中的现有馆员远远不够。为了保证服务质量，公共图书馆应当构建、引入"图书馆馆员＋志愿者＋志愿组织"的服务团队构建模式，具体来说，就是积极吸纳志愿者完成视障儿童阅读服务团队的组建。

此时，可以结合多种面向视障儿童的阅读活动安排志愿者参与，为视障儿童提供出行、书籍借阅、数字资源获取等多方面的指导。为了调动志愿者的服务态度与服务积极性，要将参与阅读活动的志愿者纳入市志愿者系统注册管理，依托登记积分、突出贡献奖励等方式调动志愿者的荣誉感。

7. 展开多种形式的读者活动

公共图书馆具备一定的教育功能，需要引导视障儿童可以逐步融入社会。为了实现这一目标，应当展开多种形式的读者活动。例如，实施面向视障儿童的文学创作培训，依托"线上＋线下"相结合的授课指导模式完成写作技巧培训；提供流动视障服务，结合现实情况设定视障儿童（视障群体）流动服务站，实现按需上门服务的落实。

（二）孤独症儿童阅读服务优化措施

1. 协调社会力量，共建服务平台

孤独症儿童不同于健全儿童，所以为孤独症儿童服务离不开专业医生或心理医生的指导。少年儿童图书馆要积极与本地妇联、精神卫生中心，以及相关的孤独症康复机构、服务机构、教育机构、志愿者组织合作，形成以少年儿童图书馆为主，医学、心理学及社会学界学者广泛参与的服务模式。

联合各界力量共建服务平台，首先需要建立由各个机构专家组成的联合专家组，按季度阶段性地开展工作，主要包括 5 个环节：一是结合医院的检查报告，对孤独症儿童进行综合诊断；二是对孤独症儿童家庭教育的方式进行测评；三是制定符合孤独症儿童实际的心理干预方案，包括推荐阅读书目、制定阅读指导课程和游戏互动课程，以及家庭阅读方案；四是对孤独症儿童进行季度检测和干预方案效果总结；五是根据检测结果，制定下一季度阅读和互动课程。

总之，在少年儿童图书馆宽松、自由、开放的环境中，联合专家组通过对孤独症儿童实施科学的综合的教育引导，可以让孤独症儿童的心灵慢慢得到修复。

2. 为孤独症儿童提供阅读指导服务

阅读对促进儿童神经元的联结有很大帮助，当儿童眼睛看到某个字词或画面时，大脑中的神经回路便会迅速活化，阅读越多神经元的联结就越紧密，就越能触类旁通。可见，阅读指导是开发孤独症儿童大脑神经回路的重要活动，而绘本是最好的工具。

（1）提供多样化的阅读资源

少年儿童图书馆可以为孤独症儿童开辟独立的阅读区域，提供丰富的阅读资源，让孤独症儿童和健全儿童一样无障碍地阅读。为孤独症儿童提供的图书应以图画书和绘本图书为主。可以根据专家建议，将图画书进行相应的分类，如家庭类（对家人的称呼）、食品类（认识各种食物）、交通类（认识各类交通工具）、动物类（认识各种小动物）等；绘本图书可以分成3类：画面优美、色彩鲜艳、人物及动物造型可爱的纸质绘本；具有三维空间感的立体绘本；会发出各种声音的有声绘本。另外，针对有严重阅读障碍的孤独症儿童，少年儿童图书馆还应提供"为你说书"、有声音的daisy、朗读版书刊，以及各种大型电子阅读机，通过动态图画、音乐、语言等多方面的刺激，激发孤独症儿童对阅读的兴趣。

（2）提供多元化的阅读指导

对孤独症儿童的阅读指导需要耐心，需要动态阅读和静态阅读相结合。孤独症儿童受身心因素影响，起初可能对阅读不感兴趣，工作人员可以先让其接触立体绘本或可以撕扯的、发声的图画书，让他们发现书会动、能出声，从而对图书产生兴趣。为了培养孤独症儿童的阅读兴趣，少年儿童图书馆可以采用"绘本+N"的方式，增强阅读指导的趣味性和互动性，如绘本＋绘画、绘本＋手工制作、绘本＋表演、绘本＋朗诵等。

开展孤独症儿童阅读指导活动有多种方式，如自由阅读，家长带着孩子一起阅读；集体阅读，由工作人员或家长组织几个孤独症儿童一起阅读，以提高他们与其他儿童接触和沟通的能力；表演阅读，由工作人员和家长为孩子们表演绘本中的故事，再慢慢引导其参与到表演活动中；专家指导阅读，聘请教育专家为孤独症儿童和家长讲读绘本故事。各种不同的阅读形式可以交叉使用，孤独症儿童喜欢的方式就是最适合的最好的阅读方式。

3. 为孤独症儿童提供游戏服务

充分的社会接触、多样化的人文体验，以及运动能力的发展，是孤独症儿童语言发展和交往能力形成的重要条件。少年儿童图书馆可以利用玩具阅览室加强对孤独症儿童身体和心理的恢复训练。游戏互动包括感统训练游戏、感觉器官修复游戏、音乐游戏等。

（1）感统训练游戏

"感觉统合"简称"感统"，是指人从外在环境中所获得的感觉信息，包括视觉、听觉、嗅觉、味觉、触觉、前庭觉和本体觉。如荡秋千与溜滑梯可以加强前庭刺激，攀爬可以促进本体觉整合，寻宝箱游戏和用不同材质刷子轻刷肌肤有助于触觉系统稳定，听音乐可以刺激听觉系统等。工作人员可以按照专家的建议，组织孤独症儿童开展各类互动游戏，把模仿动作、听口令、叫名反应、发单音、仿说词、仿说句子、简答、代名词的使用等语言训练内容融合到游戏互动中。如利用"老虎吃果果""小兔打哇哇"等口部动作模仿类游戏，训练儿童模仿张口、闭嘴、抿嘴、伸舌、舔唇等动作；利用"吹纸""吹蜡烛""吹乒乓球""压腹发声""抓痒发声"等呼吸训练类游戏，增强孤独症儿童的肺部呼吸功能。这些互动游戏能够提高孤独症儿童的注意力、语言理解能力、表达能力、协调能力和配合能力。

（2）感觉器官修复游戏

感觉器官修复是指在自然的环境中修复孩子的视觉、听觉和触觉感官通道。少年儿童图书馆可以与孤独症专业教育机构合作，带孩子们到大自然中去，让孤独症儿童在大自然的环境中和动植物交朋友，释放心灵，开发兴趣，提升能力。

（3）音乐游戏

针对孤独症儿童视觉接受能力优于听觉能力的特点，在玩具阅览室活动时，工作人员可以为孤独症儿童播放儿歌动画视频，并带领孤独症儿童边听、边看、边模仿。当孤独症儿童沉浸在音乐中并随之做出动作时，工作人员要抓住时机，选择节奏感强的字、词，激发孤独症儿童语音模仿。根据有些孤独症儿童好动的特点，工作人员可以结合音乐韵律，指导孤独症儿童拍手、跺脚、数数等。这些活动有助于提高孤独症儿童对语言的兴趣和理解能力。

工作人员在开展各项活动的过程中，要注意观察，及时发现孤独症儿童的潜能，如书法、音乐、数学、天文等特长，并配合专家和家长有意识地加以培养。

4. 为家长提供亲职教育服务

家庭是避免儿童孤独症形成的第一道屏障，家长亲职教育是孤独症儿童教育的重中之重。良好的家庭氛围和家长的正确教育，能够有效地预防和减少儿童孤独症的形成。即使孩子患有孤独症，如果家长能够及时接受亲职教育，正确地对待自己的孩子，科学地加以教育和引导，为其营造安全稳定的成长环境，孤独症儿童完全可以和健全的孩子一样学习和生活。

图书馆开展亲职教育可以采取多元化的教育方式，主要包括：

（1）提供个别咨询和指导

图书馆可以开设孤独症儿童问题服务专线或设立固定服务咨询日，帮助孤独症儿童家长解决个性化教育问题。孤独症儿童家长遇到任何教育问题，可随时通过电话向专家咨询，或通过电话预约到馆向专家当面咨询。

（2）开展孤独症家庭教育讲座培训

图书馆可通过定期举办讲座培训，向家长传授正确的教育理念和方法，使家长在家庭生活中实施正确干预，增强其对孤独症儿童的教育能力。

（3）开展家长沙龙活动

图书馆可为孤独症儿童家庭提供互相学习和交流的平台，如家长沙龙，让孤独症儿童家长通过家长沙龙了解更多的有关孤独症儿童教育的信息，互通有无，增进交流和学习，增强家长参与亲职教育的信心和驱动力。

（4）开展网上教育

可以将与孤独症儿童教育相关的图书和讲座视频上传到少年儿童图书馆网站，为孤独症儿童家长提供全方位立体化的学习途径，以满足家长自学的需要。

5. 开展融合主题活动，扩大社会影响力

（1）开展节日融合主题活动

图书馆可以利用每年世界孤独症日、六一儿童节等节日，开展各类主题活动，在唤起社会对孤独症儿童关注的同时，也可以吸引更多的孤独症儿童及家庭的参与。如举办"爱在少年儿童图书馆"系列活动，邀请孤独症儿童来到图书馆和小读者一起活动，让孤独症儿童和健全儿童一起享受阅读和活动的快乐。

（2）开展平日融合主题活动

对孤独症儿童的关爱不能仅停留在节日，而要贯穿于图书馆平日的工作中，让孤独症儿童长久持续地得到关爱和帮助。如举办"小志愿者陪护活动"，内容包括：①在小读者中招募陪护孤独症儿童的志愿者，并对其进行相应知识的培训；②小志愿者与孤独症儿童结成一对一或多对一小组，建立长期陪护关系；③小组定期或不定期在图书馆开展活动，或共读绘本，或共享故事，或共绘图画，或共做游戏，图书馆可以为孤独症儿童准备各种小礼物，如玩具、绘本等；④定期组织小志愿者交流会，总结交流陪护经验。这一主题活动的开展，可以拉近健全儿童与孤独症儿童之间的距离，达到融合教育的目的，一方面有利于促进孤独症儿童尽快地融入社会，提高学习交流的能力，另一方面有利于培养小读者的爱心，提高社会责任感。

配合主题活动的开展，图书馆还要做好馆内馆外的宣传工作，让更多的人了解和关爱孤独症儿童。在馆外，可以通过新闻媒体进行活动宣传；在馆内，可以通过招募小志愿者发放宣传单、播放视频、电影或举办图片展览的方式进行宣传。

（三）留守儿童阅读服务优化措施

1.发挥各级图书馆学会的引领作用

在 2013 年的中国图书馆学会年会中，中图学会就联合贵阳市图书馆设置了以"书香伴我成长——关爱流动、留守儿童"为主题的分会场，总结了西部地区图书馆开展的关爱留守儿童相关活动，对于公共图书馆开展留守儿童服务具有很强的示范作用。此外，中国图书馆学会也会定期举办全国图书馆未成年人服务论坛，探讨图书馆对于未成年人的服务模式以及服务创新，并选取全国多个图书馆的未成年人服务录入案例精选。由此可见，图书馆学会的各项活动对于公共图书馆服务的开展有着极其重要的作用。中国图书馆学会作为中国图书馆行业的带头组织，可以从多个方面做出指导。比如，开展公共图书馆留守儿童服务相关的学术交流会议与培训，在相应的分委会网站页面设置留守儿童专区，在年会征文和实践创意活动比赛中设置留守儿童专题，以及通过比赛鼓励各公共图书馆开展留守儿童相关服务等。此外，各省市的图书馆学会也要立足实际，积极举办相关活动，推动各地区公共图书馆对于留守儿童服务的关注与实践。

2.选择适合当地情况的服务模式

在中国公共图书馆留守儿童服务的现状调查中，我们可以发现公共图书馆留守儿童服务在地域上存在较大的差异性。从整体上来看，公共图书馆开展的留守儿童相关服务呈现出"东多西少"的特征。尽管制定统一的标准非常有必要，但同时也要兼顾各个地区的实际情况，在开展留守儿童服务时选取适合当地情况的服务模式。比如，在留守儿童数量较多且较为密集的省份地区，可以依托于较大的图书馆，以线下活动为主，配合线上服务，定期举办。而留守儿童数量较少且较为分散的省份地区，则可以通过联合当地的基层图书馆或学校图书馆，为留守儿童提供多形式的服务。而何种服务模式更适合当地则需要进一步的研究探索。

3. 联合社会力量开展合作服务

现如今，社会上各种公益机构和爱心组织层出不穷，也有大量的专门针对留守儿童的社会公益项目，如满天星公益图书馆、南方阅读公益基金会、中国日报网和中国红十字基金会联合主办发起的"鲁冰花"关爱留守儿童公益计划等，这些组织或项目主要通过捐献物资或是募集资金，为留守儿童购置所需资源，开展相关活动。然而有些活动并不能多方面、多角度满足留守儿童的需求，反而会造成一定程度上的资源浪费。针对这种情况，图书馆可以提供平台，集合社会上的爱心捐赠进行统筹安排。目前最常见的非政府组织公益行为是在社会上募捐，利用募捐到的资源和资金到部分留守儿童聚集地区建设或完善学校阅览室。然而，这样的行为一方面缺乏专业指导，无法保障阅览室建设和管理的专业性和科学性，不利于该阅览室的长期有效使用，另一方面也会出现一个学校建设多个阅览室的情况，不利于资源的合理分配。因此，图书馆可以联合相应的组织机构，由其提供募捐的资金和资源，再通过图书馆进行科学专业的指导，联系有需要的地区或学校图书馆进行分配建设，并提供相应的阅读指导和活动。

第八章　数字技术与新媒体平台在图书馆少儿阅读服务与推广中的应用

第一节　数字移动时代图书馆少儿阅读与推广概述

一、数字技术对公共图书馆少儿阅读推广的影响

当前，快速发展的数字技术已经全面进入社会公众的视野，而且在应用方面也呈现出多元化的特点，各类人群都对数字技术产生极大的兴趣。在数字化背景下，公共图书馆要想更有效地开展少儿阅读推广，首先要认识和理解数字技术对少儿阅读推广的重要影响，在此基础上采取有效措施组织实施，只有这样，才能适应数字技术，进而不断提升公共图书馆少儿阅读推广的有效性。

深入分析数字技术对公共图书馆少儿阅读推广的影响，突出表现为：由于数字媒体具有很强的开放性，因而会极大地影响公共图书馆少儿阅读推广理念，传统的阅读推广理念已经不适应形势发展需要，迫切要求公共图书馆落实"以少儿为中心"的阅读推广理念，充分利用数字技术大力提升少儿阅读推广的针对性和特色化，如公共图书馆通过多媒体平台开展少儿阅读推广，能够实现随时随地的目的，同时也能够通过收集和分析少儿的阅读倾向，使阅读推广的针对性更强，既能够吸引少儿，也能够使少儿阅读推广实现更大突破。数字技术还对公共图书馆少儿阅读推广方式具有重要影响，其中至关重要的就是数字技术具有很强的融合性，同时其开放性也较强，少儿可以在多媒体平台获取更多的信息，迫切要求公共图书馆改变传统的少儿阅读推广方式，改变传统的以我为主的教育方式，着眼于适应数字化环境，更加重视培养少儿的综合素质，不断丰富和完善少儿阅读推广载体，如大力加强公共图书馆少儿阅读推广的"传播性"，将数字媒体作为重要的阵地，同时也可以引导少儿利用数字媒体传播"正能量"、弘扬优秀文化、传递"中国声音"；由于数字媒体能够融合信息技术、网

络技术乃至智能技术，这也对公共图书馆少儿阅读推广模式具有十分重要的影响，要求公共图书馆在开展少儿阅读推广的过程中需要适应数字媒体环境，大力推动少儿阅读推广模式创新，特别是要在构建"线上"与"线下"相结合少儿阅读推广模式方面进一步加大力度，只有这样，才能使少儿阅读推广的实效性更强，同时也能够使数字技术在公共图书馆少儿阅读推广领域得到更加充分的应用。总之，数字技术对公共图书馆少儿阅读推广具有十分重要的影响，公共图书馆对此应当清醒地理解和认识，特别是要适应数字时代，大力推动少儿阅读推广改革、创新、发展，努力提升少儿阅读推广整体水平。

二、数字时代公共图书馆少儿阅读推广取得的成效

在数字技术快速发展的时代背景下，很多公共图书馆都已经在改革和创新少儿阅读推广模式，而且在组织实施的过程中不断进行优化和完善，使数字技术在少儿阅读推广领域的应用得到了有效拓展，在一定程度上促进了少儿阅读推广的深入开展。

从数字时代公共图书馆少儿阅读推广取得的成效来看，主要有：由于数字技术的突出特点，很多公共图书馆在开展少儿阅读推广的过程中对应用数字媒体给予了高度重视，而且在组织实施的过程中也不断创新应用模式，特别是很多公共图书馆对数字媒体平台的应用更是得到了加强，从国内省级图书馆来看，"微博"和"微信公众号"的开通率都在90%以上，而且也有10%以上的公共图书馆开通了"抖音号"，通过"抖音"平台开展少儿阅读推广工作，但由于运营维护需要大量的人力物力，这也在很大程度上制约了其发展，但整体发展趋势较好；为了能够使数字媒体的应用实现更大突破，很多公共图书馆还大力加强"数字化"转型，不仅对馆藏资源进行数字化转型，而且还建立了少儿阅读推广平台，如北京市图书馆从主题设计、稿件撰写、视频拍摄、编辑审核到上传平台，都进行了科学设计。此外，公共图书馆还高度重视多平台环境下公共图书馆数字媒体运营基础建设，除了开发和建设多元化的数字媒体平台之外，很多公共图书

馆都大力加强数字媒体运营机制建设，这也为做好数字媒体环境下公共图书馆少儿阅读推广工作创造了良好的环境和条件，同时也奠定了坚实的基础和提供了有力保障；公共图书馆为了能够进一步优化和完善少儿阅读推广运行机制，利用数字媒体大力开展相关活动，例如日照市图书馆等公共图书馆依托自身资源优势在网络上开展"讲好山东故事，传承优秀文化"少年读书故事会海选活动，并从中选拔优秀选手参与青岛赛区决赛，起到了以点带面、多点互联的作用。

三、数字时代公共图书馆少儿阅读推广创新思路

（一）创新少儿阅读推广内容

创新是进步的灵魂。对于公共图书馆来说，要想全面、深入地做好数字时代少儿阅读推广工作，需要对少儿阅读推广内容进行科学设计，特别是要综合应用数字媒体进一步创新少儿阅读推广内容，努力使少儿阅读推广工作的吸引力更强。在具体的实施过程中，要切实加强对公共图书馆管理人员的教育和引导，使他们能够在熟练应用数字媒体开展少儿阅读推广方面实现更大突破，公共图书馆管理人员也要切实提高责任意识，深入研究将数字媒体应用于少儿阅读推广中的有效实现形式，将一些难于理解、少儿不感兴趣的读物制作成PPT，通过音频、视频、Flash动画等多种模式的组合，引起少儿的兴趣，使少儿在阅读过程有一个持续不断地深化过程中，这样的阅读辅导必然更具有生命力。创新少儿阅读推广内容，也需要切实加强对少儿阅读兴趣和倾向的调查研究与分析论证，在此基础上在数字媒体平台进行有效的推广，特别是要牢固树立"传播意识"，努力实现少儿阅读推广与文化传播的有效融合，这对于提升数字时代少儿阅读推广实现更大突破具有重要价值。

（二）创新少儿阅读推广平台

公共图书馆在开展少儿阅读推广的过程中，要想使数字媒体更有效的

发挥作用，还要在创新少儿阅读推广平台方面进一步加大工作力度，特别是要增加人力、物力、财物的投入，倾力打造多元化、系统性、融合性、互动性、对接性的少儿阅读推广平台。在具体的实施过程中，公共图书馆应当根据自身的实际情况对数字媒体平台进行科学设计和系统安排，努力使其发挥多元化功能与作用。对省级公共图书馆来说，应当倾力打造"微博""微信公众号""抖音号"三大平台，将根据少儿阅读推广的实际情况进行有针对性的设计，特别是在少儿阅读推广模块设计方面应当符合少儿的实际情况，无论是内容设计还是版面设计，都应当具有趣味性和引导性，如阅读推广内容制作成小视频或者 Flash 动画，能够更有效地吸引学生。对省级以下公共图书馆，应当更加重视"微博"和"微信公众号"的应用，同时也要综合应用数字图书馆组织实施，倾力培育少儿客户群体，在此基础上将各个平台进行有效对接，并引导少儿登录相应的平台，这对于强化少儿用户黏度具有很强的推动作用，公共图书馆应当在这方面进行科学设计。上海图书馆青少年服务（抖音号：SHLIB_TEEN）自 2021 年 5 月中旬开播至 2022 年底，共更新抖音视频 194 条，内容涵盖科普、手工、绘本等方面。获赞：12.9w，粉丝数 1.2w，为少儿阅读推广提供了新媒体推广的平台。由于工作职责的划分，该项目于 2021 年底停止由少儿馆员运营，但截止到目前，该抖音服务号仍然持续发挥着科普宣传效能。该服务号的运营为我们提供了新媒体平台宣传科普的有效实践。

（三）创新少儿阅读推广模式

要想使公共图书馆少儿阅读推广更加适应数字媒体，还要在创新少儿阅读推广模式方面进一步加大工作力度，至关重要的就是要在构建"线上"与"线下"相结合的少儿阅读推广模式方面不断进行改革和创新，努力使其发挥综合效应。在"线下"少儿阅读推广模式创新方面，公共图书馆可以大力加强与学校、教师、家长之间的战略合作，使平台特点、用户需求、公共图书馆自身内容设计三者高度契合，最大限度提升少儿阅读推广的实效性。在创新少儿阅读推广模式方面，还要更加高度重视将少儿阅读推广与少儿阅读服务进行有效结合，通过卓有成效的服务工作提升少儿阅读推广水平。例如：公共图书馆管理人员除了进行主动的辅导之外，还要在引导和教导方面下功夫，引导就是要让少儿知道阅读什么、如何阅读，教导就是要对少儿阅读的方式、阅读的内容、阅读的思想进行讲解，并且通过形象生动的方式进行，在这个过程中公共图书馆管理人员可以通过微信、QQ 等社交平台加强与少儿读者的沟通与互动。浦东图书馆于 2017 年暑假期间推出了"首届数字体验嘉年华"活动，开展 STEM 科学实验、VR 体验、机器人探索、数字阅读等活动。疫情防控期间，他们将线下活动转移到线上，和张江国际青少年创新创业实践基地合作开展的活动"创想·云"线上数字嘉年华很有新意：有青少年科普展示环节"梦想云主播"栏目，是由学生代表分享创客心得、科技成果、科普知识等；"专家零距离"前沿科技科普专题云讲座，邀请科研院所的专家分享科研趣事

（四）创新少儿阅读推广技术

为了能够使公共图书馆少儿阅读推广更加适应数字媒体环境，还要在创新少儿阅读推广技术方面进一步加大工作力度，特别是要切实加大信息技术、网络技术、大数据技术、云技术、AI 技术的投入，可以将相关的技术应用于少儿阅读推广平台当中，进而提升少儿阅读推广的整体效果。例如：为了能够更准确地了解少儿阅读兴趣和倾向，应当建立大数据管理与分析平台，运用数据挖掘技术，切实加大对少儿阅读兴趣与倾向的收集、整理与分析，在此基础上定期向少儿推送相关阅读内容或书目。在创新少儿阅读推广技术的过程中，需要公共图书馆根据自身的实际情况技术加大投入力度，如果自身资金实力不强，公共图书馆也可以与"第三方机构"建立战略合作关系，降低少儿阅读推广新技术应用成本，同时也能够使其专业化水平更高，最大限度提升少儿阅读推广水平。

第二节　AR/VR 技术简介与应用

一、AR/VR 技术简介

（一）AR 技术

1.AR 技术的概念

增强现实（Augmented Reality）简称 AR 技术，将现实生活中一切事物，在网络中生成数据信息并将其与现实相结合，现实与数据同时出现在人们的眼前，人们能够通过 AR 设备对世界有更深刻的认识。

2.AR 技术的表现形式

从表现形式上，可将增强现实技术分为基于计算机视觉的 AR（Vision based AR）、基于地理位置信息的 AR（LBS based AR）和基于光场技术的 AR 三类。

（1）基于计算机视觉的 AR 利用计算机建立虚拟世界与现实世界的关系，用户在体验的时候通过屏幕来观察 AR 的虚拟世界，一般情况下虚拟物体为三维模型，从屏幕上来看这个三维模型就像依附在现实物体上一样。通过摄像头对图像进行识别，并确定其位置，不同的图像可以实现不同的虚拟物体的叠加。

（2）基于地理位置信息的 AR 是通过 GPS 获取用户的地理位置，然后从网络数据源（例如 google、高德地图、百度地图）获取目标位置附近物体的信息，包括物体的名称，附近的建筑等信息，也称之为"导航地图"，再通过手机上的传感器获得方向信息，通过这些信息在现实场景中建立虚拟物体。

（3）基于光场技术的 AR 是利用光场技术对现实空间中任意事物进行记录，这种技术不需要任何显示屏，通过人体的细胞便可感知，这需要全息投影技术或者视网膜投影技术的辅助。

3.AR 技术的特点

（1）融合虚拟和现实

AR 技术将虚拟数据信息与真实世界的场景相融合，让人们对世界有更详细的认知。例如，现实生活中的一张办公桌上面通过 AR 技术可以叠加生产虚拟的物体，如一张纸或者一支笔，一杯咖啡等物件，甚至生成一个虚拟的人物在喝咖啡，更加协调，具有真实感。

（2）具有实时交互性

通过增强现实系统中的交互接口设备，网络数据库会根据人们的现实情况及时调整数据信息。例如，现实世界的光照与虚拟世界的光照相结合会产生不同的光照结果并体现在虚拟物体的表面以及阴影的显示，这个过程是实时的，真实世界一旦发生变化，虚拟世界也会实时的产生对应的变化。

（3）在三维尺度空间中增添定位虚拟物体

可以对已经与现实场景融合的虚拟物体进行操作，使其变换不同的形态，还可以已有场景中添加其他的虚拟信息。

（二）VR 技术

1.VR 技术的概念

1989 年，VPL Research 公司的奠基人 Jaron Lanier 首次公开使用 "Virtual Reality"。在中国钱学森院士把 "Virtual Reality"（简写为 "VR" 技术）翻译为 "灵境技术"，"灵" 是指 "神"，"灵境" 乃是虚幻之所在 1。1995 年出版的著作《未来的路》《信息高速公路透视》等译本，大多把 "Virtual Reality" 翻译为 "虚拟现实"。目前，"Virtual Reality" 也被译为 "虚拟仿真""虚拟现实""虚拟实在" 等。

VR 技术的内涵主要指：从技术层面看，VR 技术是一种综合性技术。它融合了立体显示技术、多媒体技术、场景建模技术、人工智能技术和自然交互技术等多种新技术。从过程看，VR 技术可以通过计算机仿真系统，创建出一种逼真的多感官的三维环境。使用者暂时与现实的物理环境隔离开，通过虚拟场景中的图像视觉、声音听觉和情景触觉等多感官刺激，让使用者获得沉浸式体验。从体验者角度看，通过利用头盔、鼠标、数据手套等 VR 技术应用的相关设备，让使用者在虚拟环境中能够进行一定程度的思想交流和身体动作，从而让使用者获得交互式体验。

2.VR 技术的分类

（1）桌面式 VR 系统

它主要是通过鼠标、手柄等输入设备体现出可操作性和构想性。通常由电脑屏幕呈现虚拟场景，用户通过平面显示设备观看虚拟场景，并通过键盘、鼠标等进行交互。桌面式 VR 的优点主要体现在制作成本较低，具有可移动性和使用的便捷性。

（2）沉浸式 VR 系统

它主要通过头戴式可视设备、数据手套、运动追踪器、立体声耳机等输入设备与计算机系统进行交互。沉浸式 VR 的优势是为使用者带来一种"身临其境"近乎"真实"的体验感，能让使用者暂时与现实世界相隔离，全身心的投入 VR 所创设的虚拟世界，所以带给使用者的真实沉浸感和交互体验效果最佳。主流的沉浸式 VR 设备可以分为主机 VR、手机 VR 以及 VR 一体机，其中沉浸体验最强的是主机 VR3。但是由于沉浸式 VR 所需的活动场地较大，该 VR 系统及相关设备的配置要求比较高，导致总体制作及维护成本较高，目前应用面还不够广泛。

（3）分布式 VR 系统

分布式 VR 能够让处于不同地理位置的学习者们共同处于 VR 创设的虚拟空间中，学习者可以与 VR 系统进行交互体验，同时学习者间也可以进行交流协作共同完成教学任务。在 VR 创设的虚拟仿真飞行环境中，能够让飞行员产生真实的视觉、听觉等多感官的真实体验，达到提高飞行技能实训能力的目的。如北京航空航天大学应用于飞行员训练所采用的分布式 VR 系统。

（4）遥感式 VR 系统

遥感式 VR 系统是一种特殊的远距离控制的 VR 系统。它能够将来自遥远地区真实物理实体的三维图像与计算机生成的虚拟物体结合起来，是对真实世界中物体及事件的实况"遥现"。体验者可以通过计算机和电子装置获得足够的现实感觉和交互，可以介入对现场的遥控操作。

3.VR 技术的特点

（1）沉浸性（Immersion）

沉浸性是 VR 技术的核心特征，主要指 VR 技术能够让使用者产生身临其中的真实体验感。这是一种不同于一般多媒体系统带来的"窗口观察"的感觉，而是身处其中以第一视角全神贯注具身体验实践的真实感觉。VR 体验要达到完全沉浸的效果，需要具备三种技术元素即三维立体的画面，人与 VR 机器、人与虚拟世界的人物和事务的交互，以及在 VR 中的行为要遵循一定的物理规律和计算机规律等。

（2）交互性（Interaction）

指使用者在 VR 场景中可以通过输入设备如 VR 手柄、游戏控制器、数据手套等，对虚拟世界的事物进行多角度立体的实时的操作，虚拟场景会根据体验者的交互手段进行相应的信息和活动反馈，从而实现交互式体验。

（3）想象性（Imagination）

VR 场景的内容可以来源于社会现实生活中，也可以是现实生活中不可能存在的，构建具有超现实性和未来性的虚拟场景。VR 项目的整体设计是 VR 技术团队人员按照客户的项目要求，结合真实世界的相关场景和内容呈现效果的需要，发挥想象性进行艺术加工创造出的虚拟世界。发挥想象性让使用者从虚拟的体验转化为真实世界的实践能力。使用者在使用 VR 的过程中，需要结合真实世界的过往经历发挥想象性，才能更好地实现 VR 体验的知识迁移，获得知识技能和思想境界的提升。

二、AR/VR 技术在图书馆少儿阅读服务与推广中的应用

（一）AR 技术的应用

1.增强学习体验

少儿正处于心智的萌芽期，对一切新奇的事物都充满好奇，喜欢可视化动态的物件，若能提供更具趣味性的阅读方式将促使少儿更加热爱阅读。

（1）可视化三维动画阅读

当少儿在阅读时，利用 AR 技术，通过扫描其所阅读的内容经由头戴式显示机器或移动终端虚拟显现书中所描述的场景，将书中的二维文字内容转化为三维立体动画，将单一的文字转化为形象动态的三维动画，使少儿进行可视化阅读，而区别于传统动画片的是，AR 技术使得少儿有身临其境的感受，仿佛置身于故事当中，强调的是虚拟和现实的无缝连接。以此来增强少儿的阅读兴趣，提高少儿文章阅读的体验感。

（2）虚拟立体实验

AR 技术同时可以应用于少儿的学习当中。如化学、物理等具有危险性的实验操作时，既要少儿充分学习理解实验的原理，又要保证其人身安全。通过 AR 技术，少儿可以通过扫描当下所学习的内容来得到虚拟立体的实验空间，少儿可以实际动手操作实验，了解实验奥秘的同时又无需担心自身安全问题，也解决了许多现实中无法演示的问题，如天体运动等。AR 技术给少儿以身临其境之感，促进少儿更好地学习掌握相关知识。现今已经有很多少儿出版物与 AR 技术结合，儿童在阅读时不仅局限于文字，而是呈现出三维立体的动画增强阅读内容的真实感与趣味性。但是，这类出版物普遍价格偏高，同时需要下载配套 APP 进行阅读，步骤烦琐。根据这一情况，少儿图书馆作为儿童阅读场所和书籍的提供者应引进 AR 技术配套的书籍以及移动设备的建设，提前完善好 APP 等一系列基础设备，为儿童新式阅读提供方便。

（3）古籍、古建筑、非物质文化遗产再现

AR 技术可将古籍和非物质文化遗产，如京剧、粤剧、皮影戏等戏剧文化进行虚拟再现，并配合有关文字信息描述。当儿童利用移动终端进行扫描时，除了出现的虚拟影像，少儿还可学习有关该段古籍或非物质文化遗产的历史背景。配合用户阅读速度的虚拟古籍的翻动，栩栩如生的人物在唱戏，不但解决了古籍因其珍贵性无法提供用户进行所有的阅读行为的困难，也解决请真人进行现场表演的需求难以得到满足的困难，同时将仅仅存在于移动设备有限的屏幕尺寸中的人像转移到现实空间中显现，更加真实的再现于少儿面前，增加画面的沉浸感。

2. 虚拟个人专属馆员

（1）馆内智能导航

在少儿馆中常常出现少儿无法准确地知晓图书馆构造，在无家长陪同的情况下而出现迷路的现象。许多少儿馆针对这一问题，一般情况下会安排工作人员在一些重要的位置站岗来引导少儿更好地利用图书馆。但此举使少儿馆常出现人力配备不足，需要外请人员。对此，可利用 AR 技术，通过每一个借书证的编码对应一个虚拟的个人专属馆员。在少儿扫证进馆的同时虚拟个人专属馆员启动工作。少儿可以与其进行交流，包括图书馆的借书还书流程、开闭关时间以及图书馆空间分布导航的功能，帮助少儿更加熟练地在图书馆中自由活动。虚拟个人专属馆员是将仅存在于手机 APP 上的个人图书馆，通过 AR 技术的方法虚拟显现成一个人物动态影像，同时又兼顾了少儿的趣味心理的特点。虚拟馆员就像一个小伙伴一样陪伴在少儿身边，不仅大大增加其趣味性，也节省图书馆的人力资源。

（2）读者素养教育

由于少儿年龄较小，心智尚未成熟，在图书馆内阅读时，经常将书籍乱堆乱放，随意涂抹勾画，造成了少儿图书馆书籍一直处于破损或遗失的状态中循环。针对这一现象，少儿馆可采用虚拟专属馆员的方式，模拟真人入馆培训一对一地对少儿进行服务，以小伙伴的对话模式渗透读者素养教育，少儿在成长过程中都存在喜好模仿小伙伴的现象，这样一种虚拟小伙伴引导的形式能够更好地促进少儿读者素养的提高。

（3）馆内信息推送

区别于普遍的只局限于图书馆网站首页、各大公众号、各种通信软件的信息推送服务，利用 AR 技术的图书馆推送平台为读者提供了崭新的体验模式。读者通过轻松的二维码扫描获取图书馆信息，包括新书推介、最新活动介绍等可查阅到与新书相关的馆藏情况、读者阅读评价等，还可通过少儿读者的借阅记录分析得出该用户处于什么样的文化水平以及阅读偏好，进而向少儿读者推送更加符合其兴趣特点的书籍。

3. 指导图书归位排架

（1）读者查找所需书籍

少儿读者对于馆内馆藏分布不清楚或看不懂图书馆藏区与分类号，使得寻找所需书籍变得十分困难，对此可利用 AR 技术将虚拟场景与现实场景进行叠加，分别图书和读者，然后少儿用户可将所需书籍名称输入移动设备中，移动设备开始启动智能导航，在图书和读者之间建立一条路线，少儿读者根据路线的指引找到所需要的图书。相比较传统的导航系统，该技术使导航中的路标叠加在现实世界中，提高了导航的准确性，降低操作难度，增添趣味性。

（2）馆员进行书籍归位排架

由于少儿馆常出现书籍归位不正确、书籍被堆放在书架空隙处等现象，大大增加了馆员归位书籍的工作量。利用增强现实技术中的全景显示技术，AR 设备可找到任何一本书所处的位置，通过书籍自身的编码判断该书是否处于正确的排架位置。若该书未处于正确的排架位置，AR 设备将显示其正确的排架位置，为馆员的图书归架提供方便，有效地保护了本馆的馆藏量。图书馆此前也曾利用 RFID 射频识别技术对书籍进行身份识别，但此技术对设备的要求高，需要专门的射频识别设备且成本较高。若利用增强现实技术只需在书籍上面贴相应的二维码，利用智能手机等移动设备就可进行操作，馆员也可快速的熟练操作。

4. 少儿 AR 创客空间实验室

现今国内少儿图书馆的创客空间实验室，更多的是以偶有的创客活动来培养孩子的动手实验能力以及创意风暴，例如大连少儿图书馆的迷你机床实验。但是，此类空间只能满足真实可以操作的实验或者像迷你机床实验等将真实的物体缩小化，无法让孩子感受到该实验物体真正的架构。将AR 技术引进创客空间中，为孩子们提供一个专属的空间，将飞机、轮船、星空等无法真实让儿童实验的物质虚拟显现，配合儿童进行迷你实验操作，这将更加有助于儿童知识的掌握和创意的迸发，同时培养孩子的社区意识，积极与小伙伴进行交流。AR 技术可以将不同地区小朋友传来的视频转化为三维立体动画，儿童通过射频设备扫描传送过来的二维资料，就可以观看立体动态的人物，聆听其他小朋友的创意。让孩子有与对方面对面交流的体验，更加全面地促进儿童的创新能力提高，从小接触最先进的网络技术，为今后的学习打下坚实的基础。

（二）VR 技术的应用

1. 虚拟场景服务

利用 VR 技术根据现实图书馆的实体构建逼真的三维立体虚拟场景，然后通过虚拟图书馆进行提供相应服务，也是目前比较多图书馆采用的服务。虚拟场景建设，是再现实体场景，方便读者不用真实到馆也可以"真实"地了解图书馆的空间结构、馆藏资源、服务布局等，对图书馆获得感性认识，能快速熟悉及利用。虚拟场景服务之一：空间导航，如图书馆可以设计虚拟栏目，满足儿童的导航需求。之二：馆舍漫步。在虚拟图书馆中，儿童可以像身临其境一样，随意走动、浏览、直观感受馆舍风貌，通过设备还可以体验其他虚拟服务，与之交互。

2. VR 少儿阅读体验

"VR"阅读体验活动是通过戴上 VR 眼镜，把图书中的平面知识变的立体、形象，让少年儿童有身临其境的感觉。例如某市图书馆举办的"看到不一样的世界"VR 体验活动。三大类 100 多种科普现象让少年儿童了解了地球和宇宙，认识了各类植物和动物，亲眼观看了热光电磁等物理现象，感受了神秘黑洞、奇迹冰川等三十多个场景。儿童戴着 VR 头盔进入虚拟世界，观赏浩瀚的宇宙星空、绚丽的海底世界，充分感受到科技带来的不一样的阅读体验，也可以运用彩笔画出自己心中不一样的美景。

为适应新时期少儿阅读需求的变化，上图少儿服务部开展沉浸式互动课程是在人工智能技术、互动多媒体技术、智能化设备、交互技术、Unity3D 引擎技术的支撑下，为少儿读者提供了一个集科普性、娱乐性、互动性为一体的阅读空间。例如《纸飞机的旅行》、《深海奇遇》等科普教育类课程，既为少儿讲解一些科学基础原理，又揭示了丰富的少儿馆藏资源，受到了少儿读者和家长们的喜爱和支持，也在少儿数字阅读推广方面做出了积极的探索与实践。沉浸式互动课程目前已开讲科普教育、艺术赏析、经典读物等十余种课程，5 个月内共举办 19 场，线下参与读者达282 人。

第三节　微博、微信平台的应用

一、微博在图书馆少儿阅读服务与推广中的应用

（一）微博的传播交流机制

微博的传播是一对一、一对多、多对一、多对多的组合形式，传播者可以向追随者传播信息，而追随者可以选择转发或评论信息，或者改变跟随对象不接受信息，从而使一个"点"可与互联网上的无数个点相连接。微博的人际关系模式不仅仅限于熟人间，用户可以关注任何感兴趣的个人用户和官方用户。由于微博的发布受字数的限制，使发布者在编辑发布消息时不用经过大脑的深加工，而直接将所见所闻所想以短消息的形式同步生产出来。目前，微博的信息发布整合了多种平台，可以通过 Web 网页、

客户端、手机短信、手机上网、绑定 IM 工具、电子邮件插件等方式来实时发布简短消息。另外，微博的同步性功能设置可以将一条信息同步发布在其他关联的微博网站上。从微博的发送特性来看，其符合 4A 的元素（Anytime，Anywhere，Anyone，Anything），微博成了一种流动的信息发布装置。

（二）微博应用优势

成本低：微博服务是现在一种低成本、高性价比的服务手段，比网络广告、搜索引擎以及传统的大众媒体（报纸、广播、电视等）服务成本低多了，而且后期维护成本低廉。

传播性：信息传播的方便及快捷程度转发方便，通过粉丝关注的形式进行病毒式的传播，影响面广泛。

互动性：能与粉丝即时沟通，及时获得用户反馈。

精准性：做好微博定位，聚集目标粉丝群。用户通过微博的关键字搜索功能，就可以很方便地找到希望关注的对象及话题。

综上所述，微博服务是一种以低门槛、爆炸式传播、精准性的互动分享为核心的全新服务方式。重视这一新的服务模式在图书馆少儿阅读与推广工作中的应用，将拓宽图书馆的服务空间，给传统服务模式带来有益的补充和改变。

（三）将微博打造成少儿读者的"知识寻呼机"

微博摒弃社交圈双向互动的紧密人际关系，而是以单向的跟随关系简化了社交关系。微博中的关注与被关注形成了其独特的信息分享、流动模式，符合当代少年儿童渴望独立自由、容易获取的理念。图书馆可以将微博这个强大的交流工具打造成为少儿读者服务的"知识寻呼机"，利用技术手段把图书馆的特色数据库嵌入这个平台，例如"电子书包"等等，当读者日常遇到问题或做功课需要辅导时，就可以向"知识寻呼机"发出请求，能给出答案的可能是数据库、图书管理员或者"粉丝"（微博用户），就像有无数的老师在身边。少儿读者及其家长可以无拘无束、随时随地利用手机、电脑等工具发送问题，得到的回答也不一定是唯一的，需要作出选择，这样能大大增加少儿读者学习的兴趣，扩大信息量、知识面。

二、微信在图书馆少儿阅读服务与推广中的应用

（一）微信、微信公众号

微信（WeChat）是腾讯公司的服务通信程序，为智能手机时代的产物，是一种灵活的移动社交工具。微信通过支持跨通信运营商、跨操作系统网络平台快速发送免费（需消耗少量网络流量）语音短信、视频、图片和文本文字，同时可以通过共享流的内容资料和基于位置的社交服务插件。

微信公众号是开发者或商家在微信公众平台上申请的应用账号，该账号可在平台上实现和特定群体的文字、图片、语音、视频的全方位沟通、互动，形成了一种主流的线上线下微信互动营销方式。

（二）图书馆利用公众号进行少儿阅读推广的内容划分

1.图书馆活动推广

图书馆活动推广主要是为了让读者在第一时间获取到图书馆的活动信息。在此之前，图书馆所开展的少儿阅读活动，一般是靠官网发布、馆内张贴海报等方式宣传。但读者现在只要关注了公众号，即使不专门上官网或到图书馆内，也可以轻松地获取到图书馆的活动信息，活动辐射范围和活动参与规模比起传统宣传模式有很大的提升，如"武汉市少年儿童图书馆"公众号在2020年年初发布了"共饮长江水·心系两地娃"活动，活动伊始便吸引了武汉市和重庆市两地数百名儿童的踊跃参与。另外，有些少儿活动还可以直接在公众号上参与，让家长与孩子足不出户就能享受图书馆的阅读活动，如"杭州图书馆少儿分馆"公众号的菜单栏设有"启航互动+"栏目，家长可以借助该栏目的资源，与孩子在家通过阅读和观看视

频，自行创作绘画作品。

2. 优质资源推广

面向少儿及其家长、老师的图书馆资源很多。从形式上看，有图书资源和数字资源；从内容上看，有绘本、读本等。其中，优质的绘本和读本是多数少儿阅读资源推广的主要内容。图书馆可以通过公众号对经典的绘本、读本进行详细的介绍，同时还可以对家长在家开展亲子共读进行指导，对老师在课堂开展阅读分享会提供阅读建议，如果有相关的数字资源，还可以附在文后一并推荐。比如说，《妈妈的红沙发》这本书曾获美国凯迪克童话书大奖，读后让人充满幸福感和希望，非常适合亲子共读，那么，图书馆在公众号上对该绘本进行推广的时候，可以先介绍绘本的信息、作者的写作经历、亲子共读建议和拓展数字阅读的指引等。

3. 阅读成果推广

开展少儿阅读推广服务，主要的目的是想提高少儿阅读的整体水平。而少儿阅读的整体水平除了通过调研、调查、数据分析等方式勘察外，还可以通过少儿的阅读成果得到更直观、生动的体现。少儿阅读成果可以通过各种少儿阅读活动展示出来，如撰写读后感、绘画、讲故事和朗诵等形式。在公众号推广少儿阅读成果，一方面可以展示少儿阅读推广的成效；另一方面，可以为其他读者提供学习的范本，营造浓厚的阅读氛围。比如，"东莞图书馆少儿分馆"的"e口童声"栏目，提供了一个让少儿朗读自己喜爱的童书的机会，让孩子们更能感受到童书的魅力。

4. 少儿阅读服务推广

不管活动如何丰富，资源如何优质，阅读服务才是图书馆开展少儿阅读推广工作的根本。所以，公众号的功能服务不但不能少，还必须不断完善。大部分家长和老师除节假日外，平日一般未能在开馆时间内亲临图书馆办理业务和咨询，如果可以在公众号上设置读者自助服务的功能，则能极大地方便读者和增加读者继续享受阅读服务的意愿。比如说，在公众号菜单栏增设图书信息查询、续借功能，设置常用问题的"关键词回复"功能，开通活动线上报名的渠道等。

（三）图书馆利用公众号进行少儿阅读推广的策略

1.搭建服务平台，优化服务内容

在新媒体环境下，图书馆少儿阅读推广业务需要从更多角度去触发，不断完善公众号的内容与功能。图书馆需要了解公众号的特点与少儿特点的重合之处，然后加强公众号在少儿阅读推广服务方面更多地贴近少儿与亲子的需求。同时，还需要对服务方式、服务内容不断进行改革和优化，以此来提升读者的体验度。比如说东莞图书馆少儿分馆在2013年底就建立了公众号推广平台，经过几年的不断完善，读者可以在公众号上获取自己喜欢的书籍信息和丰富的数字资源满足了读者的阅读需求。另外，东莞图书馆少儿分馆还根据读者个性化阅读需求，改变了自己的服务意识，在公众号上为读者提供"阅读书单"服务，满足了不同读者的阅读需求。

2.依据读者的阅读特点及需求，扩展互动性、个性化服务

少儿阅读推广的对象不仅是少儿，还有少儿的家长和老师。而考虑到平时通过手机获取公众号信息的人一般是大人，而非小孩，所以，公众号进行少儿阅读推广的目标群体主要是家长和老师。因此，利用公众号进行少儿阅读推广，不仅需要熟悉少儿阅读的特点，还需要了解家长和老师获取信息的习惯和喜好。在网络时代下，大众获取信息的习惯和喜好有着鲜明的特点：（1）从深度阅读转变成广泛阅读；（2）由浅到深的变化——在遇到比较感兴趣的内容后会查找各种资料加深认识；（3）进入了读图时代。就目前，中国图书馆公众号的少儿阅读推文，无论是内容和形式都在发生变化：推文的标题以"家长"为中心选取关键词，并配以能引起家长兴趣的封面图；推文内除了介绍活动，还会增加与活动主题相关的推荐图书；订阅号一般一周会推送3～5次，而服务号则一周推送一次，每次有3～5条信息。但是，有的公众号每周只推送一到两条信息，并且内容都是以文字为主，少有配图；对于新书推荐也只是以图书简介和图书封面为主，毫无新意。为了更适合家长和老师带领少儿一起阅读，公众号在推送图书信息时，可以配上图片、视频、音频等，为读者营造一个良好的读书氛围；

还可以利用推文底下的留言功能与读者互动，了解读者对此次推荐图书的满意度和喜爱度，为以后的图书推荐和阅读活动开展提供参考事例。如：上海少年儿童图书馆的"小书虫电台"栏目，在推荐童书时，附上与该童书有关的音频资料，供读者收听。

参考文献

[1] 冯志会.公共图书馆少儿阅读推广服务转型创新探讨[J].文化产业,2023（06）：93-95.

[2] 张丽.美国公共图书馆"家庭参与"理念的形成与实践探索[J].国家图书馆学刊,2023,32（01）：56-67.

[3] 曹入丹.公共图书馆加强少儿阅读推广的意义与路径[J].科技资讯,2023,21（02）：228-231.

[4] 董卓.新媒体时代公共图书馆少儿阅读推广途径[J].科技资讯,2022,20（21）：207-210.

[5] 姜莉萍.数字时代公共图书馆少儿阅读推广工作研究[J].文化月刊,2022（10）：142-144.

[6] 曾庆勇.移动阅读背景下公共图书馆少儿绘本阅读服务策略[J].内蒙古科技与经济,2022（19）：151-152.

[7] 姜莉萍.公共图书馆的少儿阅读推广创新策略探析[J].时代报告（奔流）,2022（09）：110-112.

[8] 聂鑫.公共图书馆对少儿分级阅读的指导与服务路径[J].文化产业,2022（24）：89-91.

[9] 刘双喜.公共图书馆少儿阅读推广馆社合作风险与管理[J].四川图书馆学报,2022（02）：57-61.

[10] 杨帆.论图书馆家庭教育服务中的家庭参与——以湖北省少年儿童图书馆"成长导师"为例[J].四川图书馆学报,2022（02）：62-66.

[11] 王锡舜.少儿图书馆绘本讲读服务的探索与创新[J].文化月刊,2022（02）：

108–109.

[12] 李珍.全民阅读时代少儿图书馆绘本讲读服务的探索与创新[J].品位·经典，2022（01）：55–57+122.

[13] 刘丹.论公共图书馆特殊儿童阅读服务研究[J].办公室业务，2022（01）：159–161.

[14] 姚茹.少儿图书馆阅读推广服务体系构建探讨[J].内蒙古科技与经济，2021（24）：122–123.

[15] 刘隽，毛璐.公共图书馆残疾儿童阅读服务调研[J].图书馆杂志，2021，40（12）：52–61.

[16] 于兴晔.新时期公共图书馆少儿体验式阅读推广优化策略[J].河南图书馆学刊，2021，41（12）：4–6.

[17] 李百灵.开拓儿童阅读服务新路径[N].中国文化报，2021–12–08（002）.

[18] 史小兵.公共图书馆开展少儿绘本阅读推广服务的价值探究[J].参花（上），2021（12）：83–84.

[19] 扈丹，张璐.美国公共图书馆儿童阅读服务的启示与思考[J].文化创新比较研究，2021，5（33）：182–185.

[20] 王冬梅.公共图书馆少儿分级阅读推广实践探索——以淮安市图书馆为例[J].内蒙古科技与经济，2021（18）：138–140.

[21] 肖玲玲.馆校合作模式下少年儿童图书馆阅读推广研究[J].河南图书馆学刊，2021，41（09）：2–3.

[22] 赵文萱.公共图书馆特殊儿童融合式多元阅读服务研究[J].图书馆工作与研究，2021（08）：124–128.

[23] 袁曦临，喻艳，戴琦.儿童阅读机制与图书馆涉身性阅读服务策略研究[J].图书馆建设，2021（04）：44–52.

[24] 王霞.少儿图书馆分级阅读指导的现状与策略分析[J].发明与创新（职业教育），2021（05）：241–242.

[25] 毛韵寒.中国公共图书馆少儿分级阅读服务评价研究[D].黑龙江大学，2021.

[26] 黄秀华.浅谈如何激发少儿读者的阅读兴趣——从策划少儿阅读活动谈起[J].新阅读，2021（05）：76–77.

[27] 刘小明.公共图书馆低龄儿童阅读服务研究 [J].内蒙古科技与经济，2021（07）：158–159.

[28] 史君.公共图书馆与中小学校的馆校合作模式研究[J].参花(下)，2021(04)：69–70.

[29] 汪聪，黄苑，张丽.澳门地区公共图书馆低幼儿童阅读服务研究 [J].国家图书馆学刊，2020，29（06）：54–64.

[30] 殷宏淼.公共图书馆儿童早期阅读服务探讨 [J].河南图书馆学刊，2020，40（07）：7–9.

[31] 邵璐.少儿图书馆读者活动开展现状与创新策略研究 [J].传播力研究，2020，4（15）：193–194.

[32] 王星.少儿读者活动的策划组织初探——以莆田市图书馆为例[J].大众文艺，2019（11）：170–171.

[33] 陈力勤.公共图书馆0～6岁低幼儿童阅读服务中游戏元素的渗透 [J].图书馆研究，2019，49（03）：80–84.

[34] 蒋小峰.中国社区图书馆学前儿童阅读服务优化策略研究 [D].南京大学，2019.

[35] 常春秀.公共图书馆少儿读者活动特征分析 [J].河南图书馆学刊，2019，39（02）：21–23.

[36] 邵丝媞.论公共图书馆少儿读者活动的实践与思考[J].青春岁月，2018(15)：240–241.

[37] 吴海燕.公共图书馆少儿读者服务管理工作探讨——以安徽省图书馆少儿阅览室为例 [J].价值工程，2018，37（25）：16–17.

[38] 陈学锋.国内公共图书馆特殊儿童服务的不足与探讨 [J].兰台世界，2017（23）：67–71.

[39] 刘永刚.浅谈少儿图书馆对少儿读者的服务工作 [J].内蒙古教育（职教版），2015（04）：95–96.

[40] 冯彩霞.少儿读者与少儿图书馆发展关系探究 [J].才智，2015（10）：280.